ケーブル構造設計指針・同解説

AIJ Recommendations for
Design of Cable Structures

1994 制定
2019 改定

日本建築学会

本書のご利用にあたって

　本書は，作成時点での最新の学術的知見をもとに，技術者の判断に資する技術の考え方や可能性を示したものであり，法令等の補完や根拠を示すものではありません．また，本書の数値は推奨値であり，それを満足しないことが直ちに建築物の安全性を脅かすものでもありません．ご利用に際しては，本書が最新版であることをご確認ください．本会は，本書に起因する損害に対しては一切の責任を有しません．

ご案内

　本書の著作権・出版権は(一社)日本建築学会にあります．本書より著書・論文等への引用・転載にあたっては必ず本会の許諾を得てください．
　Ⓡ＜学術著作権協会委託出版物＞
　本書の無断複写は，著作権法上での例外を除き禁じられています．本書を複写される場合は，(一社)学術著作権協会(03-3475-5618)の許諾を受けてください．

　　　　　　　　　　　　　　　　　　　　　　　一般社団法人　日本建築学会

序

　ケーブル構造はスポーツ施設・集会場・展示場・工場・多目的ホールなど，大空間構造を形づくる重要な構造要素として，広範囲の建築物に用いられるようになってきている．また，重層の吊床構造の引張部材としてケーブルが用いられている例も少なくない．

　本格的な吊屋根の世界最初の実例といわれる，米国の Raleigh Arena（1953年完成）から40年の間に，ケーブル構造は実に多様な発展をみせてきた．交差するケーブル群が曲面を形成するケーブルネット構造，ケーブル同士で梁をつくるケーブルガーダー，梁やアーチとケーブルの複合構造，ストラットとの複合によるテンセグリティー，膜とケーブルの複合構造等々である．これらの構造はいずれも，高強度でフレキシビリティーに豊むケーブル構造の良さを利用し，また，張力を導入されたケーブルの剛性を期待して成立している．

　しかし，極めて剛性の高い構造要素で成り立っている在来の構造システムに比して，フレキシブルなケーブル材料についての設計資料は十分でなく，また，張力の大きさが剛性に影響を及ぼすような構造については，その挙動が在来構造とは異なるということもあって，この種の構造の普及が妨げられてきた．

　このように，現在の建築基準法や，他の構造についての学会規準などでは律することのできないケーブル構造の設計に対して，安全性と機能の確保という観点から，本会としてどのように考え，どのような資料が提供できるかが問われるようになってきた．

　本会のシェル・空間構造運営委員会に属する空間構造計画・構法小委員会では，この問題をとりあげ，ケーブル構造の設計指針となるべき概念と資料の作成に取り組んできた．

　約4年間にわたる作業の結果，一応の成果をみるに至ったので，この度指針の形でとりまとめ，出版することとなった．

　作業の過程で内外の文献・規準・規格・指針などを数多く参考にしたが，国内のものとしては特に日本鋼構造協会「建築構造ケーブル設計施工指針」に負うところが大きい．

　本指針ができるだけ多くの設計者によって活用され，ケーブル構造の自由で健全な発展に寄与することを望むものである．

1994年6月

日本建築学会

改定の序

　1994年6月に刊行された「ケーブル構造設計指針・同解説」は，当時の新しい構造形式に対するニーズを踏まえて，ケーブル構造の設計指針となるべき概念の提示と設計用の参考資料の整理を目的として編纂された．すなわち，(1)スポーツ施設・集会場・展示場・工場・多目的ホールなど，空間構造を形づくる重要な構造要素として，広範囲の建築物にケーブル構造が用いられるようになったこと，(2)極めて剛性の高い構造要素で成り立っている従来の構造システムに比して，フレキシブルなケーブル材料を用いた構造については設計資料が未整備であったこと，(3)特にケーブル張力の大きさが剛性に影響を及ぼすような構造については，その挙動を評価するためには在来構造とは異なる概念と知識が必要となること，などが挙げられる．その後，本指針の影響もあって多数のケーブル構造の実施例が実現されてきたことは周知のとおりである．そうした実績もあり，2000年6月の建築基準法改正時に「構造用ケーブル」という用語が施行令と建設省告示に記載され，続いて2002年には国土交通省告示に構造用ケーブルの基準強度が指定された．これらのことは，ケーブル構造の設計面に対して本指針が果たした役割の大きさを示している．

　しかしながら，刊行からすでに24年あまりが過ぎ，ケーブル材や膜材を用いたテンション構造の分野では，従来の指針で扱っている範疇を超えた構造システムやケーブル材料の新たな使われ方も出現している．また，2000年以降の性能設計が潮流となる中で，ケーブル構造では従来あまり議論されていなかった終局状態に対する設計の要求も高まってきている．

　このような状況を踏まえて，テンション構造小委員会を立ち上げ，現在のテンション構造の実情の分析・評価に基づき，「ケーブル構造設計指針・同解説」の改定を行うこととした．主な改定内容は，1994年以降に制定・改正された関連法規への対応，ならびに実情分析に基づいた設計指針として有用性を踏まえた章立ての再編や，従来の指針に掲載されている内容の精査および同指針に盛り込まれていない終局状態等に関する内容についての追記などである．付録についても可能な限りディテールまで公開しているため，構造設計者のみならず，意匠設計者にも有用な資料として活用されることを期待している．

2019年12月

日本建築学会

指針作成関係委員

―五十音順・敬称略―

構造委員会

委員長	塩原　　等					
幹　事	五十田　博	久田嘉章	山田　　哲			
委　員	（略）					

シェル・空間構造運営委員会（～2019年3月）

主　査	竹内　　徹			
幹　事	熊谷知彦	武藤　　厚	諸岡繁洋	
委　員	遠藤龍司	大崎　　純	岡田　　章	小澤雄樹
	加藤史郎	川口健一	河端昌也	近藤典夫
	柴田良一	谷口与史也	永井拓生	中澤祥二
	西村　　督	萩原伸幸	浜田英明	濱本卓司
	原　　　隆	松本幸大	宮里直也	山下哲郎

ケーブル構造設計指針改定編集ワーキンググループ

主　査	宮里直也			
幹　事	廣石秀造	矢島　　卓		
委　員	大矢賢史	形山忠輝	杉内章浩	鈴木　　実
	福島孝志	山岸俊之	渡辺康弘	

テンション構造小委員会

主　査	岡田　　章			
幹　事	宮里直也			
委　員	形山忠輝	斉藤嘉仁	杉内章浩	鈴木　　実
	田畑博章	陳　　沛山	中川路　勇	中島　　肇
	原田公明	矢島　　卓	山岸俊之	渡辺康弘

改定版執筆担当

全体の調整		岡田　　章	形山忠輝	中島　　肇	廣石秀造
		宮里直也			
1章	1.1, 1.2			岡田　　章	田畑博章
	1.3	形山忠輝	鈴木　　実	宮里直也	矢島　　卓
2章	2.1〜2.5				岡田　　章
	2.6			岡田　　章	宮里直也
	2.7				岡田　　章
3章	3.1〜3.2	形山忠輝	鈴木　　実	宮里直也	矢島　　卓
4章	4.1〜4.3			原田公明	福島孝志
5章	5.1				中島　　肇
	5.2			鈴木　　実	中島　　肇
	5.3			中島　　肇	山岸俊之
	5.4				岡田　　章
	5.5		大矢賢史	斉藤嘉仁	中島　　肇
	5.6			鈴木　　実	中島　　肇
	5.7				岡田　　章
6章	6.1〜6.5				陳　　沛山
7章	7.1				形山忠輝
	7.2	杉内章浩	中川路　勇	中島　　肇	山岸俊之
	7.3				矢島　　卓
	7.4			大矢賢史	斉藤嘉仁
	7.5〜7.7			鈴木　　実	矢島　　卓
8章		杉内章浩	中川路　勇	中島　　肇	
付録	1			鈴木　　実	矢島　　卓
	2			鈴木　　実	矢島　　卓
	3			鈴木　　実	矢島　　卓
	4				形山忠輝
	5	大矢賢史	斉藤嘉仁	廣石秀造	宮里直也
	6			廣石秀造	宮里直也

原案執筆担当

1章	総　　則		川口　衞	坪井善昭
2章	構造計画		川口　衞	斎藤公男
3章	ケーブル材料	岡田　章	北沢　寛	篠原浩一郎
		清水訓雄	水口　茂	
4章	荷　　重	大山　宏	日置興一郎	中田捷夫
5章	構造設計		阿部　優	中田捷夫
6章	構造解析	大山　宏	日置興一郎	黒木二三夫
7章	ディテール設計	荒木　毅	北沢　寛	小松　清
		中島　肇	水口　茂	
8章	支持構造		中島　肇	真柄栄毅
付1	構造用ケーブル材料の規格			篠原浩一郎
付2	ＰＣ鋼線およびＰＣ鋼より線の種類と機械的性質			荒木　毅
付3	被覆ＰＣ鋼より線の種類例			荒木　毅
付4	ＰＣ端末金具の種類例		荒木　毅	北沢　寛
付5	ＰＣジャッキ諸元			荒木　毅
付6	ケーブル構造設計例	阿部　優	岡田　章	川口　衞
		黒木二三夫	斎藤公男	真柄栄毅
		中島　肇		
付7	ケーブル構造実例リスト	阿部　優	岡田　章	斎藤公男
付8	ディテール集			小松　清

ケーブル構造設計指針・同解説

目　　次

　　　　　　　　　　　　　　　　　　　　　　　　　　　本　文　　解　説
　　　　　　　　　　　　　　　　　　　　　　　　　　　ページ　　ページ

1章　総　則
　1.1　一　般 …………………………………………………… 1 …… 13
　1.2　適用範囲 ………………………………………………… 1 …… 14
　1.3　用語の定義 ……………………………………………… 1 …… 15

2章　構造計画
　2.1　ケーブル構造の構造計画概要 ………………………… 2 …… 17
　2.2　ケーブル構造の設計時に留意すべき事項 …………… 2 …… 19
　2.3　ケーブルの初期張力の設定 …………………………… 2 …… 22
　2.4　ケーブル構造の分類 …………………………………… 2 …… 23
　2.5　ケーブル構造の接合部の計画 ………………………… 3 …… 28
　2.6　ケーブルの施工方法の計画 …………………………… 3 …… 30
　2.7　ケーブル構造の限界状態の設定 ……………………… 3 …… 34

3章　ケーブル材料
　3.1　ケーブル材料 …………………………………………… 3 …… 38
　3.2　機械的性質 ……………………………………………… 4 …… 41

4章　荷　重
　4.1　荷重および外力の種類 ………………………………… 7 …… 63
　4.2　荷重および外力の組合せ ……………………………… 7 …… 65
　4.3　その他考慮すべき荷重 ………………………………… 8 …… 65

5章　構造設計
　5.1　ケーブル構造の設計概要 ……………………………… 8 …… 68
　5.2　許容引張力 ……………………………………………… 8 …… 69
　5.3　形状の設定 ……………………………………………… 8 …… 73
　5.4　初期張力の設定 ………………………………………… 9 …… 74
　5.5　変形に対する配慮 ……………………………………… 9 …… 77
　5.6　施工方法に対する配慮 ………………………………… 9 …… 78

  5.7 設計に際して留意すべきその他の事項 ……………………………… 9 ……… 83

6章　構造解析
  6.1 構造解析におけるケーブルの仮定 …………………………………… 9 ……… 90
  6.2 構造解析モデル ………………………………………………………… 9 ……… 95
  6.3 構造解析理論に基づく構造分類と解析概要 ………………………… 9 ……… 97
  6.4 構造解析の手法と基礎理論 ………………………………………… 10 …… 108
  6.5 模型実験による検証 ………………………………………………… 10 …… 121

7章　ディテール設計
  7.1 ケーブル端末部 ……………………………………………………… 10 …… 125
  7.2 ケーブル定着部 ……………………………………………………… 10 …… 134
  7.3 ケーブル中間接合部 ………………………………………………… 10 …… 140
  7.4 仕上材の取付け ……………………………………………………… 10 …… 161
  7.5 ケーブルの防食と防護 ……………………………………………… 11 …… 168
  7.6 耐火被覆 ……………………………………………………………… 11 …… 177
  7.7 ケーブルおよび中間接合金具などの維持管理 …………………… 11 …… 183

8章　支持構造 …………………………………………………………………… 11 …… 186

付　録
  付1 構造用ケーブル材料規格 ……………………………………………………… 195
  付2 PC鋼より線の種類と機械的性質 …………………………………………… 208
  付3 ジャッキ諸元 …………………………………………………………………… 209
  付4 ピン接合部に関する設計式の比較 …………………………………………… 211
  付5 ケーブル構造設計例 …………………………………………………………… 216
   付5.1 東京ドーム ……………………………………………………………… 216
   付5.2 大阪プール ……………………………………………………………… 227
   付5.3 グリーンドーム前橋 …………………………………………………… 235
   付5.4 天城ドーム（天城湯ヶ島町立総合体育館）………………………… 243
   付5.5 唐戸市場 ………………………………………………………………… 252
   付5.6 出雲ドーム（出雲健康公園プロジェクト）………………………… 259
   付5.7 茨城県笠松運動公園体育館 …………………………………………… 266
   付5.8 上海万博会世博軸 ……………………………………………………… 277
  付6 建築構造用ケーブルの可とう度 ……………………………………………… 287

ケーブル構造設計指針

ケーブル構造設計指針

1章 総　則

1.1 一　般

本指針は，構造部材としてケーブルを使用する建築物の構造設計において必要な安全性と機能を確保するために考慮すべき，基本事項を示したものである．

1.2 適用範囲

(1) 本指針は，ケーブルを構造部材として使用するケーブル構造建築物およびその周辺部分（金具，ケーブル構造独自の支持構造）の設計に適用する。

(2) 本指針に規定のない限り，各部材の設計は日本建築学会「鋼構造設計規準」，「鉄筋コンクリート構造計算規準・同解説」などによる。

1.3 用語の定義

この指針で使用している用語を次のように定義する．

(1) 素線	ワイヤロープを構成する鋼線．
(2) ストランド	複数の素線をより合せたロープの構成要素．子なわ又はより線ともいう．
(3) ケーブル材料	ワイヤロープ，平行線ストランドおよびＰＣ鋼より線などの総称．
(4) ケーブル	ケーブル材料に端末金具および端末付属金具を取り付けたものの総称．
(5) 端末金具	ケーブル材料を構造体に定着させるためにケーブル材料の端末に取り付けられた金具．
(6) 端末付属金具	端末金具に接続される金具の総称．ターンバックルなど．
(7) 中間接合金具	端末金具以外の中間接合部に使用される金具の総称．交点（クランプ）金具ともいう．
(8) 初期伸び	低荷重域（破断荷重の約10％以下）で生じるワイヤロープ特有の伸び．
(9) プレストレッチング	ロープをよりあげた後，予め破断荷重の45～55％程度の荷重を付与する処理．初期伸びを減少させ，弾性係数を向上させる効果がある．
(10) 破断荷重	ケーブル材料が引張状態において，破断に至るまでの最大荷重．
(11) 可とう度	ケーブル材料の柔軟度を示す指標．定められた測定で得られたケーブル材料の曲げ剛性に対する，同径の丸鋼棒の剛性の比．

(12)	リラクセーション	ケーブルに引張荷重を加えて一定の長さに保つとき，時間の経過とともに起こる応力の緩和．
(13)	クリープ	ケーブルに引張荷重を加えて一定の応力に保つとき，時間の経過とともに起こる変形の増加．
(14)	張力	ケーブルに生じる引張軸力．
(15)	初期張力	固定荷重時にケーブルに生じている張力
(16)	降伏荷重	ケーブル材料の基準引張力と同じ，破断荷重に1/2を乗じた数値とする．

2章 構造計画

2.1 ケーブル構造の構造計画概要

ケーブル構造の構造計画にあたっては，ケーブルの材料特性に留意し，設計時に想定するすべての荷重に対して，十分な強度と剛性が得られるよう配慮する．

2.2 ケーブル構造の設計時に留意すべき事項

2.1 節に示す材料特性を有するケーブルを構造部材として使用したケーブル構造を設計する場合，次のような点に留意すべきである．
   (1) 形状の決定，形状非線形性の考慮
   (2) 固定荷重時の張力（初期張力）の設定
   (3) 張力消失時の挙動の把握
   (4) ケーブルの初期張力の実現方法の検討
   (5) 許容変形量の設定
   (6) 直線状ケーブルの取り付け方法の検討
   (7) 誤差が及ぼす影響の把握

2.3 ケーブルの初期張力の設定

構造計画にあたっては，構造形式によってケーブルの役割が異なり，これに応じて固定荷重時のケーブル張力（初期張力）の大きさを適切に設定する必要がある．

2.4 ケーブル構造の分類

構造計画にあたっては，固定荷重時の存在張力（T_e）と付加荷重時の増分張力（T_a）の大きさを適切な手法により把握し，目標とする構造性能を得ることを目的としてプレストレス（T_p）の大き

さを適切に設定する必要がある．なお，例えば正負の曲率を持つケーブルを組み合わせたケーブルネットやケーブルガーダーなどでは，目標形状を得るためにプレストレス（T_p）のモード（各ケーブルの張力の比）を予め求めておく必要がある．

2.5 ケーブル構造の接合部の計画

ケーブル構造の接合部の計画にあたっては，ケーブルの特性を十分に理解し，健全な応力伝達が可能な接合方法を選択すると共に，設計時に想定した安全性を検証する必要がある．

2.6 ケーブル構造の施工方法の計画

ケーブル構造の構造設計時には，設定した初期張力量と架構の形状を正確に実現することを目標として，施工方法を計画する必要がある．また併せて，施工途中の構造安全性の確保，部材や躯体の誤差による影響度，施工面からのディテールの制約などについて検討する必要がある．

2.7 ケーブル構造の限界状態の設定

ケーブル構造は許容応力度設計法を基本とする．なお，必要に応じて適切に限界状態の設定を行い，各状態に対して設定された構造物の設計目標について，設計時に想定するすべての荷重に対して適切に検証する方法を採用することも可能である．

3章 ケーブル材料

3.1 ケーブル材料

ケーブル材料は，JIS G 3506（硬鋼線材），JIS G 3502（ピアノ線材）あるいは JIS G 4308（ステンレス鋼線材）に適合する線材を冷間加工した素線を使用することを原則とし，次の種類のものを標準とする．

(a) 構造用ストランドロープ（JIS G 3549）
(b) 構造用スパイラルロープ（JIS G 3549）
(c) 構造用ロックドコイルロープ（JIS G 3549）
(d) 平行線ストランド（JSS II 06）
(e) 被覆平行線ストランド（JSS II 11）
(f) ＰＣ鋼より線（JIS G 3536）
(g) 構造用ステンレス鋼ワイヤロープ（JIS G 3550）

3.2 機械的性質
3.2.1 ケーブル材料
(1) 破断荷重

ケーブル材料の破断荷重は表 3.1 に示す規格による.

表 3.1 ケーブル材料の破断荷重

名称	種類	規格
構造用ワイヤロープ	ストランドロープ	JIS G 3549
	スパイラルロープ	
	ロックドコイルロープ	
平行線ストランド		JSS II 06-1994
被覆平行線ストランド		JSS II 11-1994
ＰＣ鋼より線		JIS G 3536
構造用ステンレス鋼ワイヤロープ	共心形ストランドロープ	JIS G 3550
	スパイラルロープ	

(2) 初期伸び

ケーブル材料の初期伸びの参考値を表 3.2 に示す.

表 3.2 初期伸び

名称	種類	初期伸び (%)
構造用ワイヤロープ	ストランドロープ	0.1〜0.2
	スパイラルロープ	0.05〜0.1
	ロックドコイルロープ	
平行線ストランド*		0
被覆平行線ストランド*		
ＰＣ鋼より線*		
構造用ステンレス鋼ワイヤロープ	共心形ストランドロープ	0.1〜0.2
	スパイラルロープ	0.05〜0.1

*プレストレッチングは不要

(3) 弾性係数

ケーブル材料の弾性係数は表 3.3 に示す値を標準とする.

表 3.3　弾性係数

名称	種類	弾性係数（N/mm²）
構造用ワイヤロープ	ストランドロープ	137 000
	スパイラルロープ	157 000
	ロックドコイルロープ	
平行線ストランド		195 000
被覆平行線ストランド		
ＰＣ鋼より線		
構造用ステンレス鋼ワイヤロープ	共心形ストランドロープ	88 000
	スパイラルロープ	118 000

(4) クリープひずみ

　ケーブル材料のクリープひずみは表 3.4 に示す値を標準とする．

表 3.4　クリープひずみ

名称	種類	クリープひずみ（％）	応力水準
構造用ワイヤロープ	ストランドロープ	0.025	長期許容引張力以下
	スパイラルロープ	0.015	
	ロックドコイルロープ		
平行線ストランド		0.007	
被覆平行線ストランド			
ＰＣ鋼より線			
構造用ステンレス鋼ワイヤロープ	共心形ストランドロープ	0.025	
	スパイラルロープ	0.015	

(5) 線膨張係数

　ケーブル材料の線膨張係数は表 3.5 に示す値を標準とする．

表 3.5　線膨張係数

名称	鋼種	線膨張係数（1/℃）
構造用ワイヤロープ，平行線ストランド被覆平行線ストランド，ＰＣ鋼より線		12×10^{-6}
構造用ステンレス鋼ワイヤロープ	ＳＵＳ３０４	17.3×10^{-6}
	ＳＵＳ３１６	16.0×10^{-6}

3.2.2 端末金具などの材料および許容応力度

(1) 材料の強さ

端末金具などの各種許容応力度は，表3.6のF値に基づいて定める．長期許容応力度および短期許容応力度は，鋼構造設計規準による．

表3.6 鋼材・鋳鋼のF値(N/mm²)

種別		t≦40mm	40mm＜t≦100mm
建築構造用	SN400, SNR400, STKN400	235	215
	SN490, SNR490, STKN490	325	295
一般構造用	SS400, STK400, STKR400 SSC400, SWH400	235	215
	SS490	275	255
	SS540	375	—
溶接構造用	SM400, SMA400	235	215
	SM490, SM490Y, SMA490 STKR490, STK490	325	295
	SM520	355	335
鋳鋼	SC480, SCW410	235	
	SCW480	275	
	SCW490-CF	315	
ステンレス鋼	SUS304A, SUS316A, SCS13AA-CF	235	
	SUS304N2A	325	

(2) 材料定数

端末金具などに用いる材料定数のうち，縦弾性係数，せん断弾性係数，ポアソン比および線膨張係数は，鋼種および板厚によらず表3.7および表3.8に示す値とする．なお，実験などを行って確認する場合には，その値を用いることができる．

表 3.7 端末金具などに用いる鋼系材料の材料定数

材料 \ 定数	弾性係数 E (N/mm²)	せん断弾性係数 G (N/mm²)	ポアソン比 ν	線膨張係数 α (1/℃)
鋼, 鋳鋼, 鍛鋼	205 000	79 000	0.3	12×10^{-6}

表 3.8 端末金具などに用いるステンレス系材料の材料定数

材料 \ 定数	縦弾性係数 E (N/mm²)	せん断弾性係数 G (N/mm²)	ポアソン比 ν	線膨張係数 α (1/℃)
ステンレス鋼 SUS304A, SUS304N2A, SCS13AA-CF, SUS316A	193 000	74 000	0.3	17.3×10^{-6}

4章 荷　重

4.1 荷重および外力の種類

(1) 荷重および外力の種類

　ケーブル構造の設計に際して考慮する荷重は，本会「建築物荷重指針」および建築基準法施行令，国土交通省告示の定めるところによる．その種類は次に示すものとする．

　　(a)　固定荷重（G）
　　(b)　積載荷重（Q）
　　(c)　雪荷重（S）
　　(d)　風荷重（W）
　　(e)　地震荷重（E）
　　(f)　プレストレス（Ps）

(2) その他の考慮すべき荷重

　上記に示されるもののほか，ケーブル構造の形式・構法・施工法に関わる特別の荷重は，実状に応じて適切に考慮する．

4.2 荷重および外力の組合せ

　ケーブル構造の設計を行う場合に，一般地域で考慮すべき荷重の組合せを表 4.2 のように定める．なお，多雪地域は『建築物荷重指針・同解説』に準ずる．

表 4.2　荷重の組合せ

設計荷重の種類	荷重について想定する状態	荷重の組合せ
長期の荷重	常　時	G+Q+Ps
短期の荷重	積雪時	G+Q+Ps +S
	暴風時	G+Q+Ps +W
	地震時	G+Q+Ps +E

4.3　その他考慮すべき荷重

その他の考慮すべき荷重については，実状に応じて他の荷重との組合せを考える．

5章　構造設計

5.1　ケーブル構造の設計概要

ケーブル構造の構造設計にあたっては，許容応力度設計法を基本とし，構造形式によって異なる構造特性および特殊性を十分に理解し，設計項目を適切に選定すると共に、安全性を検証する必要がある．

5.2　許容引張力

5.2.1　基準引張力

ケーブル材料の許容引張力に対する基準引張力は，破断荷重に 1/2 を乗じた数値とする．

5.2.2　長期許容引張力

ケーブル材料の長期許容引張力は，基準引張力の 1/1.5 とする．

5.2.3　短期許容引張力

ケーブル材料の短期許容引張力は、長期許容引張力に 1.5 を乗じた値とする．

5.3　形状の設定

ケーブル構造の完成形状は，固定荷重に対して各ケーブルの初期張力状態で釣り合うよう設定する．

5.4 初期張力の設定

ケーブル構造における各ケーブルの初期張力は，構造物に必要な剛性を確保し，ケーブルの張力消失による不安定現象が生じないように設定する．

5.5 変形に対する配慮

外力や支点変位などにより生じるケーブル構造の変形が，構造物の使用性および安全性を損なわないよう配慮する．

5.6 施工方法に対する配慮

ケーブル構造においては，必要に応じて施工方法や施工順序を考慮した設計を行う．特に，張力導入方法・導入順序に対しては，構造物の性状を考慮して十分に検討し，実状に応じて適切な設計上の措置を講じる．

5.7 設計に際して留意すべきその他の事項

ケーブル構造の構造設計にあたっては，実状に応じて次の項目について検討する．
(a) 風による振動
(b) ケーブル部材および定着部材のクリープ，リラクセーションの影響
(c) 疲労

6章　構造解析

6.1 構造解析におけるケーブルの仮定

ケーブルは，原則として引張のみに抵抗する線形弾性部材と仮定する．

6.2 構造解析モデル

静的・動的解析に先だって，荷重抵抗機構の仕組を分析し，構造形状およびケーブルに必要な張力を決め，境界条件，各種外力を含む解析モデルを適切に定める．

6.3 構造解析理論に基づく構造分類と解析概要

ケーブル構造の解析は，荷重抵抗機構の仕組およびその力学特性，ケーブルの扱い方やモデル化，適用できる基本的な解析理論によって，1)単純引張形式（直線形状），2)中間荷重支持形式（曲線形状），3)初期張力依存構造形式，の3つのケースに分類して，適切な解析手法を選用する．
　主な解析内容は，1)静的・動的解析，2)形態決定解析，3)施工時解析，の3つになる．

6.4 構造解析の手法と基礎理論

ケーブル構造の構造解析を行う際には，対象とする構造形式の力学特性を考慮した上で，適切な解析手法を選用する．

6.5 模型実験による検証

ケーブル構造の形態および力学特性について，模型実験で検証することが望ましい．

7章 ディテール設計

7.1 ケーブル端末部

ケーブル端末部は，ソケット止め・圧縮止めおよびアイ圧縮止めを標準とし，ケーブル張力を境界部あるいは接合されるケーブルに，円滑かつ確実に伝達できるようにする．

7.2 ケーブル定着部

定着部は，ケーブル張力を確実に支持構造へ伝達できる構造とし，ケーブルの変形に十分対応できる材端回転性能や，ケーブルの架設・張力導入方法などの施工方法および維持管理方法などに十分に配慮するものとする．

7.3 ケーブル中間接合部

7.3.1 ケーブルの交差部

ケーブルの交差部は，適切な中間接合金具を用いて把握し，交差部に生じる力を，ケーブルを損傷することなく，相互に確実に伝達できるようにする．

7.3.2 ケーブルの屈曲部

ケーブルの屈曲部は，曲げ・側圧による強度低下に配慮し，適切な曲率を有する金具によって支持する．

7.4 仕上材の取付け

ケーブルに取付ける仕上材およびその取付金具は，仕上材に加わった外力をケーブルに円滑かつ確実に伝達できるものとする．また，ケーブルの変形に支障なく追随でき，かつケーブルに損傷を与えない構造とする．

7.5 ケーブルの防食と防護

　ケーブルおよびディテールの設計においては，防食法に関して十分検討するものとする．また，ケーブルが腐食により損傷を受ける可能性のある場合には，特別に防護を行う．

7.6 耐火被覆

　ケーブル材料および接合部材などが直接火災による悪影響にさらされる恐れがある場合は，これらの材料の高温時特性を十分考慮した耐火被覆を行う．

7.7 ケーブルおよび中間接合金具などの維持管理

　ケーブルおよび中間接合金具などは定期的に点検を行い，維持管理に努めることが重要である．

8章　支持構造

　支持構造は，ケーブル反力を円滑かつ確実に処理できる構造とし，適切な強度と剛性を確保するものとする．また，ケーブル構造と支持構造が相互に及ぼす影響に対しても十分留意する．

ケーブル構造設計指針

解　　説

ケーブル構造設計指針　解説

1章　総　　則

1.1　一　　般

> 本指針は，構造部材としてケーブルを使用する建築物の構造設計において必要な安全性と機能を確保するために考慮すべき，基本事項を示したものである．

(1)　本指針でいうケーブルとは，もっぱら引張応力を受けることを目的として製作，施工された部材を指す．典型的な例としては，ワイヤロープなどが挙げられる．

　ケーブルは，一般の構造用鋼材に比べて極めて特徴的な性質を持っている．通常，ケーブルは直径数mm程度の高張力鋼素線を多数束にしたもので構成されている．したがって，ケーブルは引張強度（公称引張強さ）が1470～1770N/mm^{2}と他の鋼部材に比して，著しく高い引張強度を持ち，かつフレキシブルである，という2つの大きな特徴を持っている．ケーブルの素線は，熱処理と伸線加工によって高い強度を得ているため，破断時の伸びは数パーセント程度であり，通常の構造用鋼材に比してケーブルの延性は5分の1程度である．他方，多数の素線の集束体であるケーブルは，素線の欠点の分散効果を持っているが，さらに各素線のひずみが互いにほぼ独立であることから，ある素線に生じた破断クラックが他の素線に伝搬することが自動的に阻止されるという利点を持っている．換言すれば，ケーブルは本来的に一種の冗長性を内蔵しているとみなすことができる．

(2)　大空間構造の普及や，現代建築のデザイン的傾向に伴って，ケーブルを構造部材として用いる建築が増加しつつあるが，このような建物の構造設計を行う場合には，通常の構造部材とは異なる，ケーブル固有の性質や問題を考慮する必要がある．

　例えば，
　①ケーブルは，引張力に対し，通常の鋼部材より著しく高強度である．他方，剛性は鋼部材よりも低い．
　②ケーブルは，その種類によって，伸び剛性が一律でない．また，ワイヤロープなどでは安定した剛性を得るのにプレストレッチングが必要である．
　③ケーブルは，圧縮力・せん断力・曲げに抵抗することができないと見なせる．
　④ケーブルを含む構造系は，これにプレストレスを与えることにより，安定性・剛性の面で，著しく異なった挙動を示す場合がある．また，ケーブルの張力が消失しない範囲で，圧縮力に対する抵抗を期待することができる．

⑤ケーブルを含む構造系は，大きな変形を生じる場合がある．この場合には，一般の構造物の解析で通常用いられている微小変形の仮定や，重ね合わせの原理が成立しないことがある．

(3) さらに，設計の段階で考慮すべき，ケーブルの製作・運搬・施工上の特性としては，次の事項があげられる．
① ケーブルの端部には，特別な定着金具が必要である．
② ケーブルは，巻き取ることによって，極めて長尺のものを容易に運搬することができる．
③ 現場における組立て・建方の手法は，通常の構造部材の場合と著しく異なっている．

1.2 適用範囲

(1)本指針は，ケーブルを構造部材として使用するケーブル構造建築物およびその周辺部分（金具，ケーブル構造独自の支持構造）の設計に適用する．
(2)本指針に規定のない限り，各部材の設計は本会「鋼構造設計規準」，「鉄筋コンクリート構造計算規準・同解説」などによる．

ケーブル構造建築物の設計にあたっては，1.1節に示したケーブル固有の性状に配慮した設計が必要となる．本指針で対象とするケーブル構造の概要を以下に示す．
(1) 構造要素としてのケーブルには，次のようなもの（図1.2.1）がある（3章3.1解説　参照）．

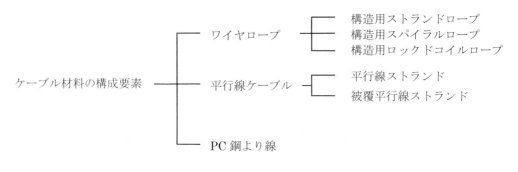

図1.2.1　ケーブルの分類

ワイヤロープは，通常，直径1～数ミリメートルの高張力高炭素鋼素線を数本～数十本より合わせてつくられている．より合わせの方式と素線の断面型から，3種類に分類されるが，柔軟性は上図の順序でストランドロープが最も高く，逆に伸び剛性はストランドロープが他の2種類に比して小さくなる．平行線ケーブルは，直径数ミリメートルの高張力鋼素線を平行に束ねて構成した引張部材である．平行線ケーブルはワイヤロープに比べて伸び剛性，引張強度ともに大きい．平行線ケーブルのうち，被覆平行線ストランドは，数十本～数百本程度の素線を工場で束ねたものである．PC鋼より線は，元来，プレストレストコンクリート用に製造されているものであるが，近年，ケーブル構造用材料としても使用されるようになってきている．

(2) 構造要素としての引張部材には，上記ケーブルのほか，鋼棒やフラットバーを用いることもあるが，これらは本指針の中には含めないことにした．しかし，建築のようにケーブル長が短く，ディティールが複雑な構造にあっては，これらの部材を使用する方が，ケーブルを用いるよりも経済的な設計になる場合も少なくなく，特にフラットバーを用いたチェーン構造などは，デザイン的にも優れた設計が可能である（クリフトン橋，清州橋など）．本指針がこれらの方向を否定するものではないことはいうまでもない．

(3) 支持構造を持たないケーブル構造は，原則として存在しない．ケーブルの端部は，端末金具を介して支持構造に定着されなければならない．支持構造はケーブルから受けた力を直接地盤に伝達する場合もあり，内部釣合系を構成して処理する場合もある．支持構造やケーブル構造は，相互に変形，応力が影響しあう場合もある．ケーブル構造の設計にあたっては，ケーブル部分のみでなく，支持構造を含む全構造システムが，バランスのとれた力学系を構成するように，留意する必要がある．なお，ケーブル構造独自の支持構造に関しては，本指針の適用範囲とする．

上記のほか，ケーブル構造建築物の設計にあたっては，一般的な鋼構造および鉄筋コンクリート構造などの各種構造の諸基準で規定されている部材・接合部設計の考え方を用いることができる．

1.3 用語の定義

この指針で使用している用語を次のように定義する．

(1)	素線	ワイヤロープを構成する鋼線．
(2)	ストランド	複数の素線をより合せたロープの構成要素．子なわまたはより線ともいう．
(3)	ケーブル材料	ワイヤロープ，平行線ストランドおよびＰＣ鋼より線などの総称．
(4)	ケーブル	ケーブル材料に端末金具および端末付属金具を取り付けたものの総称．
(5)	端末金具	ケーブル材料を構造体に定着させるためにケーブル材料の端末に取り付けられた金具．
(6)	端末付属金具	端末金具に接続される金具の総称．ターンバックルなど．
(7)	中間接合金具	端末金具以外の中間接合部に使用される金具の総称．交点（クランプ）金具ともいう．
(8)	初期伸び	低荷重域（破断荷重の約10％以下）で生じるワイヤロープ特有の伸び．
(9)	プレストレッチング	ロープをよりあげた後，あらかじめ破断荷重の45・55％程度の荷重を付与する処理．初期伸びを減少させ，弾性係数を向上させる効果がある．
(10)	破断荷重	ケーブル材料が引張状態において，破断に至るまでの最大荷重．
(11)	可とう度	ケーブル材料の柔軟度を示す指標．定められた測定で得られたケーブル材の曲げ剛性に対する，同径の丸鋼棒の剛性の比．

(12)	リラクセーション	ケーブルに引張荷重を加えて一定の長さに保つとき,時間の経過とともに起こる応力の緩和.
(13)	クリープ	ケーブルに引張荷重を加えて一定の応力に保つとき,時間の経過とともに起こる変形の増加.
(14)	張力	ケーブルに生じる引張軸力.
(15)	初期張力	固定荷重時にケーブルに生じている張力.
(16)	降伏荷重	ケーブル材料の基準張力と同じ.破断荷重に1/2を乗じた数値とする.

　ワイヤロープと平行線ケーブルの断面を図1.3.1に示す.また,本指針におけるケーブルとは,ケーブル材料に端末金具および端末付属金具を取り付けたものを総称したものである(図1.3.2).ケーブル材料のうちワイヤロープ(ストランドロープ・スパイラルロープ)は,素線およびストランドの本数で呼称されることがある.

　　　ストランドの本数 × 1ストランド中の素線本数

　例えば,「7×19」と呼称されるワイヤロープは,19本の素線で構成された束を1ストランドとし,その束を7本より合わせて構成した,ストランドロープを意味している.なお,玉掛けなどに使用されるワイヤロープは,中心のストランドが繊維でできているため,中心のストランドを数えず「6×19」などと表記される.スパイラルロープも同様,1ストランドのみで構成されるため,「1×61」などと表記される.一方,平行線ケーブルは1ストランドで構成されているが,ワイヤロープと異なり英語表記の略称と素線本数で表記される.「PWS-127(Parallel Wire Strand)」は127本の素線で構成される平行線ストランド,「PWC-313(Parallel Wire Cable)」は313本の素線で構成される被覆平行線ストランドである.被覆平行線ストランドは7mmの素線で構成される場合が多く「φ7×313」と表記されることもある.

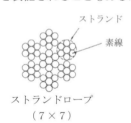
ストランドロープ
(7×7)

スパイラルロープ
(1×61)

平行線ストランド
(PWS-127)

被覆平行線ストランド
(PWC-361)

図1.3.1　ワイヤロープと平行線ケーブルの断面と呼称

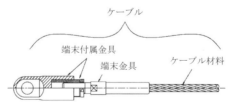

図1.3.2　ケーブルの定義

2章 構造計画

2.1 ケーブル構造の構造計画概要

> ケーブル構造の構造計画にあたっては，ケーブルの材料特性に留意し，設計時に想定するすべての荷重に対して，十分な強度と剛性が得られるよう配慮する．

(1) ケーブルの材料特性（機械的性質）

本指針は1.2節で述べたように，ケーブルを使用する建築物およびその周辺部分の設計に適用する．ケーブル構造の構造設計にあたっては，ケーブルの材料の特殊性に留意することが重要となる．以下に，ケーブル材料の特殊性について述べる．

1) ケーブルの素線構成

ケーブルは，高強度の鋼線（素線）を束ねて構成される材料である．この素線の束ね方によって名称が異なるが，建築分野において一般的に使われているものとしては，素線を螺旋状に束ねた「スパイラルロープ」と，複数のストランドをさらにらせん状に束ねた「ストランドロープ」がある（図2.1.1）．ケーブルを構成する素線の長さは，配置されている部位（芯線，側線など）によって異なる．

2) 柔軟性／非抗圧性

素線の束で構成されるケーブルは，同じ径の丸鋼と比較すると，伸び剛性EAが40〜60%である一方で，曲げ剛性EIは約1/100から1/1000オーダーと極端に小さい．言い換えれば，ケーブルは軸力抵抗に特化した材料と位置付けられる．ケーブルは，溶接による接合が不可能であること，また，長尺性を有し，製作，運搬上の長さに関する制限は存在しないことなどから，通常はできるだけ長い状態で使用される．このため，曲げにも圧縮力にも抵抗できず引張力のみに抵抗可能な部材，すなわち「非抗圧性」の部材として取り扱われる．

3) 腐食の配慮

ケーブルは細い素線の集合体であることから，同じ径の丸鋼に比べて表面積が大きくなるため，腐食に対する配慮が必要である．

4) 危険分散

多数の素線から構成されているということは，欠点の分散効果があると見なせる．また各素線の歪はほぼ独立しているため，クラックの進行が阻止される．

5) 接合

高強度の素線を束ねたケーブルは，溶接接合が不可能である．このため，ケーブル端部の定着や，ケーブル中間部の他部材との接合には，金具が必要となる．この金具には，各素線の引張力の伝達，

長さ調整，施工誤差の吸収，ケーブルの把握（中間部の接合部の両側における張力差に起因する滑動に抵抗する性能）などの多くの機能が要求される．

(a) ストランドロープ

(b) スパイラルロープ

図2.1.1　ストランドロープとスパイラルロープ

(2) 断面力に対するケーブルの基本的挙動

ケーブル構造の設計に際しては，圧縮や曲げに対しても素線レベルでケーブルの挙動を理解しておくことも必要である．以下に断面力に対するケーブルの挙動を概説する．

1) 引張

ケーブルは製作時には素線同士が密でなく，カゴのように粗な状態にある．このためケーブルに引張力が加わると，螺旋状の素線が絞られ，素線同士が密着するようになる．この密着するまでのケーブルの伸び量は，密着後に比べ大きく，低剛性を示す．具体的には，引張力が破断荷重の5～10%以下の状態で，伸び剛性が50～70%程度になる．この「初期伸び」と呼ばれる性状は，あらかじめ引張力を加えるプレストレッチング処理により，素線相互の密着度を高めることで減少させることはできるが，完全に0にはできない．プレストレッチング処理の際の引張力は，通常ケーブルの破断荷重の45～55%程度に設定される．

2) 圧縮

ケーブルに，圧縮力が生じると座屈が生じる．ケーブルは前述のようにEIが小さく，かつ素線が細いことから，2種類の座屈モードが生じる．すなわち，断面形が不変で長柱の座屈に類似したモードと，素線単体が局部的に座屈するモードである．後者の素線単体の座屈は，素線同士がばらけた状態となる（図2.1.2）．

図2.1.2　圧縮によってばらけた状態

3) 曲げ

ケーブルが曲げられ，一つの断面内で引張力と圧縮力が生じると，螺旋状に配置された1本の素線の引張力は均一でなくなり，これに伴い素線相互のすべりが発生する．ケーブルの曲げ剛性が極端に小さいのも，このことが原因である．また過度に曲げると断面形が丸形から横につぶれた形状に変化し，曲げ変形の進行と共に，剛性が低下する性状を示す．

2.2 ケーブル構造の設計時に留意すべき事項

> 2.1節に示す材料特性を有するケーブルを構造部材として使用したケーブル構造を設計する場合，次のような点に留意すべきである．
> (1) 形状の決定，形状非線形性の考慮
> (2) 固定荷重時の張力（初期張力）の設定
> (3) 張力消失時の挙動の把握
> (4) ケーブルの初期張力の実現方法の検討
> (5) 許容変形量の設定
> (6) 直線状ケーブルの取り付け方法の検討
> (7) 誤差が及ぼす影響の把握

(1) 形状の決定，形状非線形性の考慮

ケーブルが引張力にしか抵抗できないことから，ケーブルの材軸と直交方向の成分を持つ荷重を受けた場合，荷重と釣り合う引張力が生じるまで変形する性状を有する．ケーブル構造の中には，荷重とケーブル張力・形状が大きく関係するものがある．この種の構造では，固定荷重時の形状と張力を求めるための「形態決定解析（形状解析）」や，形状非線形性を考慮した「応力変形解析」などを行う必要がある．

(2) 固定荷重時の張力（初期張力）の設定

ケーブルの張力が消失し，さらにケーブルの材軸と直交方向に変形した状態（以下「緩みが生じた状態」）では，構造部材としての所定の性能を期待できない（図2.2.1）．ケーブルの安定した引張剛性が確保されるには，ケーブルに所定の引張力が発生または導入されることが必要である．このため，設計時に想定される荷重状態で増分圧縮力が生じる場合には，通常圧縮力以上の引張力をあらかじめ加えておくことが一般的である．固定荷重時のケーブル張力「初期張力」の大きさは，以上の想定される圧縮力以外に，初期伸びの回避，応力・形状制御，補剛効果なども考慮して設定する必要がある．

(3) 張力消失時の挙動の把握

本指針では，「想定される荷重に対して，ケーブル張力は消失させない」ことを原則としているが，ケーブル構造によっては張力の消失を許容した方が合理的な設計となる可能性もありうる．このことから本指針では，張力消失時の安全性を十分に把握した場合には，張力の消失を許容できるとの立場をとることにした．張力消失時のケーブル構造の応答などの検討には，張力消失時のケー

ブル部材の除去あるいはケーブルの軸剛性を0にして静的に評価する方法，消失時のケーブルのたわみ（緩み）を考慮して動的に評価する方法などが考えられるが，ケーブル構造の種類によって適切に選択すればよい．ケーブルの張力消失を評価できる数値解析モデルを図2.2.2に示す．それぞれのモデルは長短を併せ持つため，数値解析の目的とケーブル構造の特性に応じて，適切に選択する必要がある．図2.2.2のうち，直線抗圧モデルは，圧縮力にも対抗できる材料特性を有しており，通常の解析におけるトラス要素と同じであるが，十分な初期張力が導入され張力消失が生じない場合には適用できる．

(4) ケーブルの初期張力の実現方法の検討

固定荷重時のケーブル張力（初期張力）を実現するための施工方法の検討は，設計時にも考慮すべき事項である．初期張力の大きさだけでなく，初期張力の導入方法あるいは発生方法，張力量の管理方法，製作・施工誤差の吸収方法などは，ディテールや構造性能にも関係する．

(5) 許容変形量の設定

ケーブル構造は他の構造に比べると，一般に大きな変形や振動が生じやすい．許容変形量は，仕上材の追随，居住性，ケーブルの疲労などを考慮して，適切に設定すべきである．変形を抑制する方法には，ケーブルの断面積の増大による伸び剛性の増加，ケーブルの張力の増加による幾何剛性の増加，ケーブル以外の剛な部材の曲げ剛性の増加などが考えられるが，構造形式により有効な方法を選択する必要がある．

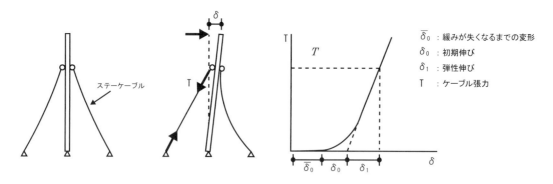

(a) 緩みが生じた状態で取り付けられたケーブル

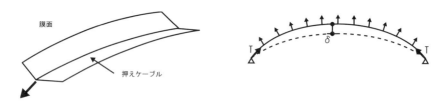

(b) 膜面上に設置されただけの押えケーブル

図 2.2.1 緩みが生じた状態のケーブルの付加荷重時の挙動

モデル名称	モデル図	材料特性	張力消失	緩み(横方向変形)	初期張力
直線抗圧	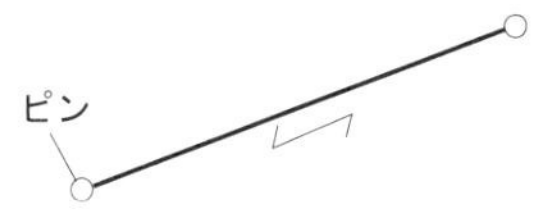 ピン	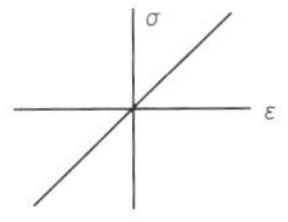	×	×	×
直線非抗圧		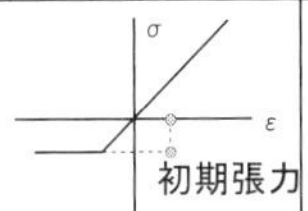 初期張力	○	×	○
多ピン(抗圧)	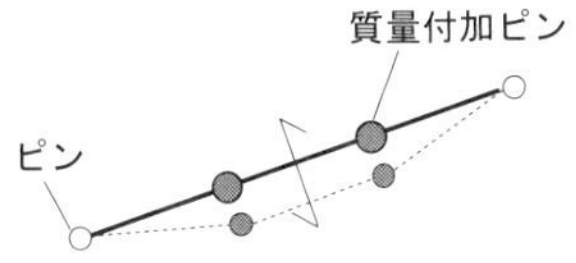 質量付加ピン ピン	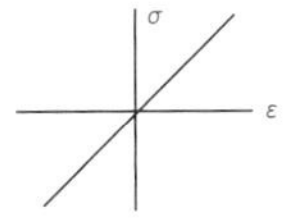	△*1	○	△*2
多ピン非抗圧		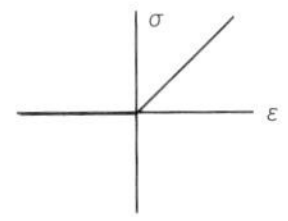	○	○	△*2

○：評価可能, △：条件付きで評価可能, ×：評価不可能
*1：ピン接合部の慣性力の影響により、圧縮力を負担する可能性あり
*2：鉛直ストリングの場合、工夫が必要

図 2.2.2 ケーブルの張力消失を考慮したモデルの種類

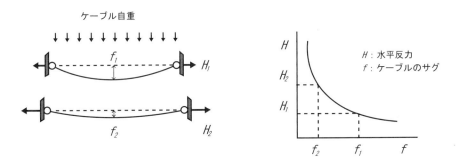

図 2.2.3 ケーブル自重を考慮したケーブルの張力とサグの関係（直線性の検討）

(6) 直線状ケーブルの取付けの検討

張力が小さい場合，ケーブルを所定の位置に直線状に取り付けることは困難である．例えば，固定荷重時の張力が小さく，付加荷重に抵抗することを主目的とするケーブルでは，自重による変形の評価が重要である（図2.2.3）．

(7) 誤差が及ぼす影響の把握

ケーブル取付け時におけるケーブル長あるいは定着金具位置のわずかな誤差が，ケーブル自身や接続する架構の応力と変形に大きな影響を与えることがある．したがって，構造全体のシステム，ディテール，施工法などの計画全般にわたる相互の計画的検討が必要である（図2.2.4）．

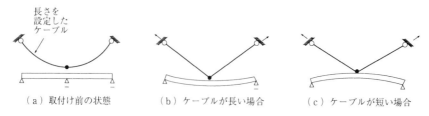

図2.2.4 ケーブルの長さ誤差が及ぼす影響

2.3 ケーブルの初期張力の設定

> 構造計画にあたっては，構造形式によってケーブルの役割が異なり，これに応じて固定荷重時のケーブル張力（初期張力）の大きさを適切に設定する必要がある．

(1) ケーブル張力の定義および呼称

ケーブル張力を表すため「PS（プレストレス）」という語句が従来用いられているが，主に2種類の意味で用いられている．一つは広義のPSであり，固定荷重時にケーブルに生じている張力（T_0）を示し，「初期張力」とも呼ばれている．本指針では，T_0を「初期張力」と呼称する．

もう一つは狭義のPSであり，意図的に導入される張力（T_p）であり，本指針ではT_pを「プレストレス（PS）」と呼称する．T_0とT_pは，固定荷重に対してケーブルに発生する張力「存在張力（T_e）」を用いて，次式で関係づけられる．

$T_0 = T_e + T_p$

T_0：初期張力（広義のPS）

T_e：固定荷重に対する存在張力

T_p：プレストレス（狭義のPS）

T_eの大きさは，自重の大きさ，構造システム，不静定次数により変化する．また，T_pの大きさはPS導入の目的（応力・変形制御，テンション材への圧縮発生の回避）によって定められる．

一方，付加荷重時にケーブルに生じる張力T_1は，付加荷重時の増分張力T_aを用いると，次式で表わされる．

$T_1 = T_0 + T_a = T_e + T_p + T_a$

ただし，T_a：付加荷重時の増分張力　　T_1：付加荷重時の張力

(2) ケーブルの初期張力の導入の目的

1) ケーブルの直線性・伸び剛性の確保

ケーブルの自重によるたわみ（サグ）を無視できる程度まで小さくする（吸収する）ことを目的とした初期張力である．ブレースやステイなど初期張力が小さい部材では，小さな引張力が生じる段階から所定の伸び剛性を発揮させるために，不可欠である．

2) ケーブルの初期伸びの影響の回避

ケーブルのうち，特にワイヤロープなどは破断荷重の約1/10以下の張力では，伸び剛性が小さくなる初期伸びと呼ばれる性状を有する．付加荷重時に所定の剛性を発揮させるためには，想定される張力を初期伸びが生じる値以上にしておく必要がある．

3) 架構の補剛（ブレース効果の付加，座屈荷重の増加）

剛な架構のある点と不動点を，あるいは剛な架構の二点相互を，ケーブルで繋ぐことにより，架構のケーブル接合部の変位を拘束することになり，架構の剛性の増加や座屈長さの縮小を図ることができる．これらの補剛効果は，ケーブルの伸び剛性と大きく関係する．

4) 架構の成立（釣合系の形成）

架構が成立するために，釣合いによりケーブルに張力が発生する構造形式がある．固定荷重により生じる張力（存在張力）が初期張力となる．

5) 抗圧性能（圧縮力への抵抗性能）の付加

付加荷重が加わることにより，初期張力が導入されたケーブルに増分圧縮力が生じる場合，ケーブルの張力は減少する．言い換えれば，ケーブル張力が0になる（消失する）までは圧縮力に抵抗できるため，設計上は，引張力以外に圧縮力にも抵抗できるものとして取り扱うことができる．

6) 曲げ材の応力制御

初期張力の導入により，曲げ材の固定荷重時の曲げモーメントの大きさを制御できる．このためには，ケーブルを取り付けた架構に固定荷重が加わった時のケーブルの存在張力（パッシブな発生張力）以上に意図的に張力を導入する必要があることから，「アクティブな応力制御」と呼ばれる．

7) 架構の形状の制御

主に固定荷重時の形状（初期形状）を目標形状にするために，存在張力以上の初期張力を導入することもある．

8) 幾何剛性の付加

ケーブルの剛性には伸び剛性以外に，張力により付加される剛性がある．例えば直線状のケーブルや，偏荷重を受けるケーブルなどでは，幾何剛性の影響が無視できない．

2.4 ケーブル構造の分類

構造計画にあたっては，固定荷重時の存在張力（T_e）と付加荷重時の増分張力（T_a）の大きさを適切な手法により把握し，目標とする構造性能を得ることを目的としてプレストレス（T_p）の大きさを適切に設定する必要がある．なお，例えば正負の曲率を持つケーブルを組み合わせたケーブルネットやケーブルガーダーなどでは，目標形状を得るためにプレストレス（T_p）のモード（各ケーブルの張力の比）をあらかじめ求めておく必要がある．

ケーブルはさまざまな機能・形態の建築物に利用されるとともに，その使われ方を急速に拡大し，多くの構造形式が生まれてきた．数多くのケーブル構造の構造形式を一つの見方で総括的に説明かつ分類することは困難であり，さまざまな視点からの分類が必要となる．1994年版指針では，他の構造要素との組合せ方（図2.4.1）やケーブル形状に基づく分類が示されている．前者の分類は，対象とするケーブル構造の位置付けの説明のためには有効であるが，ケーブルの役割や初期張力の大きさを含めたケーブル構造の特性を表してはいない．この他にも，ケーブル配置，支配荷重，境界形状などに基づく分類も考えられる．ここでは，ケーブルの発生張力に着目した分類とケーブル形状による分類について示す．

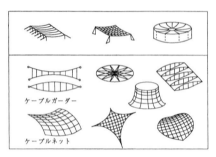
（a） ケーブルのみで屋根（壁）面をつくる

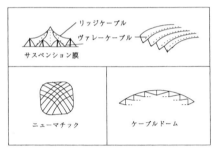
（b） ケーブルと膜を組み合わせる

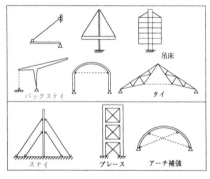
（c） ケーブルで架構を支える

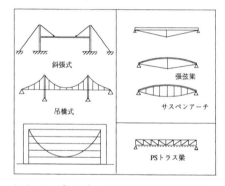
（d） ケーブルとビーム（アーチ）を組み合わせる

図2.4.1 他の構造要素との組合せ方に基づくケーブル構造の分類

(1) ケーブルの発生張力に着目したケーブル構造の分類（ケーブルの役割）

ケーブル構造は，ケーブル張力，特にプレストレス（狭義のPS：T_p）の大きさが構造性能，解析手法，ディテール，施工法に大きく関わる．ここで，各種ケーブル構造を，ケーブル張力の内訳（付加荷重時の張力T_1に占めるT_e，T_p，T_aの比率），さらにプレストレス（狭義のPS：T_p）の大きさと役割の点から分類して図2.4.2に示す．各ケーブル構造の特徴を以下に示す．

$\boxed{A}$ 最近ガラスファサードの支持構造として多用されている，ケーブルガーダーやケーブルグリッドなどもこのシステムに含まれる．このタイプにおける T_p の主な目的は，付加荷重時にもケーブル張力が消失しないように予想される増分圧縮力以上の初期張力を発生させること，および剛性の確保の観点から幾何剛性を増大させることである．なお，ケーブルを直線状に使用するケーブルグリッド以外では，目標形状を得るためのプレストレス（T_p）の張力モード（各ケーブルの張力の比）をあらかじめ求めておく必要がある．存在張力（T_e）は，固定荷重に対するケーブル張力の増減に相当し，T_p に比較すると一般的に小さい．

$\boxed{B}$ テンセグリック・トラスがこのグループに含まれる．T_p の目的，形状形成のためのプレストレスの張力モードを求める必要性は，$\boxed{A}$ と同様であるが，ケーブル相互を結ぶ束の軸力が比較的大きく，束の役割が大きいことが，$\boxed{A}$ との大きな差異となっている．

$\boxed{C}$ この構造システムには，ケーブルを他の比較的剛な部材と組み合わせた構造が含まれ，「張弦梁構造」は代表的な構造である．これらは，ケーブルへの張力導入を，剛な部材の応力や変形・形状の制御のために積極的に利用できる点が特徴である．またPSによる剛性付加を期待していないため，$\boxed{A}$，$\boxed{B}$ に比べて T_p が小さく抑えられており，施工上の利点を有することも特徴的である．

$\boxed{D}$ 目標とする架構形状を得るため，すなわち釣合いを成立させるために，自然にケーブルに張力が発生する構造形式である．この場合，初期張力は存在張力 T_e のみとなる．この類の構造には，PS非導入型の一方向吊屋根や皿型吊屋根も含まれる．

$\boxed{E}$ この種の構造においては，通常主架構を安定化するためにケーブルを挿入する．ケーブルのPS量（T_p）は，引張力の保持を目的として設定されるが，存在張力 T_e はほとんど0となる．

$\boxed{F}$ この構造システムにおいては，剛な架構の形態抵抗性の保持を目的としてケーブルが挿入される．一種のブレース効果とも位置付けられるが，格子ドームに付加したケーブルのように，面外の付加荷重に対しても補剛や応力の低減を発揮できる点が特徴である．ケーブルには，小さなPS（T_p）しか導入しないのが特徴で，付加荷重時におけるケーブル張力の消失はある程度許容している．

$\boxed{G}$ ケーブルのPS（T_p）は，直線性を確保する程度の小さなレベルに設定される．ケーブルは主に構面内のブレース効果のために機能し，$\boxed{F}$ のように主架構の形態抵抗性能の保持は期待していない．付加荷重時におけるケーブル張力の消失を許容しているが，この場合，端末金具などに緩みが生じない対策が必要である．

$\boxed{H}$ ここに属する構造は，$\boxed{C}$ とその他の構造形式を，2種類以上混合させたものである．この中には，張弦梁構造に水平方向の剛性を付加したスケルションが含まれる．

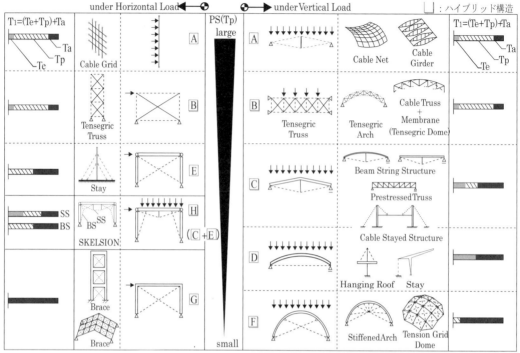

図 2.4.2　ケーブルの役割によるケーブル構造の分類

(2) ケーブル形状によるケーブル構造の分類

　ここでは，構造形式の基本的な特性を表すことができ，構造設計上の留意点にも関係することから，「ケーブル形状に着目した分類」について示す．この分類は，力学的な観点からは，「一本のケーブルが伝えるべき荷重による分類」に相当し，2つの形式，「単純引張形式（直線形状）」と「中間荷重支持形式（曲線形状）」に大別できる（図2.4.3）．

1) 単純引張形式（直線形状）

　この形式は，ケーブルの持つ軽量性および長尺性を利用したもので，ケーブルの一端に作用する引張力を他端まで単純に伝達する機能を持ち，通常線形的な挙動を示す．ケーブルの直線性は，部材断面の大きさ（ケーブル自重），支点間距離および引張力の相関で定まるが，一般に固定荷重時の引張力が付加荷重時の引張力に比べて著しく小さい場合，固定荷重時のケーブルの直線性が失なわれる傾向にある．

　この単純引張形式では，ケーブルの伸びが，ケーブルに接続する他の主構造に対して，極めて大きな影響を与える場合もある．したがって自重によるたわみの考慮や，より線特有の断面構成上の機械的伸び（初期伸び）の除去を含めて，ケーブルの設置，調整に関する施工手順や初期張力の導入方法には，十分な配慮が必要とされる．ケーブル自身の応力や変形も，温度変化や支点移動（定着部の緩みも含む）に対して，極めて敏感である場合もある．

2) 中間荷重支持形式（曲線形状）

　この形式は，ケーブルの柔軟性を利用した方式であり，ケーブルの材軸に直交成分を持つような中間荷重を，ケーブル方向の引張力に変換して伝達する機能を有する．この変換の際にはケーブルの変形を伴う．すなわち，ケーブルに作用する荷重とそれに釣り合うケーブルの形状が密接な関係にあることが，この形式の特徴である．

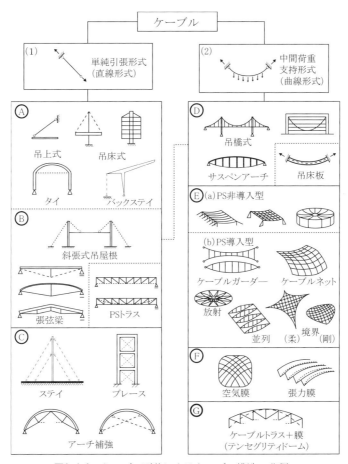

図2.4.3　ケーブル形状によるケーブル構造の分類

　このことは，自重による釣合形状（固定荷重時のケーブル形状）および付加荷重による釣合形状（変形状態）を求めることが極めて重要であることを示唆している．特に，付加荷重のモードが固定荷重のモードと異なる場合には，伸びなし変形（リンク運動または剛体変形）を含めた大きな形状変化を生じる可能性があることに留意すべきである．また，ケーブルの材端のわずかな移動がケーブルの全体変形に与える影響，中間接合部（交差部）の接合金具による力の伝達などに対する検討も重要な計画上のポイントとなる．

2.5 ケーブル構造の接合部の計画

> ケーブル構造の接合部の計画にあたっては，ケーブルの特性を十分に理解し，健全な応力伝達が可能な接合方法を選択するとともに，設計時に想定した安全性を検証する必要がある．

　高強度の細い素線を束ねたケーブルと他の部材との接合を考える場合，次のような特殊な条件を考慮する必要がある．
- (a) ケーブルと他の部材との接合をする場合には，溶接以外の方法を用いる．
- (b) 各素線にできるだけ均等に応力を生じさせる．
- (c) ケーブルの断面形状を保持する．
- (d) ケーブルをできるだけ長い状態で使用する．
- (e) ケーブル長の調整を行う箇所を少なくする．
- (f) 少ない箇所，かつ小さな力で，ケーブル張力を導入できる．
- (g) 接合部の数の削減や，機構の簡素化を図る．

　このうち，(a)～(c)はケーブルの材料面からの必要条件であり，他はケーブル特有の性質（柔軟性，長尺性）を効果的に経済的に発揮させるための，設計上の目標である．

　ケーブル構造の接合部は，以下の3つの部位に大別できる．ケーブル構造の接合部の種類を図2.5.1～2.5.3に示す．

- (1) ケーブル端末部：ケーブルの端末には，ソケット止めや圧縮止めなどのケーブルと一体化した金物（端末金具）が一般に使用される．
- (2) ケーブル中間接合部（ケーブルの交差部や屈曲部）：ケーブルを切断しないで連続使用するために，ケーブルを包み込んだ金物（中間接合金具）を使用し，安定した力の釣合いを形成する（図2.5.2）．
- (3) 定着部：ケーブルと支持構造などとの間に設けられるインターフェースとしての部位を指す（図2.5.3）．

　これらのうち，(1)と(3)の部位の設計においては，メーカーが保有するデータの利用や鋼構造の設計手法の準拠が可能である．一方，(2)に関しては，設計データや設計手法が未確立な状況であり，接合部が大きくなるなど，意匠面・コスト面の問題が発生しがちである．

2章 構造計画 —29—

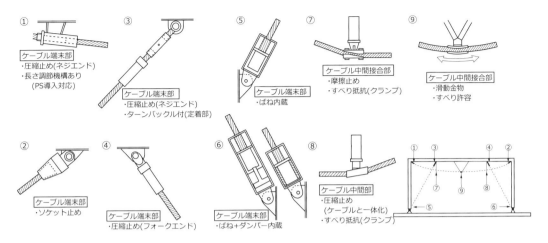

図 2.5.1 ケーブル構造接合部の端末部と中間接合部

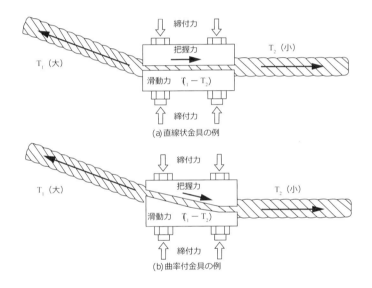

図 2.5.2 摩擦止め方式の中間クランプ接合

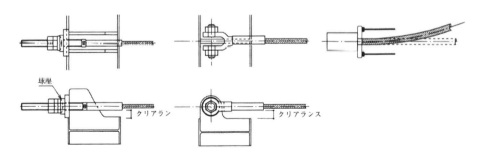

図 2.5.3 ケーブル構造接合部の定着部

2.6 ケーブル構造の施工方法の計画

> ケーブル構造の構造設計時には，設定した初期張力量と架構の形状を正確に実現することを目標として，施工方法を計画する必要がある．また，併せて施工途中の構造安全性の確保，部材や躯体の誤差による影響度，施工面からのディテールの制約などについて検討する必要がある．

(1) ケーブル構造の施工計画の特殊性

ケーブル構造の設計時には，形状・剛性・耐力に関わる「初期張力の大きさの設定」と同時に，張力導入法などの「施工法の決定」を実施する点が特徴的である．この施工方法の決定の際には，第一に，設計時に設定された初期張力量と形状の正確な実現が求められる．

このことと，ケーブル材料の特殊性（低剛性，初期伸びの存在，非溶接性など）が相まって，ケーブル構造の施工計画時においては，独自の課題に対する解決案を算定する必要がある．ケーブル構造における施工計画に及ぼす因子を図2.6.1に示す．

ケーブル構造の施工計画の策定時に検討すべき特有の課題としては，次のようなものがある．

 (a) ケーブルへの張力導入方法の選択
 (b) ケーブル取付時期およびその時点での張力や長さの設定
 (c) 張力導入時期および仕上工事時期の決定
 (d) 施工に伴う，応力・変形挙動の把握
 (e) スパンやケーブル長の製作・施工誤差の吸収
 (f) ケーブルの初期伸びの吸収および低張力時の低弾性域の回避
 (g) サポート使用やサポート高さの設定，ジャッキ使用がコスト，工期に及ぼす影響
 (h) スライディングやリフトアップなどの移動架設法の適用

これらのうち，(b)は完成時の所定張力時に所定の長さになるケーブルをさまざまな条件（張力，ケーブル形状，取付位置の距離など）のもとで，所定位置に取り付ける方法であり，ケーブル構造の施工計画時には，(a)の張力導入方法と厳密に区別する必要がある．これは実施工においては，応力変化を伴わない部材の取付けを優先させ，ジャッキによる張力導入工程を減少させることで施工コストや工数の低減を図ることが一般的であることによる．

「施工法の選択」の際には，「施工時解析」または「架設解析」と呼ばれる解析的検討を実施するが，上述の「部材の取付け」と「張力導入」を正確にモデル化することが重要である．また，施工時解析の一手法には，「逆工程解析手法」が提案されている[2.2]．

(2) 施工計画の必要性

ケーブル構造における施工計画の必要性は，ケーブル種別や構造システムの特性，および施工方法やディテールに対する要求によって左右される(図2.6.1)．ケーブル構造の施工においては，一般に高い精度，特に正確な初期張力導入が求められる．一方で，高強度のケーブル材料は伸び剛性が小さくなる傾向があるため，初期張力(T_0)が大きな場合，施工中の形状変化も大きくなる．このた

め，事前に施工時解析により施工中の構造安全性を把握するとともに，施工初期の座標および製作長さを求めておく必要がある．また施工性の向上を目指す場合，低張力状態で部材の取付けを行う方法が有効であるが，この場合にも取付時の状態を把握するため施工時解析が必要となる．

代表的なケーブル構造について，施工時解析の必要性を上記の要因に基づいて分析した結果を図2.6.2に示す．架構の釣合系の形成のためにケーブルを使用している静定構造の場合，ケーブルには存在張力を超える張力は導入できないため，施工時解析は完成形状の達成の目的のみに実施され，必要性は比較的低くなる．また初期張力が小さい構造では，必ずしも施工時解析を必要としない．

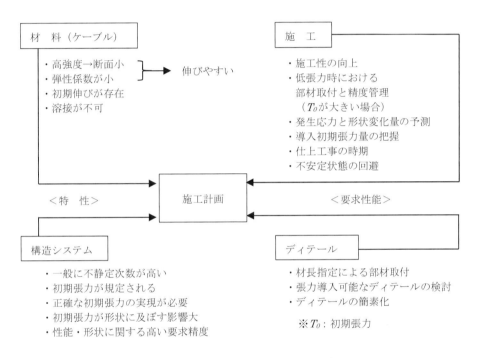

図 2.6.1 ケーブル構造における施工計画に及ぼす因子

(3) 初期張力の大きさが施工法に及ぼす影響

ケーブル構造においては，固定荷重時の初期張力の大きさは，構造性能のみならず施工方法にも大きく関わる．ここでは，施工時解析が考慮すべき諸点のうち，初期張力量が施工法に関わる項目について整理する．

ケーブルへの張力導入方法は，「①ケーブルの取付方法」，「②張力の発生要因」，「③張力の発生形態」，「④導入張力の大きさ」のそれぞれの視点から分類すると表2.6.1のように整理できる．ここでは，以上のうち①,③を対象にした分類方法について概説する．

1)「張力指定」と「材長指定」

「①ケーブルの取付方法」，すなわち「完成時と同等の無張力時の長さを有するケーブルを，所定の位置に取り付ける方法」に着目すると，張力導入方法は「張力指定」と「材長指定」に大別できる．

施工時解析の必要性　　（高）◎→○→△（低）

初期張力の大きさ	ケーブル構造の種類	材料	システム	施工	ディテール	必要性
高	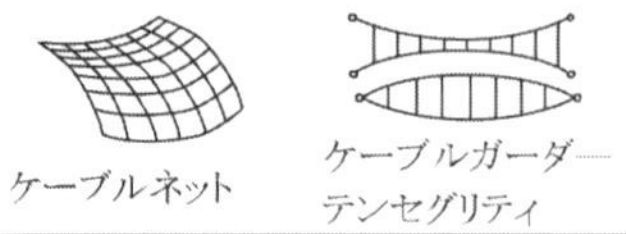 ケーブルネット　ケーブルガーダー　テンセグリティ	◎	◎	◎	○	◎
	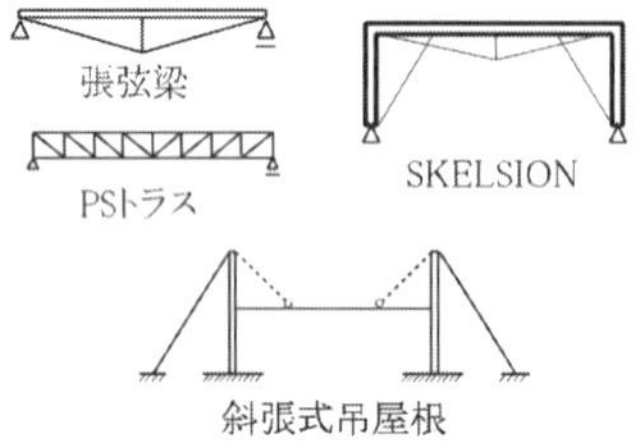 張弦梁　PSトラス　SKELSION　斜張式吊屋根	◎	◎	○	○	◎
	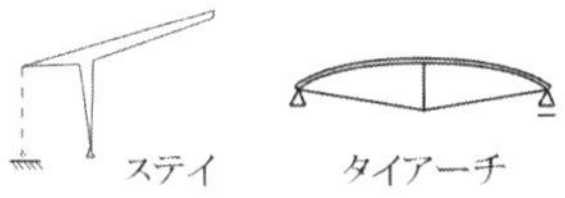 ステイ　タイアーチ	◎	○	○	△	○
	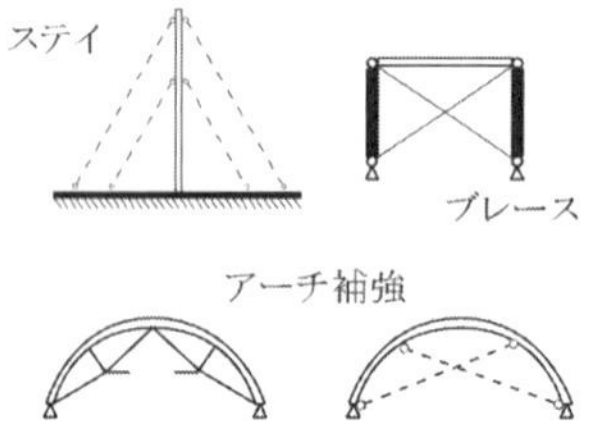 ステイ　ブレース　アーチ補強	○	○	△	△	△
低	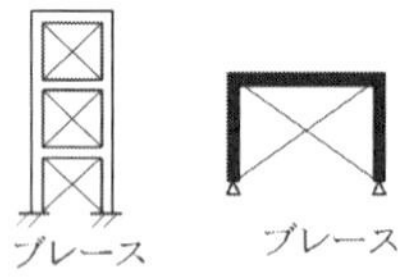 ブレース　ブレース	○	△	△	△	△

図 2.6.2　ケーブル構造における施工時解析の必要性

2章 構造計画 —33—

表2.6.1 ケーブルの張力導入方法の分類

①	ケーブルの取付方法* （監理的視点）	・張力指定 ・材長指定 *「完成時の長さのケーブルを所定の部位に取り付ける」こと．
②	張力の発生要因 （解析的視点）	・無張力時の長さL^*を短縮（L^*変化） ・L^*を一定のままケーブル長を伸長
③	張力の発生形態 （施工コストの視点）	・アクティブ ・パッシブ
④	導入張力の大きさ （施工計画的視点）	・高レベル張力導入 ・低レベル張力導入

表2.6.2 代表的な張力導入方法の分類

張力導入方法＼分類基準	①取付方法	②L^*変化	③張力導入方法	④発生張力の大きさ
【ジャッキ】	張力指定	有	active	低↔高
【ターンバックル】	張力指定 材長指定	有	active	低
【サポートダウン】	材長指定	無	active	低 （存在張力）
【躯体自重・仕上荷重付加】	材長指定	無	passive	低↔中 （張力変化）
【躯体強制変位】	材長指定	無	active	低↔中
【間接式】	張力指定 材長指定	無	active	低↔高

L^*:ケーブルの無張力時の長さ

「張力指定」に基づく部材の取付方法は，ジャッキなどを用いてケーブルを引き込み張力を導入する方法で，導入張力が正確に管理できる反面，ジャッキ設置用のスペースの確保や導入作業等の制約を受ける．この方法は，一般に導入張力が大きい場合に用いられる．

一方「材長指定」は，無張力時の長さを有したケーブルを低張力状態で取り付ける方法であるが，ターンバックルなどの低張力を導入する方法も一般に含まれる．材長指定の場合はディテール上の制約が比較的小さく，施工も容易であるなど，施工コストの削減が可能である．この方法は導入張力が小さい場合に一般に適用されるが，部材取付後の施工による受動的な張力発生を利用することで大きな初期張力が必要な場合にも対応可能である．

2)「active」と「passive」

「③張力の発生形態」に着目すると，完成時の初期張力 T_0 は，PS導入に直接関わる工事（ジャッキなど）により意図的に導入される張力 T_{ac}（active）と，当該部材の張力導入工事以外（仕上荷重の付加，他部材への T_{ac} 導入など）により間接的に発生する張力 T_{pa}（passive）の和として表すことができる．施工計画時には，T_{pa} の割合を増加させることにより施工性の向上や施工コストの削減が可能となる．

3) 代表的な張力導入方法

代表的な張力導入方法を，上述した視点を用いて分類した（表2.6.2）．ジャッキによる張力導入のみが張力指定で比較的大きな張力の導入が可能である．また張力の発生形態に着目すると，自重付加による方法のみがpassive系で，他は何らかのactiveなエネルギーが必要である．

2.7 ケーブル構造の限界状態の設定

> ケーブル構造は許容応力度設計法を基本とする．なお，必要に応じて適切に限界状態の設定を行い，各状態に対して設定された構造物の設計目標について，設計時に想定するすべての荷重に対して適切に検証する方法を採用することも可能である．

ケーブル構造の従来の設計においては，想定するすべての荷重に対して，長期荷重時の状態を保持することを目標とすることが一般的に行われてきた．ここで「想定するすべての荷重」とは，必要に応じて二次設計レベルの荷重も対象としており，また「長期荷重時の状態」は具体的には，以下のような状態を示している．

1) ケーブルの張力消失回避：ケーブル張力を消失させないように，設計荷重時に十分な初期張力を導入する．

2) 弾性範囲：設計荷重時に，発生張力が弾性範囲におさまることを検証する．この時，弾性張力として，通常は短期許容張力を使用するが，二次設計レベルの荷重に対しては，引張試験結果で得られた降伏荷重を用いる場合もある．

3) 中間接合金具の滑動回避：中間接合金具は，ケーブル構造特有の接合方式である．この方式は１本のケーブルの中間部を金具で把握することで，金具の両側のケーブル張力差に抵抗する機

能を有する．このために想定される荷重状態において生じる張力差に対してケーブルが滑動しないことを目標として把握力を設定する．
4) ケーブル端末金具の強度：ケーブル端末金具の強度または降伏点は，ケーブル本体の破断荷重より大きく設定するのが通常である．これは鉄骨造のブレースにおける保有耐力接合に準じた考え方である．

以上の状態の検証または設計を行うためには，弾性範囲の許容応力度設計法で可能である．このような従来の設計法に対して，限界状態設計法のコンセプトを導入した設計法が必要となる状況も見られるようになっている．この背景として，以下のような状況があげられる．

・設計用の想定荷重や想定事象の拡大
・設計の合理化やローコスト化の要望：例えば，初期張力（常時のケーブル張力）の低減，中間金具や端末金具の過剰な安全率の見直しによる金具の簡素化や縮小化
・ケーブルの使われ方の多様化：ケーブルの直線性が生み出す緊張感を表現するための使用，短期張力のみが生じるような付加荷重時にのみ機能する補剛材

以上のような状況を踏まえて，本指針では，適切に限界状態設定を行い，それぞれの状態に対して，定められた構造物の目標水準を適切な手法で検証を行えば必要条件を満足するという立場を取っている．

限界状態の設定は，設計者が行うべきものであるが，ここでは例として標準的な考え方を示しておく．

(1) 使用限界状態
【基本的な考え方】
　構造物の設置目的を達成するための機能が確保される限界の状態．一次設計で対象とするレベルの設定荷重に対して，損傷せず，ほぼ無条件に継続使用可能な被災の程度，すなわち無被害，あるいは軽微といわれる損傷の程度が生じる状態である．

【ケーブル構造に対する設計目標】
1) 一次設計で対象とするレベルの荷重，すなわち長期荷重と短期荷重に対して，ケーブル張力が弾性範囲におさまる．
2) 付加荷重時にケーブル張力が消失しない．ただし，膜面上に配置された押えケーブル（耐風ケーブル）のように初期張力が小さいケーブルについては，張力消失時に生じるケーブルの挙動がケーブル周辺の部材や仕上材などに損傷を及ぼさない．
3) 付加荷重を受けた後も，常時状態のケーブル張力（初期張力）や張力分布が保持される．このためには，付加荷重時に支持構造が損傷しないことや，ケーブル中間接合部におけるケーブルの滑動が生じないこと，また，ケーブル端末部が弾性状態におさまること，などを検証する必要がある．

(2) 終局限界状態

【基本的な考え方】

極めて稀に発生する荷重，例えば二次設計で対象とするレベルの荷重に対して，構造物の安定性が損なわれず，構造物の内外の人命に安全性を確保できる状態，具体的には鉛直荷重を支持でき，倒壊しない状態である．

【ケーブル構造に対する設計目標】

1) ケーブルの張力消失の許容：張力の消失に伴い生じるであろう以下のような状況を想定すると共に，当該状況下においても安定性や安全性が確保されていることを検証する必要がある．

    (a) 張力の消失後，ケーブルの両端の定着点間の距離がさらに短くなると，ケーブルの材軸と直交方向にたわみ（緩み）が生じる．この弛みが周辺の部材や仕上材に接触することによるケーブル部材や仕上材等に損傷が生じないことを検証する．

    (b) 緩みが生じたケーブルが振動する際，衝撃的な張力増加や変動が生じる可能性がある．この張力変動によりケーブル部材や接合部に損傷が起きないこと，また中間接合部におけるすべりの発生が生じないこと，または当該部にすべりが生じた場合にも構造物の安定性に重大な影響を及ぼさないこと等を検証する．

    (c) 例えば座屈補剛ケーブルなどの場合，張力消失により座屈が発生しても，局部的な発生に留まり，構造物の損傷の進行や崩壊に至らないことを検証する．このためには，必要に応じて座屈後の挙動の把握を行う．

    (d) 張力消失後，常時状態に復元した際に，構造物の安定性と安全性の確保について検証を行う．検証は初期張力の変化が構造性能に及ぼす影響，修復可能性などについても行う．

2) 短期許容張力の超過の許容：ケーブル張力が短期許容張力を超え塑性域に至る場合でも，以下に示す状況について，構造物の安定性と安全性が確保されていることを検証する．検証に際しては，塑性化や復元力特性を考慮した検証法を用いることを基本とする．

    (a) 付加荷重を受けた際のケーブルの塑性化に伴い，構造物の安定性が保持され，崩壊しないことを検証する．

    (b) ケーブルに塑性化が生じた後に常時状態に復元した際，初期張力の低下量や形状の変化量を把握し，構造性能について検証を行う．

3) ケーブル中間接合金具におけるケーブルのすべりの許容：ケーブル中間接合は，連続した1本のケーブルの中間を把握する金具を用いて，その把握力で金具の両側のケーブル張力の差（滑動力）に抵抗する接合方法である．従来では，十分な安全率を設定することで，滑動を許容しない設計を行っていた．しかし，構造形式によってはすべりが生じることで滑動力が低下し，すべりの拡大が生じない場合もあること，また，すべりの発生により把握力が増加する性状（くさび効果）が報告されていること[2,3]などから，安全率を見直すことで，設計用把握力の低減の可能性もある．このことから，本指針ではケーブルの滑動を考慮した上で安定性・安全性の検証が行われた場合には，ケーブル中間接合部のケーブルのすべりを許容できるとした．

- (a) 中間接合部におけるケーブルのすべりの発生が，ただちに荷重保持機能の低下や消失に結びつかないことを検証する．このためには，すべりの発生に伴う滑動力や構造性能の変化等，について把握する必要がある．
- (b) すべりの発生後，常時状態に復元した場合における，すべりの影響および素線の破損の把握を行うと共に，修復の必要性や可能性について検討を行う．

4) 支持構造物などの塑性化などケーブル構造の支持構造や隣接する他の構造に塑性化が生じた場合には，当該部分に関しては，個々の構造の終局限界状態の設定や検証法にならえばよい．一方，これらの影響により，ケーブル構造の初期張力の変化や剛性の低下など，構造性能の低下について検証を行い，安定性と安全性が確保されていることを把握する必要がある．

参 考 文 献

2.1) 坪井善勝ほか：吊構造，日本鋼構造協会編，コロナ社，1975
2.2) 宮里直也，岡田章，斎藤公男：逆工程解析に基づくテンション構造の工法選択手法の提案，日本建築学会構造系論文集，560巻，pp.133-138，2002.10
2.3) 斎藤公男，岡田章：ケーブル金物の設計法に関する基礎的研究，日本建築学会構造系論文集，第518号，pp.41-48，1999.4

3章　ケーブル材料

3.1　ケーブル材料

> ケーブル材料は，JIS G 3506（硬鋼線材），JIS G 3502（ピアノ線材）あるいは JIS G 4308（ステンレス鋼線材）に適合する線材を冷間加工した素線を使用することを原則とし，次の種類のものを標準とする．
> (a)　構造用ストランドロープ（JIS G 3549）
> (b)　構造用スパイラルロープ（JIS G 3549）
> (c)　構造用ロックドコイルロープ（JIS G 3549）
> (d)　平行線ストランド（JSS II 06）
> (e)　被覆平行線ストランド（JSS II 11）
> (f)　ＰＣ鋼より線（JIS G 3536）
> (g)　構造用ステンレス鋼ワイヤロープ（JIS G 3550）

1) 本指針で対象とするケーブル材料は，機械的特性が鋼線をより合わせる影響を受ける，いわゆるロープ類の (a)～(c), (g) と，集束もしくはよりの影響が無視できる (d)～(f) に大別できる．(a)～(c), (g) は日本工業規格，(d), (e) は日本鋼構造協会の「構造用ケーブル材料規格[3.1]」に制定され，主として構造用ケーブルとして使用されている．(f) は主としてプレストレストコンクリートに使用されるいわゆるＰＣ鋼材の一種で，JIS G 3536（ＰＣ鋼線及びＰＣ鋼より線）に規定されたものであるが，ケーブル材料として，使用実績もあるのでこの指針で取り上げることにした．(a)～(g) のケーブル材料の特徴を表3.1.1に示す．

2) (a)～(e) は素線に亜鉛めっきを施して一次防食することを基本としている．亜鉛めっきを施さない裸線ロープを用いた事例もあるが実績が少ないことと細い線で構成されることを考慮すれば，裸線ロープを用いる場合は事前に防食方法が十分に検討されなければならない．
(f) のＰＣ鋼より線は裸線を用いることが一般的であり，防錆材およびプラスチックで被覆して防食することを基本としている．

3) ＰＣ鋼より線をさらにより合わせた多重よりＰＣ鋼より線がケーブル材料として用いられることがある．

4) ＰＣ鋼材には，(f) のほかに，JIS G 3109（ＰＣ鋼棒）に規定されたＰＣ鋼棒および JIS G 3538（ＰＣ硬鋼線）に規定されたＰＣ硬鋼線があり，また，構造用テンション材料として，"タイロッド"と称する鋼棒があるが，本指針では，鋼線をより合わせたケーブル材料を対象としているため，これらの鋼棒等は除外した．

5) (a)～(c), (g) に"構造用"と付記してあるのは，この指針で述べる初期伸び，弾性係数およびクリープなどを要求特性としない用途のもの〔主として動索用で，めっきしないものが多い〕と区分するためである．

また，(d) および (e) は構造用としてのみ用いられるので，あえて"構造用"を付記していない．なお，ＰＣ鋼より線の"ＰＣ"は，Prestressed Concrete の略号で，本来はコンクリートの補強に用いるものである．

表3.1.1 ケーブル材の特徴

	呼 称 (英文表記)	断面図 (例)	構 造	選択の際しての留意事項
(a)	構造用ストランドロープ (stranded rope)		原則的には側ストランドは6本である．側ストランドと同じ構成の心を配置した共心形と，7×7のロープ心を配置したＣＦＲＣ形がある．	柔軟性に富み，伸びが大きい．
(b)	構造用スパイラルロープ (spiral rope)		心線周りに数層の側線をより合わせる．広義ではロックドコイルロープを含むが，狭義では丸素線のみで構成されるものである．形状はストランドロープの1ストランドと同じである．	柔軟性は劣るが，伸びが小さい．
(c)	構造用ロックドコイルロープ (locked coil rope)		丸線のスパイラルロープを中心に配置し，最外層の2～5層が異形線で構成されるもの．異形線は，Z字形と台形があり，原則として1層ずつ交互逆方向により合わせる．	柔軟性，伸びとともにスパイラルロープと同等であり，かつ水密性が優れる．
(d)	平行線ストランド (parallel wire strand)		丸素線を束ねて，外郭断面を六角形に仕上げたもので，集合体として使用することにより大断面ケーブルとして使用できる．主として長大吊橋のメインケーブルとして使用される．	引張特性は最も優れるが，より合わせていないため，断面が保持されておらず，使用には注意が必要．
(e)	被覆平行線ストランド (non-grout type PWS)		丸素線を束ねて緩いピッチで撚った外郭断面が円形のもので，斜張橋のメインケーブルとして使用されている．被覆することが標準であり防食性に優れる．	引張特性は平行線ストランドと同等であるが被覆付のため，中間接合部がある場合には検討が必要．
(f)	ＰＣ鋼より線 (prestressing strand)		被覆ＰＣ鋼より線を複数本束ねて外套管に挿入したものと，ＰＣ鋼より線を7本もしくは19本より合わせてプラスチック被覆したものなどがある．	引張特性，柔軟性ともに被覆平行線ストランド並である．

6) (d)(e) の日本鋼構造協会 構造用ケーブル材料規格は1978年に制定されたのち，1994年に改正された．規格の主な改正点は次のとおりである．この規格を基に，(a)～(c)については「構造用ワイヤロープ JIS G 3549」として2000年に制定された．

【構造用ケーブル材料規格 JSSⅡ 03,04,05,06,11 の主な改正点】

(A) 引張強さのグレードとして，従来の 1470 N/mm² [150 kgf/mm²] 級および 1570 N/mm² [160 kgf/mm²] 級に新たに 1670 N/mm² [170 kgf/mm²] 級を追加し，また，平行線ストランドには，本州四国連絡橋公団規格の高強度材料を用いた 1770 N/mm² [180 kgf/mm²] 級が追加された．

【JIS G 3549 構造用ワイヤロープ】

(B) ストランドロープにセンターフィット（ＣＦＲＣ）形が追加された．

(C) スパイラルロープに 1×169 および 1×217 が追加された．

(D) B級めっきが廃止され，A級めっきのみとした．

【共通】

(E) ロープ径は，標準数を採用する．

(F) 特性値のいくつかは，ロープ径 d の関数として算出する．

7) ケーブルは，鋼線をより合わせるか，あるいは平行に束ねた集合体であるため，次のような長所がある．

(A) 鋼線自体は，引き抜き加工による繊維状組織を有しているので，他の鋼材に比べて引張強度および疲労強度が高い．

(B) 細い線の集合体であるため，見かけ上の同一径の丸鋼棒に比べて遥かに柔軟性に富み，曲げて使用したり，リールなどに巻いて運搬ができるので，長尺のものが得られる．

(C) 多数の鋼線で構成されているので，部分的な損傷や欠陥に対する危険が分散される．

以上のような長所を有する反面，伸び・クリープが大きい，ねじれを生じることがある，防錆・防護処理が必要である点などを設計に際して配慮しなければならない．

3.2 機械的性質

3.2.1 ケーブル材料

(1) 破断荷重

ケーブル材料の破断荷重は，表 3.1 に示す規格による．

表 3.1 ケーブル材料の破断荷重

名称	種類	規格
構造用ワイヤロープ	ストランドロープ	JIS G 3549
	スパイラルロープ	
	ロックドコイルロープ	
平行線ストランド		JSS II 06-1994
被覆平行線ストランド		JSS II 11-1994
ＰＣ鋼より線		JIS G 3536
構造用ステンレス鋼ワイヤロープ	共心形ストランドロープ	JIS G 3550
	スパイラルロープ	

(2) 初期伸び

ケーブル材料の初期伸びの参考値を表 3.2 に示す．

表 3.2 初期伸び

名称	種類	初期伸び (%)
構造用ワイヤロープ	ストランドロープ	0.1〜0.2
	スパイラルロープ	0.05〜0.1
	ロックドコイルロープ	
平行線ストランド*		0
被覆平行線ストランド*		
ＰＣ鋼より線*		
構造用ステンレス鋼ワイヤロープ	共心形ストランドロープ	0.1〜0.2
	スパイラルロープ	0.05〜0.1

＊プレストレッチングは不要

(3) 弾性係数

ケーブル材料の弾性係数は，表 3.3 に示す値を標準とする．

表3.3 弾性係数

名称	種類	弾性係数 (N/mm^2)
構造用ワイヤロープ	ストランドロープ	137 000
	スパイラルロープ	157 000
	ロックドコイルロープ	
平行線ストランド		195 000
被覆平行線ストランド		
ＰＣ鋼より線		
構造用ステンレス鋼ワイヤロープ	共心形ストランドロープ	88 000
	スパイラルロープ	118 000

(4) クリープひずみ
　ケーブル材料のクリープひずみは，表3.4に示す値を標準とする．

表3.4 クリープひずみ

名称	種類	クリープひずみ (%)	応力水準
構造用ワイヤロープ	ストランドロープ	0.025	長期許容引張力以下
	スパイラルロープ	0.015	
	ロックドコイルロープ		
平行線ストランド		0.007	
被覆平行線ストランド			
ＰＣ鋼より線			
構造用ステンレス鋼ワイヤロープ	共心形ストランドロープ	0.025	
	スパイラルロープ	0.015	

(5) 線膨張係数
　ケーブル材料の線膨張係数は，表3.5に示す値を標準とする．

表3.5 線膨張係数

名称	鋼種	線膨張係数 (1/℃)
構造用ワイヤロープ，平行線ストランド 被覆平行線ストランド，ＰＣ鋼より線		12×10^{-6}
構造用ステンレス鋼ワイヤロープ	ＳＵＳ３０４	17.3×10^{-6}
	ＳＵＳ３１６	16.0×10^{-6}

(1) 破断荷重

1) ケーブル材料の破断荷重の規格値を，付1，付2にそれぞれ示す．

2) ステンレス製のケーブル材料について，1994年版指針では機械的性質等の数値を示していなかったが，最近ではガラスファサードへの適用等，一般的に使用されていることから，ケーブル材料に追記するものとした．

3) 1994年版指針において，ケーブル材料の破断荷重は日本鋼構造協会「構造用ケーブル材料規格」[3.1]（PC鋼より線はJIS G 3536），もしくは以下に示す算定式によるものとしていた．1994年版指針発行後，「日本鋼構造協会規格（JSS Ⅱ 03,04,05-1994）」を基にしたJIS規格化作業が進み日本工業標準調査会の審査を経て，2000年11月に「構造用ワイヤロープ JIS G 3549」が制定された．また2000年6月の建築基準法改正時に「構造用ケーブル」という用語が施行令第90条（許容応力度　鋼材等），第96条（材料強度　鋼材等），建設省告示1446号に記載された．続いて2002年に国土交通省告示665号により構造用ケーブルの基準強度が指定された．これにより現在では，構造用ワイヤロープは国土交通省大臣認定なしで建築材料として使用することができるようになっている．

ケーブル材料の中で使用頻度の高い構造用ワイヤロープにおいては，前述の経緯を踏まえ，規格値を参照していることが一般的であると考えられる．そのため，1994年版指針に示した算定方法は参考として以下に示し，本文から削除するものとした．

次式により，ケーブル材料の破断荷重 F_b を算定する．

$$F_b = A_s \times (1-\alpha) \times \beta \times \sigma_b \tag{3.2.1}$$

ただし，A_s：ケーブル材料と同じ外郭断面を有する図形の面積
α：空隙係数（表3.2.1）
β：より効率（表3.2.1）
σ_b：素線の公称引張強さ（表3.2.2）

表3.2.1　空隙係数 α およびより効率 β

ケーブル材料	α	β
ストランドロープ（共心形）	0.39	0.87
ストランドロープ（CFRC形）	0.34	0.83
スパイラルロープ	0.24	0.88
ロックドコイルロープ	0.18	0.90
平行線ストランド	0.10	1.0
被覆平行線ストランド	0.19	

表 3.2.2　公称引張強さ σ_b

ケーブル材料	種別	公称引張強さ N/mm² (kgf/mm²)
ストランドロープ スパイラルロープ	ST 1470	1470　(150)
	ST 1570	1570　(160)
	ST 1670	1670　(170)
ロックドコイルロープ	—	1470　(150)
平行線ストランド	ST 1570	1570　(160)
	ST 1770	1770　(180)
被覆平行線ストランド	—	1570　(160)

i)　式(3.2.1)で算定される破断荷重は設計の目安となる概略値で，(1)の規格値はこの値と同等もしくはそれ以上である．なお，A_s の外郭断面を有する図形は，図 3.2.1 に示すように，平行線ストランドは外接の六角形で，その他のケーブル材料では外接円である．

図 3.2.1　外郭断面の図形

ii)　表 3.2.2 の公称引張強さ σ_b は，安全側を見て規格の最小値を設定しているが，このことが実際の設計において大きな影響を及ぼすことはない．

iii)　試験により破断荷重を求める場合は，試験片の両端を図 3.2.2 のようにホワイトメタルもしくは亜鉛などで円すい形に固め，またはこれに代わる適当な方法で引張試験機に取り付ける．これを徐々に引張り，破断に至るまでの最大荷重を破断荷重として求める．

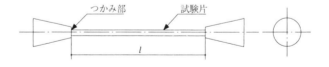

図 3.2.2　試験片の形状

試験片のつかみ間隔(l)は，その径の 40 倍以上とする．ただし，その長さが 2m を超える場合は，2m としてもよい．なお，この試験において，試験片がつかみの部分から破断したときは，再試験を行うことができる．

なお，平行線ストランドは集束直前の素線で，その他のケーブル材料は出荷直前の製品でそれぞれ破断荷重が確認されるので，通常の設計においては，破断荷重は規格に示された値を設定し，鋼材のミルシートに相当するワイヤロープメーカーの検査成績証で設定の妥当性を確認している．

iv) 空隙係数 α およびより効率 β は，図 3.2.3 および図 3.2.4 に示すように，ロープ構成によって異なるものであるが，概略値として表 3.2.1 のようにケーブル材料ごとに一括した．

種　類	構　成	空隙係数 α
ストランドロープ	7×7	0.380
	7×19	0.393
	7×37	0.396
	CFRC 6×19	0.346
	CFRC 6×37	0.321
スパイラルロープ	1×19	0.240
	1×37	0.236
	1×61	0.230
	1×91	0.235
	1×127	0.223
	1×169	0.218
	1×217	0.218
ロックドコイルロープ	C形	0.169
	D形	0.181
	E形	0.183
	F形	0.163

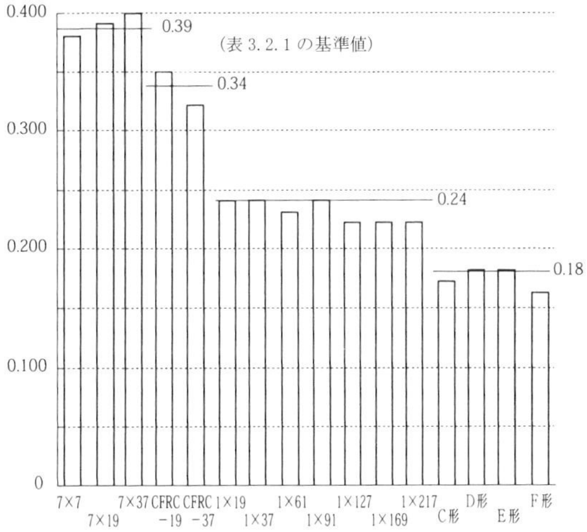

図3.2.3　空隙係数 α

種　類	構　成	より効率 β
ストランドロープ	7×7	0.890
	7×19	0.876
	7×37	0.863
	CFRC 6×19	0.840
	CFRC 6×37	0.830
スパイラルロープ	1×19	0.9236
	1×37	0.9077
	1×61	0.895
	1×91	0.885
	1×127	0.876
	1×169	0.863
	1×217	0.851

注) 種別が ST 1670 の場合のより効率を示すもので，ST 1470 および ST 1570 の場合はこれに比べて若干大きい．

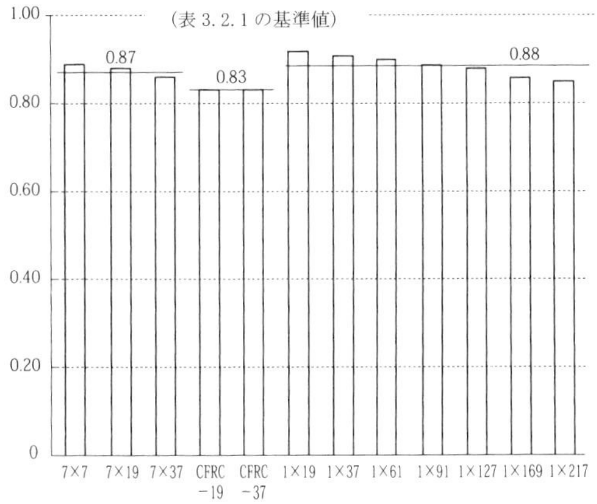

図3.2.4　より効率 β

4) ロープ類の荷重－伸び線図の一例として，スパイラルロープの場合を図 3.2.5（原文のままの単位を使用する）およびストランドロープの場合を図 3.2.6[3.2]（参考文献の応力度－ひずみ関係を換算して使用）に示すが，一般的に破断時の伸びは 3～6％で，素線の伸びに比べて若干大きい．これは 3.1 節の解説に示すように，ロープ類が多数の鋼線をより合わせた構造体であるために初期伸びを生じることと，破断寸前には必ずしも全素線が荷重を均等に分担せずに，特定の素線もしくは特定のストランドに応力が集中して伸びが増大し，残りの素線またはストランドに負荷が分散されて伸びが助長されるためである．

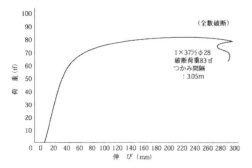 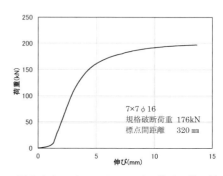

図 3.2.5 スパイラルロープの荷重－伸び線図（単純引張り）　　図 3.2.6 ストランドロープの荷重－伸び線図

5) ケーブルの張力消失を伴う設計（2 章 2.7 参照）では，ケーブルの緩みに伴って生じる衝撃的な張力の影響を把握する必要がある．衝撃荷重による破断荷重については，「ワイヤロープ便覧」[3.3]に衝撃強度に関する以下の内容が実験等を基に示されている．

i)　一般材料と同様に衝撃引張速度の増大により，縦弾性係数，衝撃引張強さ，最大伸び等が静引張に比べ増加する．

ii)　横形衝撃引張試験装置を用いた試験速度 2.5m/sec の実験結果，および落下試験装置を用いた同 6.5m/sec の実験結果から，衝撃破断強度は静引張りに比べ，約 4～5％増になっている．はずみ車の回転による破断実験では，6～18m/sec の試験速度における衝撃破断強度は，6×24 ロープでは 4～5％増，6×37 ロープでは 6～8％となっている．試験速度の高速化につれて衝撃引張強さの増加の傾向がうかがえる．

iii)　横形衝撃引張試験装置を用いた試験速度 2.5m/sec の実験結果から，切断エネルギーについては静引張に比べ約 10％増になっている．

(2) 初期伸び

1)　表 3.2 に示す初期伸びは，平行線ストランド，被覆平行線ストランドおよび PC 鋼より線を除いて，数値は日本鋼構造協会の「建築構造ケーブル設計施工指針」[3.4]によった．

なお，1994年版指針において「プレストレッチング後の初期伸び」と記載していたが，構造用ワイヤロープではプレストレッチングを施すことが規格上定められているため，「プレストレッチング後の」を省き「初期伸び」とした．

2)　図3.2.7は，ロープ類の「荷重－伸び」線図をモデル化したものである（図3.2.5, 3.2.6の実例参照）．ロープ類が一般鋼材に比べて特徴的なのは，低荷重域において初期伸びが生じることである．

3)　ロープ類は多数の鋼線をより合わせて構成させた構造体であり，低荷重域においては素線同士が十分には接触しておらず，単なるらせんばね（コイルばね）の集合体として挙動するために初期伸びが生じる．したがって素線数が多く，ロープ構成が複雑であるほど初期伸びは大きい．すなわち，スパイラルロープおよびロックドコイルロープに比べて，ストランドロープの初期伸びは大きい．

4)　プレストレッチングは素線同士の密着度を高める効果があるので，初期伸びはプレストレッチングにより低減することができる．

　　図3.2.8は使用履歴による荷重-伸び線図の変化（イメージ図）を示すものである．プレストレッチングをしていない状態が使用履歴A（初期）であり曲線aで示される．プレストレッチングによって使用履歴B（安定期）と同様の挙動（曲線b）を示す．プレストレッチングの荷重を高くしすぎると使用履歴C（末期）と同様の挙動（曲線c）を示す．

　　曲線bのように初期伸びを減少させ，適度な衝撃吸収能力「曲線と横軸で囲まれる面積」を持つためには，プレストレッチングの荷重として表3.2.3の範囲が適当である．なお曲線cは衝撃吸収能力が過小になるので好ましくない．

　　1994年版指針において，プレストレッチングの荷重はワイヤロープの破断荷重の40%～50%が適当としていたが，構造用ワイヤロープなどがJIS化され，プレストレッチングの荷重がJISに定められているため，これに倣い表3.2.3の数値に変更した．

　　なお，PC鋼より線については，ブルーイングまたはスタビライジングと称する熱処理を行って降伏点を向上させるが，この処理はプレストレッチングと同様，初期伸びを除去する効果をもたらす．PC鋼より線の荷重－伸び線図を図3.2.9に示す．

—48— ケーブル構造設計指針　解説

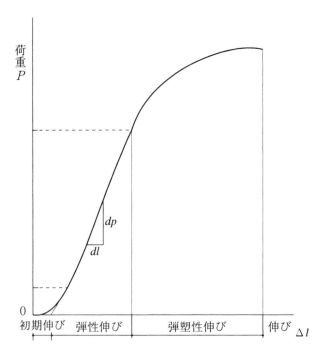

図 3.2.7　モデル化した荷重－伸び線図 [3.5]

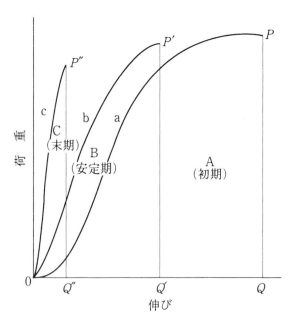

図 3.2.8　使用履歴による荷重－伸び線図の変化 [3.5]

表3.2.3 プレストレッチング荷重

名称	種類	プレストレッチング荷重の目安（破断荷重に対する割合）
構造用ワイヤロープ	ストランドロープ	45 ～ 50 %
	スパイラルロープ	50 ～ 55 %
	ロックドコイルロープ	
構造用ステンレス鋼ワイヤロープ	共心形ストランドロープ	40 ～ 45 %
	スパイラルロープ	45 ～ 50 %

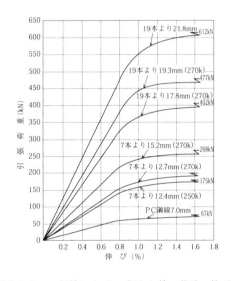

図3.2.9 PC鋼線およびPC鋼より線の荷重－伸び線図

(3) 弾性係数

1) 1994年版指針では，ケーブル材料の弾性係数は試験により求めることを原則としていたが，各ケーブルの規格に則り（平行線ストランド，被覆平行線ストランドおよびPC鋼より線については「道路橋示方書・同解説」[3.6)]による），表3.3の数値を採用するものとした．しかしながら，ケーブルの弾性係数が構造全体の挙動や施工時の挙動等に大きく影響する際には，試験により求めた弾性係数を用いた方が，実際に近い結果が得られるため適当な場合もある．

2) 弾性係数は，1994年版指針では有効数字2桁で丸めたものを用いていたが，各ケーブルの規格どおり有効数字3桁とした．また初期伸びと同様，旧指針では「プレストレッチング後の弾性係数」とあったものを「弾性係数」とした．

3) 表 3.2.4 に DIN 18 800 に設定されている弾性係数を示す.

ASTM A 603-88 "Standard Specification for Zinc-Coated Steel Structural Wire Rope" では，プレストレッチング後の構造用ストランドロープの弾性係数の最小値を，140GPa=140 000N/mm² と規定している．

また，ASTM A 586-86 "Standard Specification for Zinc Coated Parallel and Helical Steel Wire Structural Strand" では，プレストレッチング後の構造用スパイラルロープの弾性係数の最小値を，ロープ径が 12.70～65.09mm のものについては 165 500MPa(N/mm²)，ロープ径が 66.67mm を超えるものについては 158 600MPa と規定している．したがって，この指針で目安とした数値は ASTM よりも若干低い．ロープ類は構成素線本数が多いものほど弾性係数は低いので，DIN のストランドロープのように，種類によって細かに層別すべきであるが，繁雑を回避するためにストランドロープの共心形と CFRC 形，スパイラルロープとロックドコイルロープをそれぞれ一本化した．

表 3.2.4 DIN 18 800 による弾性係数

ケーブル材料		弾性係数 N/mm²
ストランドロープ (CFRC)	6×7 グループ	120 000
	6×19 グループ	110 000
	6×37 グループ	100 000
スパイラルロープ		150 000
ロックドコイルロープ		160 000
平行線ストランド		200 000

4) ストランドロープおよびスパイラルロープの弾性係数の実測例を図 3.2.10，3.2.11（原文のままの単位を用いる）にそれぞれ示す．
5) ワイヤロープの弾性係数を理論的に誘導する数式が「ワイヤロープ便覧」[3.7] に掲載されている．

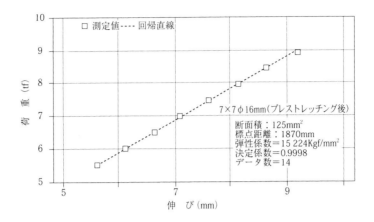

図 3.2.10 ストランドロープの弾性係数の実測例

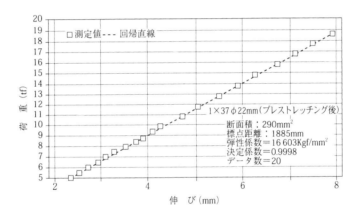

図 3.2.11 スパイラルロープの弾性係数の実測例

(4) クリープ

1) 表 3.4 に示すクリープの数値は，平行線ストランド，被覆平行線ストランド，PC鋼より線およびステンレス鋼ワイヤロープを除いて，日本鋼構造協会の「建築構造ケーブル設計施工指針」[3.4]によった．

2) ストランドロープおよびスパイラルロープのクリープの実測例を図 3.2.12，3.2.13（原文のままの単位を用いる）にそれぞれ示す．

また，PC鋼より線は通常クリープ特性ではなく，リラクセーション（応力弛緩）特性が要求されるために，クリープのデータは希少である．7本より，19本よりおよび37本よりに関するクリープの測定例を図 3.2.14（原文のままの単位を用いる）に，リラクセーションの測定例を図

3.2.15 にそれぞれ示す[3.9]．ただし，応力水準は引張強さの 65% で，本指針で対象とする応力水準の約 2 倍の大きさであり，非常に高いものである．

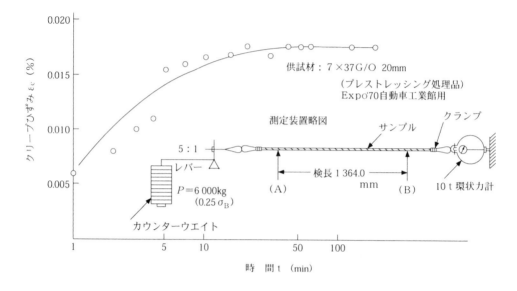

図3.2.12　ストランドロープのクリープ[3.7]

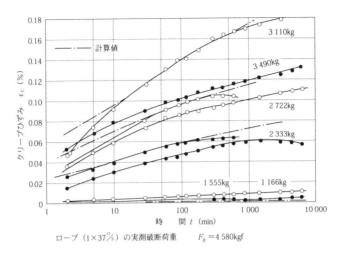

図3.2.13　スパイラルロープのクリープ[3.8]

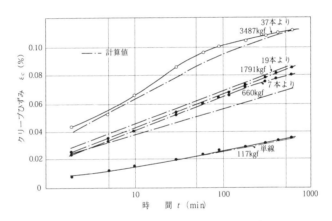

図3.2.14　PC鋼線およびPC鋼より線のクリープ

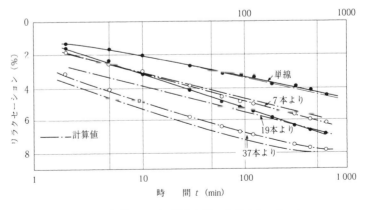

図3.2.15　PC鋼線およびPC鋼より線のリラクセーション

3) ステンレス鋼ワイヤロープについて，ガラスファサードの支持構造に用いられるステンレス鋼線のケーブル材料の伸び特性調査として行われた実験の報告[3.10]では，安全率5を目標として設定した荷重におけるスパイラルロープのクリープとして，667時間で0.003%であり，100時間以降のクリープの進行は非常に少ない，との結果が得られている．また実験の一例では，ストランドロープのクリープとして安全率4の荷重において，667時間で0.01%であるとの結果がある．これらは長期許容張力（安全率3）よりも低い応力レベルで行った実験であるが，安全率を考慮しても構造用ワイヤロープに比べ，比較的クリープが小さい結果となっている．

　ステンレス鋼ワイヤロープに関して，クリープの実測データは希少であるが，ここでは表3.4に示すように，構造用ワイヤロープと同等のクリープであるとみなした．

(5) 線膨張係数

　ワイヤロープの線膨張係数に関する実験の一例を表 3.2.5 に示す．20～80℃の温度範囲で測定した素線の線膨張係数の 11.4～11.6×10^{-6}/℃とほぼ同等である．また，DIN 18 800 では，各種の鋼材の線膨張係数を 12×10^{-6}/K としており，いずれも素材の鉄と同一とみなしてよい．

　ステンレス鋼線の一例を表 3.2.6 に示す．ステンレス鋼ワイヤロープにおいてもステンレス鋼線と同等とみなせる．

表 3.2.5　ワイヤロープの線膨張係数

供試ロープ	測定温度の範囲（℃）	線膨張係数（×10^{-6}/℃）
6×19 O/O 12 mm　炭素含有量：0.55 %	19.1～77.5	11.4
	19.1～80.0	11.3
	19.1～80.4	11.5
	19.1～81.5	11.4

表 3.2.6　ステンレス鋼線の線膨張係数

鋼種	測定温度の範囲（℃）	線膨張係数（×10^{-6}/℃）
SUS304	0～100	17.3
SUS316		16.0

(6) その他の機械的性質

1) ケーブル材料の機械的性質として本文に基準強度は示していない．本指針におけるケーブル材料の基準引張力は 5.2.1 に示すとおり，各ケーブル材料の破断荷重の 1/2 とした力の単位であり，一般的な材料の基準強度として示すものとは性質が異なるため，本節から基準強度は除外した．

2) ロープ類の曲げ剛性（柔軟性）を相対的にかつ定量的に示す指標として，可とう度 F があり，(3.2.2) 式で定義されている[3.11]．

$$F = \frac{E \cdot I}{E_f \cdot I_r} \tag{3.2.2}$$

ここに，E：丸鋼棒の弾性係数で，$E = 20.6 \times 10^4 \, \text{N/mm}^2$

I：ロープ径 d_r と同一径の丸鋼棒の断面二次モーメントで，$I = (\pi/64) \cdot d_r^4 \, \text{mm}^4$

$E_f \cdot I_r$：ロープの曲げ剛性で，下記のような測定を行って求める．

すなわち，可とう度 F は同じ直径の丸鋼棒に比べてロープが何倍の柔軟性を有しているかを表すものである．

ロープの曲げ剛性の測定は，図 3.2.16 のように試供材を標点距離が l の 2 点で支持し，その中央に横荷重 Q を与えたときのたわみ量 y を読み取って，図 3.2.17（原文のままの単位を用いる）のような線図を描く．この線図の直線領域の傾き $\Delta Q / \Delta y$ から，

$$E_f \cdot I_r = \frac{l^3 \cdot \Delta Q}{48 \Delta y} \tag{3.2.3}$$

として求める．

このようにして求めた各種ワイヤロープの可とう度を，表 3.2.7 および付 6 に示す．

図 3.2.16 可とう度の測定

表 3.2.7 各種ワイヤロープの可とう度 F

ワイヤロープの構成	可とう度 F
6×19	700
6×37	1 100
7×37	900
$6 \times \text{Fi}(25)$	550
IWRC $6 \times \text{Fi}(25)$	450
$6 \times \text{Fi}(29)$	600
IWRC $6 \times \text{Fi}(29)$	500

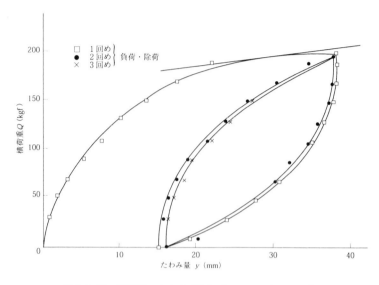

図 3.2.17 横荷重－たわみ線図 ［1×169 G/Z，80mm］

3) 一般材料のポアソン比に準じて，ロープ類に荷重比 R%［破断荷重に対する比率］が作用したときの軸方向のひずみを ε，ロープ径の減少率を λ としたとき，

$$v_r = \lambda/\varepsilon \tag{3.2.4}$$

で求められる値を等価ポアソン比 v_r とする．実測例を図 3.2.18，3.2.19（原文のままの単位を用いる）に示す．

図 3.2.18 より，たとえば 7×19 φ30mm のストランドロープ（プレストレッチング既処理）を使用し，荷重比 33%の引張荷重が作用した場合，ロープ径の減少率 λ は約 1%（ロープ径減少量約 0.3mm）であり，等価ポアソン比 v_r は約 3.5 となる．

3章 ケーブル材料　—57—

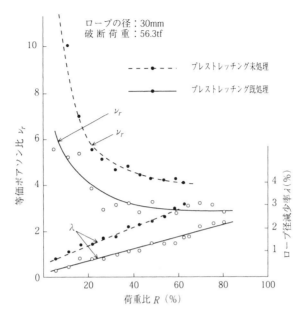

図3.2.18 7×19のポアソン比

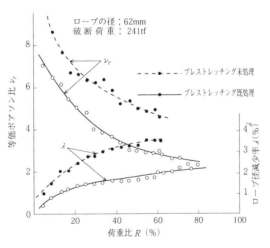

図3.2.19 7×37のポアソン比

3.2.2 端末金具などの材料および許容応力度

(1) 材料の強さ

端末金具などの各種許容応力度は，表3.6の F 値に基づいて定める．長期許容応力度，短期許容応力度は，鋼構造設計規準による．

表3.6 鋼材・鋳鋼の F 値(N/mm²)

種別		$t \leqq 40\mathrm{mm}$	$40\mathrm{mm} < t \leqq 100\mathrm{mm}$
建築構造用	SN400，SNR400，STKN400	235	215
	SN490，SNR490，STKN490	325	295
一般構造用	SS400，STK400，STKR400 SSC400，SWH400	235	215
	SS490	275	255
	SS540	375	—
溶接構造用	SM400，SMA400	235	215
	SM490，SM490Y，SMA490 STKR490，STK490	325	295
	SM520	355	335
鋳鋼	SC480，SCW410		235
	SCW480		275
	SCW490-CF		315
ステンレス鋼	SUS304A，SUS316A，SCS13AA-CF		235
	SUS304N2A		325

(2) 材料定数

端末金具などに用いる材料定数のうち，縦弾性係数，せん断弾性係数，ポアソン比および線膨張係数は，鋼種および板厚によらず表3.7および表3.8に示す値とする．なお，実験などを行って確認する場合には，その値を用いることができる．

表3.7 端末金具などに用いる鋼系材料の材料定数

定数　材料	縦弾性係数 E (N/mm²)	せん断弾性係数 G (N/mm²)	ポアソン比 ν	線膨張係数 a (1/℃)
鋼，鋳鋼，鍛鋼	205 000	79 000	0.3	12×10^{-6}

表3.8 端末金具などに用いるステンレス系材料の材料定数

材料 \ 定数	縦弾性係数 E (N/mm²)	せん断弾性係数 G (N/mm²)	ポアソン比 ν	線膨張係数 α (1/℃)
ステンレス鋼 SUS304A, SUS304N2A, SCS13AA-CF, SUS316A	193 000	74 000	0.3	17.3×10⁻⁶

　本項における端末金具などとは，ケーブルを構成する部品のうち，ケーブル材料以外の「端末金具」，「端末付属金具」および「中間接合金具」などを指すものとする．端末金具などに用いられる鉄鋼系材料としては，圧延鋼材，機械構造用鋼材，鋳鋼品および鍛鋼が挙げられるが，主要構造部に用いる場合には，建築基準法における指定建築材料で，かつ設計基準強度（F値）が指定されている材料に限られてくるため，その中でもさらに限定されたものしか使用することができない．通常の鋼材に対して高強度のものが多いワイヤロープの端部を支持するためには，ロープ径よりも大きい板厚や高強度の材料が求められるため，メーカーによってワイヤロープの種類に応じた端末金具，ピンなどの構成部品についても国土交通大臣認定を取得している場合が多い．今後も同様の認定を受ける材料が増えていく可能性があるが，強度・降伏比などの材料特性が常識的な範囲であれば，本指針における設計においては，既認定材料と同様の扱いができるものと考えてよい．

　2000年（平成12年）以前は，建築基準法第38条（法令が予想しない特殊な構造方法および建築材料を用いた建築物に対する建設大臣認定）に基づき，通常の許容応力度を超える高強度の鋼材などを使う場合などであっても，建設大臣による特別の認定によって建設することが可能となっていた．例えば，膜構造において主要構造部にケーブルを使用する場合，膜構造と併用されている場合に限り，一般認定によって安全率が定められていた．

　技術的な評定を受ける機会があったこともあり，JIS規格を満たしている材料に対するF値は，降伏点と同値としてもさほど問題は生じなかったが，平成12年の建築基準法改正後では，F値を持った指定建築材料の対象が広がった反面，F値を持たない材料を使用することについては，厳格に規制されるようになった．

　混同のおそれがあるため注意が必要であるが，本会の基準・指針類でいうF値と，建築基準法上のF値とは，異なるものとして取り扱う．本指針においては，指針内で提案している設計式と対応する値として扱うため，基準法のF値よりも扱う材料の対象を広げている．混同を避けるために，建築基準法のF値に含まれないものについては，表3.2.8および表3.2.9で示すことにした．

ワイヤロープと共に使用されるような端末金具などについては，表 3.2.8 に示したように，特定のワイヤロープとの組合せによって指定建築材料の認定を受け，F 値を持っているものがある．この組合せによらない端末金具などを設計しようとする場合には，鋳鋼品等を用いるか，別途指定建築材料の認定を受ける必要があるが，現行の F 値を持っている鋳鋼品は表 3.2.8 で示した材料よりも強度が不足する場合があるので，その設計にあたっては，注意が必要である．

表 3.2.8　ケーブル関連において F 値を持つ特殊材料の例

相当する JIS	名称	種類	基準強度 F (N/mm^2)
JIS G 4051	機械構造用炭素鋼	S25C	265
		S45C	345
		S55C	390
JIS G 4052	焼入れ性を保証した構造用鋼材（H 鋼）	SCM415H	380
JIS G 4053	機械構造用合金鋼鋼材	SCM415	380

また，1994 年版指針が刊行された時期には，法律から独立性を保ち，各規準ごとに許容応力度を定めている材料も多数存在した．特に本指針で使用する材料はもともと橋梁分野で多く使われていたことから，許容応力度の設定方法についても，さまざまな箇所でその名残が見られる．告示には指定されていないが F 値の指定を受けている材料を表 3.2.8 に，また告示で指定されている材料であっても，それよりも低い値を用いて設計するソケットによく用いられる材料の許容応力度の例を表 3.2.9 に示しておく．橋梁のように，長時間にわたって安全性を確保する必要のある箇所に用いる場合，参考とされたい．

表3.2.9 橋梁に用いるソケット材の長期許容応力度の例

材料	長期許容応力度 (N/mm²) 引張	圧縮	せん断
S25C	160	160	90
S30C	170	170	100
S35C	190	190	110
S40C	200	200	120
S45C	210	210	130
SC450	140	140	80
SC480	170	170	100
SCW410	140	140	80
SCW480	170	170	100
SCMn2A	190	190	110

ケーブル構造に用いるボルトには,分割された端末金具の緊結などの用途に用いられるものがほとんどである.その例を表3.2.10に示す.

表3.2.10 ボルトの長期許容応力度表

材料			引張 (N/mm²)	せん断 (N/mm²)
ボルト	強度区分	4.6	160	$\dfrac{160}{\sqrt{3}}$
		4.8		
		5.6	200	$\dfrac{200}{\sqrt{3}}$
		5.8		
		6.8	280	$\dfrac{280}{\sqrt{3}}$
	その他の強度ボルト		$\dfrac{F}{1.5}$	$\dfrac{F}{1.5\sqrt{3}}$
ステンレスボルト	A2-50, A4-50		210	$\dfrac{210}{\sqrt{3}}$
	10T-SUS		310	150
高力ボルト	F8T		250	120
	F10T		310	150
	(F11T)		(330)	(160)

ステンレス製端末金具を使用する場合には，表 3.2.11 に示す規格の材料を対象とする．

表 3.2.11　ステンレス鋼材の材料規格

対応する JIS	名称	種類
JIS G 4321	建築構造用ステンレス鋼材	SUS304A, SUS304N2A, SUS316A, SCS13AA-CF
JIS B 1186	摩擦接合用高力六角ボルト・六角ナット・平座金のセット	ステンレス構造建築協会規格 SSBS301-2001（構造用ステンレス鋼高力六角ボルト・六角ナット・平座金のセット）の 10T-SUS（六角ボルト），10-SUS（六角ナット），35-SUS（平座金）
JIS B 1054-1	耐食ステンレス鋼製締結用部品の機械的性質ー第1部：ボルト，ねじおよび植込みボルト	オーステナイト系（A1,A2,および A4），フェライト系（F1），マルテンサイト（C1,C3,C4）
JIS B 1054-2	耐食ステンレス鋼製締結用部品の機械的性質ー第2部：ナット	
JIS G 4353	ステンレス鋼棒	SUS304, SUS316

参考文献

3.1) 日本鋼構造協会：機関紙JSSC, Vol.14, No.149, p.10, 1978
3.2) 中島肇，山崎由美子，張艶嬌，笠原隆，石鍋雄一郎：構造用ケーブルの応力ーひずみ関係に関する実験的研究，日本建築学会技術報告集，第56巻，p.105-110, 2018.2
3.3) ワイヤロープ便覧編集委員会：ワイヤロープ便覧，白亜書房，p.319, 1977.10
3.4) 日本鋼構造協会：機関紙JSSC, Vol.19, No.207, p.1, 1983
3.5) 篠原浩一郎：ワイヤロープ（3），日本クレーン協会会誌，クレーン，第29巻8号，p.2, 1991.8
3.6) 公益財団法人日本道路協会：道路橋示方書・同解説 II鋼橋・鋼部材編
3.7) ワイヤロープ便覧編集委員会：ワイヤロープ便覧，白亜書房，p.351, 1977
3.8) 日本鋼構造協会：吊構造，コロナ社，p.631, 1975
3.9) 中井幹雄，佐藤進，会田俊夫，富岡敬之：スパイラルロープのクリープおよびリラクセーションについて，日本機械学会講演論文集，No.710-6, p.145, 1971.4
3.10) 菊地哲，和久井智，篠原浩一郎：DPG構法用ワイヤロープの伸び特性(その1クリープ特性)，日本建築学会大会学術講演梗概集（関東），pp.801-802, 1997.8
3.11) 三雲英之助，会田俊夫，鷺海真樹：鋼索の曲げ易さ（可撓性）について，日本鉱業会誌，68巻，770号，p.375, 1952

4章 荷　　重

4.1　荷重および外力の種類

> (1) 荷重および外力の種類
>   ケーブル構造の設計に際して考慮する荷重は，本会「建築物荷重指針」および建築基準法施行令，国土交通省告示の定めるところによる．その種類は，次に示すものとする．
>   (a)　固定荷重（G）
>   (b)　積載荷重（Q）
>   (c)　雪荷重（S）
>   (d)　風荷重（W）
>   (e)　地震荷重（E）
>   (f)　プレストレス（Ps）
> (2) その他の考慮すべき荷重
>   上記に示されるもののほか，ケーブル構造の形式・構法・施工法に関わる特別の荷重は，実状に応じて適切に考慮する．

(1) 概要

　ケーブル構造であっても，標準的に考慮する荷重の種類は，通常の建築物において考慮するものと基本的に変わらない．荷重の算定に関して，本会においては，「建築物荷重指針・同解説」が制定されており，建築物および建築基準法の対象とする工作物の構造設計を行う際の荷重算定に必要な諸事項が定められている．この「建築物荷重指針」の内容は，建築基準法およびその関係法令と全体としては大きな相違はないが，一部は一致しない部分もある．法令より大きな荷重となる場合，実務的には「建築物荷重指針」により荷重を算定し，それが法令を下回らないように設定する．

(2) プレストレス

　ケーブル構造特有の荷重としてプレストレスがある．ここでプレストレスとは，構造システムや架構において各ケーブルの役割に基づき，意図的に付加する張力であり，完成時にケーブルに生じる張力を T_0，固定荷重により発生する張力（存在張力）を T_e とすると，次式のように関係づけられる．

$$T_0 = T_e + T_p \tag{4.1}$$

　　　　　　　ただし　T_0：初期張力（広義の PS）
　　　　　　　　　　　T_e：固定荷重に対する存在張力
　　　　　　　　　　　T_p：プレストレス（狭義の PS）

　T_e の大きさは，自重の大きさにより変化する．また，T_p の大きさは初期張力の目的（応力・変形制御，ケーブルの張力消失の回避など）によって定められる．

一方，付加荷重時にケーブルに生じている張力（T_1）は，付加荷重により増分する張力（T_a）を用いると，次式で表される．

$$T_1 = T_0 + T_a = T_e + T_p + T_a \tag{4.2}$$

　　　　ただし　T_a：付加荷重による増分張力

　　　　　　　　T_1：付加荷重時にケーブルに生じている張力

ケーブル材の断面は，上記 T_0 と T_1 に安全率を考慮して決定する（図 4.1.1）．

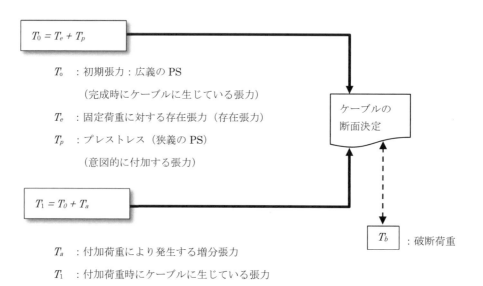

図 4.1.1　ケーブル張力の種類

4.2 荷重および外力の組合せ

ケーブル構造の設計を行う場合に，一般地域で考慮すべき荷重の組合せを表 4.2 のように定める．なお，多雪地域は「建築物荷重指針・同解説」に準ずる．

表 4.2 荷重の組合せ

設計荷重の種類	荷重について想定する状態	荷重の組合せ
長期の荷重	常　　時	G+Q+Ps
短期の荷重	積　雪　時	G+Q+Ps +S
	暴　風　時	G+Q+Ps +W
	地　震　時	G+Q+Ps +E

4.1 節に示した荷重の種類の記号に従って，設計上考えなければならない荷重の組合せを示したのが表 4.2 である．この表に示す以外の荷重が加わると思われる場合には，建築物の実状に応じてその安全性が保てるように荷重の組合せを考えなければならない．

4.3 その他考慮すべき荷重

その他の考慮すべき荷重については，実状に応じて他の荷重との組合せを考える．

ケーブル構造におけるその他考慮すべき荷重の例を表 4.3.1 に一覧しておく．表中には，それぞれの荷重に対する記号を示しているが，それらは設計図書の作成および参照の便宜のためである．

表 4.3.1 ケーブル構造におけるその他考慮すべき荷重の例

荷重の種類	記　号
空　気　圧	AP
温　度　荷　重	T
衝　　撃	I

(1) 空気圧

空気圧 AP は，ケーブル補強空気膜構造などを想定して，この一覧に含めている．膜構造は，平成 14 年国土交通省告示第 666 号において，「骨組膜構造」と「サスペンション膜構造」の形式が制定化された．一方，「空気膜構造」は，空気および送風，制御，維持する設備システムに依存する特殊な構造として，一般化させるべき形式とは相容れないことから除外された．ここでは，構造評定の取得や仮設建築物における使用（建築主事から許認可される建築物）などのために，告示制定以前に旧 38 条の一般認定がなされた「特定膜構造建築物技術基準」を参考に記述する．

空気膜構造における内圧は，常時内圧と積雪時・暴風時の昇圧状態に分類できる（表4.3.2）．常時内圧は，当然ながら自重より大きく，かつ運用上の配慮による所定の強風時に比較的大きな変形が生じない値が要求される．このことから，暴風時・積雪時においては，屋根の変形や振動などを抑制できる圧力に昇圧する制御が通常行われている．ここでは，屋根として高ライズのものは正圧を受ける領域が大きくなるために，形状による推奨値が示されている．一方，下部空間では加圧された建具（扉の開閉時の安全）や設備（排水管や給排気など）への配慮から最大圧力は 120 kg/m²以下と規定されている．ここで，特に「強風時」と「暴風時」との区別には注目される．「強風時」とは，空気膜構造において，内圧管理の観点から必要に応じて定められるべき状態である．なお，内圧増強を想定した積雪時および暴風時のための管理・運用については，具体的規定が含まれていない．表中の暴風時の形状効果を考慮した設定内圧については，「膜構造建築物技術基準・同解説」（日本膜構造協会）に記載されている．

表4.3.2 空気膜構造の内圧

（特定膜構造建築物技術基準1993）

常　　時	20kg/m²以上
積 雪 時	（S+20 kg/m²）を越え 120kg/m²以下
強 風 時	常時内圧
暴 風 時	(0.5〜1.0)×q 以上（形状による）
地 震 時	常時内圧

ここで q：速度圧（法令による）

(2) 温度荷重

温度荷重 T は，建築物に荷重効果を発生させる温度を温度荷重として設定する．建築物の建設される場所や時期，規模や用途，使用される環境条件によって，建築物に大きな応力や変形が発生する場合に，温度荷重を考慮する．

とくに大スパンの屋根架構に用いる場合は，日射による温度上昇を考慮し，「建築物荷重指針・同解説」の相当外気温として評価する方法がある．相当外気温の算定に用いる日射量は，建設地における観測結果を基に設定し，長期の荷重および短期の荷重に組み合わせる．

(3) 衝撃荷重

本書では，張力消失時の安全性を十分に配慮した場合には，張力消失を許容できる立場とした．ここでの衝撃荷重は張力消失時のケーブルのたわみ（緩み）の状態から張力が発生する状態に移行する際に生じる動的な衝撃力を想定している（2章 2.2(3) 参照）．

以上では，「建築基準法施行令」および日本建築学会「建築物荷重指針」に加えて，その他の考慮すべき荷重を示した．基本的には，これらの荷重の算定値を用いて構造解析を行うことになるが，その信頼度は，構造解析の精度をどんなに高めても，根本的な荷重モデルの信頼度を超えることは

できず，現行の最大荷重の平均値（基本値）からの算定値には，最大荷重のばらつきの特性を十分に反映してないことも理解しなければならない．また，荷重の種類によっては，構造特性との連成も反映されねばならない．

参考文献
4.1) 日本建築学会：建築物荷重指針・同解説，2015
4.2) 日本建築学会：期限付き構造物設計指針，2013
4.3) 日本建築学会：開閉式屋根構造設計指針，1993
4.4) 日本鋼構造協会編：吊構造，コロナ社，1975
4.5) 日本鋼構造協会：建築構造ケーブル設計施工指針，1983
4.6) 日本膜構造協会：特定膜構造建築物技術基準，1993
4.7) 日本膜構造協会：膜構造建築物技術基準・同解説　1989

5章 構造設計

5.1 ケーブル構造の設計概要

> ケーブル構造の構造設計にあたっては，許容応力度設計法を基本とし，構造形式によって異なる構造特性および特殊性を十分に理解し，設計項目を適切に選定すると共に，安全性を検証する必要がある．

2.4「ケーブル構造の分類」に記載されているようにケーブル構造には多様な構造形式が存在する．それぞれの構造形式によってケーブル材料の役割はさまざまであり，構造設計に際しては，ケーブル構造の構造特性および特殊性や本質を理解した上で，必要と考えられる検討項目を適切に選定すると共に，構造体全体の安定性や構造部材の安全性を検証する必要がある．ケーブル構造は一般的に軽量な構造であるので，雪荷重や風荷重が支配荷重となることに特徴がある．

ケーブル構造の一般的な構造設計フローを図 5.1.1 に示す．曲げ剛性のないケーブル材料により構成されるケーブル構造は，初期張力の存在により安定性が付与された初期釣合形状を得ることができる．この形状に対して付加荷重を載荷した応力・変形解析を行い，構造体としての安定性や構造部材の安全性を検証する．この点がケーブル構造の特殊性と言える．さらに，このケーブル材料に対する初期張力を，どの時点でどの程度の張力量をどのようなディテールにより導入するのか，などの課題と対策および施工方法などを設計段階で見通しを持つこと，および施工者に設計意図を的確に伝達することが，構造安全性や構造品質を確保するために大変重要である．

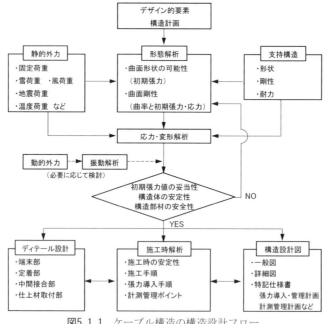

図5.1.1 ケーブル構造の構造設計フロー

5.2 許容引張力

5.2.1 基準引張力

> ケーブル材料の許容引張力に対する基準引張力は，破断荷重に 1/2 を乗じた数値とする．

ケーブル材料は多数の素線をより合わせて構成され，各素線はらせん形状もしくは二重らせん形状で，互いに密接して集合している．そのためケーブル材料に張力が作用すると，各素線には引張応力のほかに曲げ応力，ねじり応力，せん断応力が付加的に発生するだけでなく，素線同士の接触による支圧応力や摩擦力も発生する．このことによりケーブル材料は，構成する各素線の破断荷重の合計よりも破断荷重が低下する性質を持つ（破断荷重の算出方法は，3.2.1「ケーブル材料」の解説を参照）．

このような性質を持つケーブル材料に対して，設計の許容値は，引張応力を負担する断面積で除した引張応力度は用いられず，許容引張力として破断荷重に対する割合（安全率）を規定していることが一般的である．1994年版指針の許容引張力は，他の基準や指針類に準じて，同様の考えとしている．

1994年版指針刊行後，平成12年建設省告示 第2464号（以下，建設省告示という）鋼材等および溶接部の許容応力度並びに材料強度の基準強度を定める件において，構造用ケーブルの基準強度は，破断荷重に1/2を乗じた数値を構造用ケーブルの種類および形状に応じて求めた有効断面積で除した数値，と定められた．

しかしながら前述のとおり，応力度で示される基準強度よりも，破断荷重に対する割合で示すことがケーブル材料には適切と考え，本指針においては前述の建設省告示には倣わず，1994年版指針と同様に力の単位を用いた基準引張力とした．また，基準引張力は，5.2.3項に示す短期許容引張力と同値であり，5.2.3項の解説に示す根拠から破断荷重に対する安全率が2倍となるよう基準引張力を定めた．

なお，上述の建設省告示に示される有効断面積はケーブル材料のJISにはない名称であり，その算出方法が不明であるが，構造用ワイヤロープ(JIS G 3549)においては，「標準断面積は，素線の断面積の総和から算出するもので，よりの影響および素線径の許容差は無視する」となっている．告示に従い，基準強度を算定する場合は，標準断面積＝有効断面積と扱えばよい．また，PC鋼より線（JIS G 3536）においては，公称断面積で示されているが，必要であれば構造用ワイヤロープと同様に，公称断面積＝有効断面積と扱うものとする．

5.2.2 長期許容引張力

> ケーブル材料の長期許容引張力は，基準引張力の 1/1.5 とする．

1994年版指針では，国内外の許容値の規定を勘案し，長期許容引張力を破断荷重の1/3と規定した．本指針においても破断荷重に対する安全率は前指針どおり3とし，前述の告示に関連し，基準引張力を基にした表現とした．

1994年版指針におけるこれまでの経緯に関する記載事項を以下にまとめて示す．

(1) 他の基準，指針等に示されるケーブル材料の許容値

日本建築学会「塔状鋼構造設計指針」(1980)[5.1]によると，支線式鉄塔の支線に使用される構造用ワイヤロープおよび定着部の許容耐力は，破断荷重および定着強さの1/3.5とし，短期応力に対する割り増しは行わないとしている．

日本鋼構造協会「建築構造ケーブル設計施工指針」(1983)[5.2]によると，ケーブル材料の長期許容引張耐力は，同協会「構造用ケーブル材料規格」(1978)[5.3]に適合する構造用ケーブル材料の各規格の付表に示される破断荷重の1/3を標準とするとしている．

日本膜構造協会「膜構造建築物技術基準」(1987)[5.4]によると，ケーブル類の長期許容引張力はケーブルの破断荷重の1/3とし，「建築構造ケーブル設計施工指針」の値を採用している．ただし，ケーブルは，JIS G 3502またはJIS G 3506に定める線材によるケーブル類（平行線ストランドを除く）またはこれらと同等以上の品質を有するものとしている．なお，同基準のうち，「特定膜構造建築物」[5.5]については1993年6月に開閉式屋根構造用の主索，動索が追加されたために，前述のケーブル類の許容値は固定式に限定されている．

他方，橋梁の設計を対象とする設計基準・示方書および指針などでは，従来の許容応力度設計法から限界状態設計法に移行している．そのため，許容値や許容応力度には長期，短期の規定はないが，移行の経緯より，終局限界状態の「主荷重」および「主荷重＋主荷重に相当する特殊荷重」が長期荷重状態に該当することは明らかである．この観点から，以下にそれらを示す．

日本道路協会「道路橋示方書・鋼橋編」(1990)[5.6]によると，ロープおよび平行線ストランドの許容値は，破断荷重を安全率で除して算出するものとし，ケーブルおよびハンガーの主荷重に対する安全率は表5.2.1に示す値としている．

表5.2.1 ケーブルおよびハンガーの安全率

部　材		安全率
ケーブル	吊　　橋	3.0
	斜張橋	2.5
ハンガー	直線部	3.5
	曲線部	4.0

ここで，吊橋用ケーブルの安全率（3.0）の根拠として，構造用圧延材の許容応力度が降伏点を対象に設定される（降伏点/1.7）のに対応させ，ケーブル類では降伏点に相応する応力として0.7％全

伸び耐力を採用している．そして，この耐力に対し 2.0 の安全率をとると引張強さに対する安全率は 2.8 になるが，曲げ剛性などによる二次応力の影響を考慮したとしている．また，旧示方書(1980)では斜張橋用ケーブルの安全率も 3.0 であったが，吊橋に比べ二次応力の影響が小さいこと，わが国の長大支間の斜張橋の実績や海外の基準などを参考に 2.5 としたとしている．

土木学会「鋼構造物設計指針・PART B 特定構造物」(1987)[5.7]の 14 章「ケーブル構造物」では，類似の構造物に基準などの定めがある場合にはそれに準拠し，ない場合には責任技術者の判断によるとしている．しかし，ケーブル材料の設計強度や部材の照査の項では，前述の示方書の値を採用している．

また，同指針の解説において長大支間橋梁の基準・指針などに提示されている安全率について，以下に記す．

本州四国連絡橋公団「上部構造設計基準」(1980)[5.8]では，引張強さに対して安全率を 2.5 とし，同時に降伏点に対して安全率 2.0 を確保するものとし，斜張橋にも適用している．

阪神高速道路公団「大和川橋梁上部工設計指針」(1975)および「安治川橋梁上部工設計指針(案)」(1982)では，引張強さ 1570N/mm^2（16000kgf/cm^2）のケーブルを用いた斜張橋ケーブルの許容引張応力度を 625N/mm^2（6400kgf/cm^2）と規定している（安全率 2.5）[5.7]．

そして，明石海峡大橋のメインケーブルには，1770N/mm^2(18000kgf/cm^2)級の亜鉛めっきワイヤを使用し，破断強度に対して 2.2 の安全率が採用され，安全率を減じる傾向がうかがえる．

さらに，海外の吊橋における平行線ストランドの許容応力度の設定は，ドイツでは引張強さの 0.45 倍(安全率 2.2 に相当，しかし，ロックドコイルロープに対しては安全率 2.4 を採用)[5.9]となっている．また，アメリカでは 595N/mm^2 (6100kgf/cm^2, 安全率 2.5)，そしてイギリスでは 685N/mm^2（7000kgf/cm^2，安全率 2.3)となっている[5.10]．

(2) ＰＣ鋼より線の許容値

ケーブル材料に含まれている PC 鋼より線は，元来，プレストレスコンクリート用の緊張材であり，「プレストレスコンクリート設計施工基準・同解説」(1975)[5.11]によると，定着完了時の許容引張応力度(長期許容引張応力度に相当)は規格降伏強度の 0.80 倍または規格引張強度(破断強度に相当)の 0.70 倍の小さいほうとするとし(安全率換算で 1.43)，本指針の安全率と異なった値を規定している．この相違は，以下に示すケーブルの使用方法の違いによることを付記しておく．

① 本指針で対象とするケーブル構造の場合：ケーブル材は直接的な構造要素として使用されるため，初期張力に対して付加荷重による変動が比較的大きい（通常の構造と同じ）．

② プレストレスコンクリートの場合：PC 鋼材（ケーブル材を含む）はコンクリートにプレストレスを導入するために使用され，導入時張力（初期張力）に対し，付加荷重による張力変動が非常に小さい．

5.2.3 短期許容引張力

> ケーブル材料の短期許容引張力は，長期許容引張力に 1.5 を乗じた値とする．

1994 年版指針では，国内外の許容値を勘案し，短期許容引張力は長期許容引張力を 35%割り増すことと規定した．本指針においては，前述の平成 12 年建設省告示に準じて，短期許容引張力は長期許容引張力に 1.5 を乗じるものとする．

図 5.2.1 に破断荷重に対する安全率について，1994 年版指針と本指針の比較を示す．短期許容引張力の割増が 1.35 から 1.5 に増加したことにより，短期許容引張力は前指針に比べ，破断荷重比で 5%上昇する．ケーブルの弾性域が破断荷重のおおよそ 2/3 であり，破断荷重の 50%を短期許容引張力としてもケーブル材料としては弾性範囲内におさまる．これまでの建築におけるケーブル構造の実績を踏まえても，ケーブル材料の安全率を過度に高めに設定する必然性はないと考え，本指針における短期許容引張力を定めた．

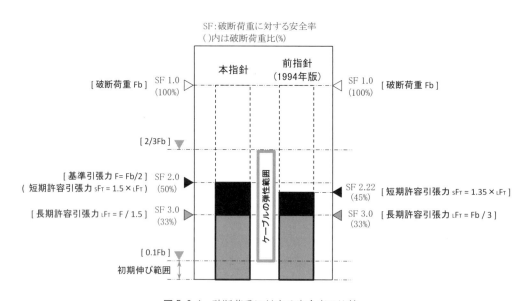

図 5.2.1 破断荷重に対する安全率の比較

1994 年版指針におけるこれまでの経緯に関する記載事項について，以下にまとめて示す．

(1) 他の基準，指針類に示されるケーブル材料の許容値

「建築構造ケーブル設計施工指針」によると，ケーブルおよび定着部・付属金具などの安全度検定は，部材レベルにおける「弾性応力－耐力」によるものを標準としている．そして，短期荷重状態に対する許容耐力は，長期許容耐力の 35%割増しを標準としている（破断荷重に対する安全率は

2.22 になる).さらに,終局許容耐力は長期許容耐力の 65% 割増し(安全率では 1.82)とし,解説では,限界状態設計法に対するケーブルの位置づけを,他の鋼材との安全率の比較を示している.

「膜構造建築物技術基準」によると,ケーブルの短期応力に対する許容引張力は基準強度(破断荷重)の 1/2.2 として,「建築構造ケーブル設計施工指針」の短期許容耐力の安全率を四捨五入して採用している.

日本建築学会「期限付き構造物の設計・施工マニュアル―各種建築物および工作物―」(1986)[5.12] によると,ケーブル材ならびに定着部の許容耐力はケーブルの破断荷重ならびに定着強度の 1/2.2 以下とするとし,解説で「建築構造ケーブル設計施工指針」および「道路橋示方書」を参考にしたとしている.

橋梁の設計を対象とした基準・示方書および指針類では,限界状態設計法に基づくために短期許容応力の規定はない.しかし,終局限界状態である「主荷重＋主荷重に相当する特殊荷重＋風荷重＋温度変化の影響」の荷重の組合せが,本指針の「短期荷重」状態に該当することは明らかである.この観点から,以下にそれらを示す.

「道路橋示方書」によると,この終局限界状態に対する許容応力度は主荷重に対する許容応力度(長期許容応力度に対応)に割増し係数 1.35 を乗ずるとしている.そして,この割増し係数はケーブル材だけでなく,すべての鋼材に適用している.

土木学会「鋼構造物設計指針」では,類似の構造物に基準などの定めがある場合にはそれに準拠するとして具体的な許容値は規定していないが,橋梁設計に関する諸基準の許容値を降伏点に対する安全率のかたちで解説している.この解説によると,橋梁系のこの限界状態に対する許容値は他の鋼材と共通で,降伏点に対する安全率を 1.25 に統一されていることがわかる.この許容値を主荷重に対する許容引張力の割増し係数で表すと,示方書と同じ 1.35 となる(破断荷重に対する安全率は 2.18,概ね 2.2 となる).

海外の規準および国内の動向を見ると,DIN 1073-1974(ドイツ規格)では「主荷重＋従荷重」(短期)に対する許容応力度は平行線ストランドで引張強さの 50%,ロックドコイルロープで 46% としている(安全率にすると,それぞれ 2.0,2.2 に相当する).また,アメリカの AISI(1973)[5.13] でも短期許容値は,引張強さに対し安全率 2.0 を採用している.わが国の長大支間橋でも,近年はこの傾向に進みつつあり,本四連絡橋や阪神高速の斜張橋では安全率 2.0～1.9 としている.

5.3 形状の設定

> ケーブル構造の完成形状は,固定荷重に対して各ケーブルの初期張力状態で釣り合うよう設定する.

ケーブル材料の長所は高い引張強度にあり,ケーブル構造では,この特徴を最大限に引き出すことが構造設計上の課題の一つである.また,ある大きさの張力が与えられた時,その張力を失うまでの間は圧縮力に抵抗することができることになる.他方,構造安定論的にみると,ケーブル材料

の特徴は，張力状態のもとではじめて構造要素として成立することにある．すなわち，ケーブル構造は本質的には不安定な構造であり，初期張力の存在により初めて安定性が得られる構造である．

また，曲げ剛性のないケーブル材料では任意の自由な形状を設定することはできないので，初期張力による釣合形状の決定も必須となる．したがって，風荷重や雪荷重などの外乱に対する構造物の応答を解析する応力変形解析に先立って，構造物の初期釣合形状を決定する形態決定解析をする必要がある．

このように張力状態にあるケーブル材料を含むケーブル構造の設計において，他の構造形式の設計と最も異なるステップは，設計形状（完成形状）の設定にある．つまり，ケーブル構造の完成形状とは，それらを構成している各ケーブルに与えられた所定の初期張力と固定荷重が釣合条件を満足する形状でなければならない．そのためには，張力導入可能なケーブルの形状および構成を選択し，所定の張力に対する釣合検定が不可欠となる（6章の形態決定解析　参照）．さらに，付加荷重（固定荷重を除く外力）や境界構造の変形に起因する支点移動に対して，安定，かつ十分な剛性を確保できる形状・構成としなければならない．その際に注意することは，ケーブル構造の構造形式によっては，設定した完成形状を構成する各ケーブルの初期張力は釣合系を満足する値であり，必ずしもその構造に必要な剛性を確保する張力とは限らないことである[5.14]．したがって，ケーブル構造の形状設定に際しては，あらかじめ構造計画段階で採用する構造形式の特性を十分把握し，付加荷重等に対する補剛方法を適切に計画する必要があろう．

5.4　初期張力の設定

> ケーブル構造における各ケーブルの初期張力は，構造物に必要な剛性を確保し，ケーブルの張力消失による不安定現象が生じないように設定する．

ケーブル構造における各ケーブルの初期張力は，前節の規定のごとく，安定した釣合系を成立させるほか，以下の役割を持つ．

① 付加荷重に対する安定性の確保：外力や支点移動による張力変化に対し，張力状態を確保すること（張力消失を起こさない）による全体剛性および安定性への寄与

② 伸びなし変形の制御：弦作用（張力による幾何剛性付加）による局部荷重や逆対称荷重などによる伸びなし変形に対する補剛（図5.4.1～5.4.3参照）

③ 応力の制御：曲げ系との複合形式における曲げ系の応力の制御

設計で対象となる構造形式により，多少の相違はあるが，概して張力が大きいほど，これらの効果は大きいが，伸びを伴う変形に対する補剛にはあまり有効ではない（図5.4.3参照）．また，このような初期張力の代償として，境界構造に大きな負荷をかけることになるので，過大な張力の設定は避け，境界構造や支持構造とバランスのとれた張力を設定することが求められる．また，この指針で対象とするケーブル構造は，主荷重が支配的な吊橋とは異なり，固定荷重が付加荷重に比して

支配的ではない場合もあるために，これを構成する各ケーブル材の初期張力の設定は設計上，非常に重要な要素である．

それゆえ，ケーブル構造の設計に際しては，付加荷重に対する当該構造形式の特性を十分に把握し，設計張力を設定しなければならない（設定張力が長期許容引張力以下であることは自明）．

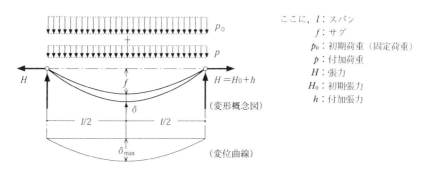

図5.4.1　付加荷重による伸びを伴う変形［等分布荷重（A）］

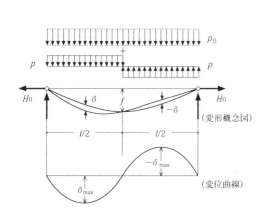

図5.4.2　付加荷重による伸びなし変形
　　　　［逆対象荷重（B）］（凡例は図5.4.1参照）

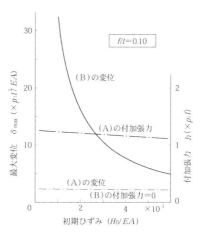

図5.4.3　ケーブルの初期張力による剛性変化
　　　　（凡例は図5.4.1参照）

本指針で対象とするケーブル構造は多様な構造形式を有するため，初期張力の設定に対する包括的な手法がないので，本解説では，ケーブル形状による代表的な構造形式およびプレストレスの有無による設定要素と注意点のみ以下に示す．

(1) 中間荷重支持形式（曲線形状）

1) プレストレス非導入型

ケーブル吊屋根構造（図2.4.3(2) E(a)）やケーブル補強空気膜構造（図2.4.3(2) F）が，この代表的な構造形式である．

前節の形状設定で解説したように，ケーブル吊屋根構造形式の初期張力は初期荷重（固定荷重）と形状（サグ）により決定される．したがって，付加荷重などに対する補剛を目的に張力レベルを変更するには，

　ⅰ）形状を変えず，固定荷重を変更する
　ⅱ）固定荷重を変えず，形状を変更する

などの設計変更が必要となる．実例では，一様な吹上荷重に対して張力の消失を起こさないレベルの張力設定とする例が多い．また，張力による幾何剛性付加は先にも触れたように，雪荷重のような一様分布の付加荷重に対しては，その補剛効果はそれほど期待できないこともあり，伸びなし変形に対する補剛を張力付加に頼るのではなく，他の補剛を併用する例が多い．

ケーブル補強空気膜構造の初期張力は空気圧（内圧）により与えられるため，雪荷重による安定性の確保や偏在荷重に対する補剛に必要な張力は内圧（荷重）を高めることにより対処することになる．

2) プレストレス導入型

ケーブルネット（図2.4.3(2) E (b)）に代表されるこの形式の補剛の特徴は，吊りケーブルと押えケーブル間の自己釣合系状態で導入されるプレストレスにある．このプレストレス力による補剛だけに注目すると，

　ⅰ）一様な吹上荷重や一様な雪荷重により，吊りケーブルや押えケーブルの張力が消失しない
　ⅱ）伸びなし変形に対して十分な剛性を発揮する

などがプレストレス力の設定目標となる[5.14]．

したがって，この形式の初期張力はこのプレストレスによる張力と固定荷重を支えるために必要な張力により設定されることになる．もちろん，この張力の設定は，おのおの独立に行うのではなく，形態解析，応力変形解析を通した十分な検討によらなければならない．

プレストレス力と固定荷重等との関係の目安としてＰＳ係数（固定荷重＋雪荷重に対する，押えケーブルにより与えられるプレストレス力の鉛直成分比）がケーブルネット形成に対し提案されているが，この係数の採用実例はほとんど報告されていない．

この形式のうち，屋根葺材が膜などのように軽い場合，プレストレスのみによる形状，張力を基準（初期状態またはゼロ曲面）とし，その状態に固定荷重を作用させた変形形状および張力を完成形状，初期張力と設定する例が多い．また，オープン形式（壁面がないか，閉じられていない形式）のものは，風による動的な不安定性が問題となることがあり，その場合，張力の設定条件に不安定状態の回避を加える必要がある．

屋根葺材がコンクリート板などのように重い場合，ゼロ曲面を基準とする方法を採用する例は少なく，前節でも解説したように，吊りケーブルによるプレストレス非導入型として形状および張力を設定し（この場合，押えケーブルの形状は張力導入可能形状に保つ），さらに，押えケーブルに

プレストレス(プレストレス力は比較的小さい)を導入する例が多い．この場合，プレストレス力は伸びなし変形に対する補剛を目的としている．

(2) 単純引張形式（直線形状）

代表的な構造形式が（図2.4.3(1)）に示されている．

斜張形式や張弦梁形式に代表される曲げ系構造との複合構造における張力設定要素の特徴は，安定性や剛性の確保より曲げ系との分担や曲げ系の応力制御にあることが多い[5.15),5.16)]．したがって，導入張力は，これら設定要素の影響を十分考慮して，合理的に設定する必要がある．

単純引張形式のうち，ブレースやステイなどの安定材や局部的な補剛材を引張方向のみに利かす場合，原理的には初期張力は0でよい．しかし，実際にはこの材に付加張力が働く時，ケーブルの初期伸びによる立上りの剛性低下が問題になることがあるので，最低でも初期伸びを除去する程度の初期張力を設定することが望まれる．

5.5 変形に対する配慮

> 外力や支点変位などにより生じるケーブル構造の変形が，構造物の使用性および安全性を損なわないよう配慮する．

ケーブル構造は軸力で抵抗する構造であるために，他の構造形式では少量である軸方向ひずみ（ケーブルの伸縮）による変形や面内変形，支点変位に起因する面外変形が問題になる場合がある．また，ケーブル構造のうちでも，一方向吊屋根やケーブルネットタイプでは，偏在荷重や逆対称荷重に対し伸びなし変形（図5.4.2）が生じやすく，その変形量に注意する必要がある．

このような変形に起因する問題点には，ケーブル定着部や仕上材などの損傷や，建物利用者に不快感を与えるなどの使用上の障害がある．また，これらの変形が過大であると，ケーブル材料の支点やケーブル交点金具の近傍において，局部的な曲げが生じてケーブル材料の曲げ疲労の原因にもなる可能性がある．その他，雪荷重時などに水勾配が確保できずに融雪水や雨水がたまり，設計荷重を大きく上回る局所荷重が生じて，仕上材や構造物が破損する可能性もある．

ケーブル構造は架構方式によってケーブルの変形量が異なるために，使用性（床や天井の揺れ，ばたつきによる不安感など）に配慮し，仕上材に生じる応力や追従性に注意して設計する．

たわみと仕上材の関係を示す事例として，膜構造では「膜構造の建築物・膜材料等の技術基準および同解説」[5.17)]（平成14年国交告第666号）において，lを支持距離（スパン）としたとき，短期の積雪時および暴風時の膜面の変形量を$l/15$（周囲の一部を構造用ケーブルに定着した場合は$l/10$）と規定している．ただし，膜の支点間距離が4m以下では，暴風時の風圧力を1/2とした場合に$l/20$に低減できる．これらの変形制限は，膜面の変形や風によるばたつきによる膜材料の劣化や破損，不安感への配慮（膜構造は比較的大きな変形を伴うため）について規定されている．しかしながら，ケーブル自体の変形に対する規定はなく，設計者が各自で配慮して設計している．

これらの問題に対する設計上の検討項目を以下に示す．
① 変形を小さくするための補剛方法の検討
② 仕上材が変形に追従できるディテールの検討

設計に際しては，これらの問題に配慮して，使用性を十分に検討することが望まれる．

参考までに，「道路橋示方書」[5.18]によると，桁（主桁，床桁および縦桁）のたわみの制限としては，吊橋形式で$l/350$，斜張橋形式で$l/400$以下，また，本会「鋼構造設計規準」[5.19]によると，長期に作用する荷重に対する梁のたわみは，通常の場合は$l/300$以下，片持ち梁では$l/250$以下，ただし，もや・胴縁などについては，その仕上材に支障を与えない範囲でこの限度を超えることができる．そして，積載荷重によるはりのたわみ振動に関しては居住性や精密機器の操作性，生産性などに支障がないことを確認しなければならないとある．

構造架構としての変形は，建築基準法施行令第82条の2において，一次設計用の地震力に対する層間変形角（各階に生ずる水平方向の層間変位の各階の高さに対する割合）として，1/200（帳壁，内・外装材，設備などに著しい損傷が生ずるおそれのない場合にあっては1/120）以内であることを確認することとなっている．

また，同施行令第82条四号では，保有水平耐力計算における変形又は振動によって建築物の使用上の支障が起こらないことを大臣が定める方法（平成12年建告第1459号）によって確かめることが規定されている．この告示では，床面に用いる梁，床版について，スパンに応じたはりせい，床版の厚さの条件を定めている．これによらない確認の方法として各種構造の長期間の荷重による変形増大係数が示され，常時作用している荷重に対して生じるたわみの最大値がクリープを考慮してスパンの1/250以下であることを確認することとなっている[5.20]．

5.6 施工方法に対する配慮

> ケーブル構造においては，必要に応じて施工方法や施工順序を考慮した設計を行う．特に，張力導入方法・導入順序に対しては，構造物の性状を考慮して十分に検討し，実状に応じて適切な設計上の措置を講じる．

ケーブル構造の施工においては，その完成形状が各ケーブルの所定の張力状態を伴って形成されるため，この張力導入方法や導入順序などの，通常の構造の施工には含まれなかった過程が生じる．また，この初期張力はケーブル構造の形状構成要素となるだけでなく，安定性や剛性に対しても重要なファクターであり，ケーブル材料の基本力学特性や，施工方法に起因したり施工時に生じる誤差などをどの程度把握した設計および施工方法であるかによって，大きく影響を受ける可能性がある．ここで，特に注意することは，設計段階で施工方法およびその課題と対策などに見通しを持つこと，施工者に対して設計図を通して設計意図を明確に伝達すること，などであり，これが構造品質を確保するために大変重要である[5.21],[5.22]．

吊橋関係の設計指針などでは，設計において施工方法を設定し，施工（または架設系）の安全度検定を必要に応じて行うもの[5.6,7]，としている．しかし，本指針で対象としているケーブル構造の構造形式，規模および用途は多様であり，施工方法が必ずしも確立されているとはいえない構造形式がある．

ケーブル構造に限らず，設計において施工方法や施工順序に配慮し，設計に反映させる意味は，
① 完成した構造物の健全性の確保
② 施工中の安全性の確保
などである．この点から，ケーブル構造に共通する要素は次の5つがあげられる．

(1) ケーブル材料の基本力学特性

施工方法に配慮すべきケーブルの基本力学特性として，下記に示すようなケーブル張力に応じた見かけの弾性係数Eおよび初期伸びなどがある．

引張材特有の性状である見かけの弾性係数Eは，張力Tとサグfの影響により，材料の弾性係数E_0より低下する．見かけの弾性係数Eは，張力が小さい領域では小さく，張力が大きくなると材料の弾性係数E_0に近づく．例えば，ケーブル長L_0が10mの場合には，長期許容張力$_LT_e$に対する張力Tの割合（以下，張力比という）が2～3割程度で材料の弾性係数E_0とほぼ同じになる．また，サグfは張力比の増加とともに急激に減少し，直線に近づく傾向が見られる（図5.6.1）．より長いケーブルを材料の弾性係数E_0に近づけるためには，さらに大きな張力比が必要となる．このように，低張力域での施工にはケーブル張力に応じた見かけの弾性係数への配慮が必要である．また，常時状態における初期張力の設定は，ケーブルの弾性係数の確保にも重要である．なお，設定された初期張力は支持構造に応力を負担させるので，構造設計上の注意が必要である[5.23]．

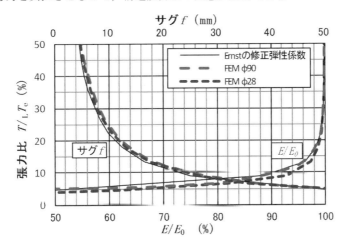

図5.6.1　張力比$T/_LT_e$とサグfおよび弾性係数比E/E_0の関係[5.23]
（スパイラルロープ，ケーブル長L_0=10m）

また，初期伸びに起因して，変位が生じてもケーブル張力が発生しない現象が現れる．この変位はケーブルの種類に応じた初期伸び（0～0.2%）に部材長さを乗じた長さに相当する．ケーブルの製作精度や施工精度の他に，初期伸びを吸収する定着部などのディテール設計が必要になる（図5.6.2）[5.23]．

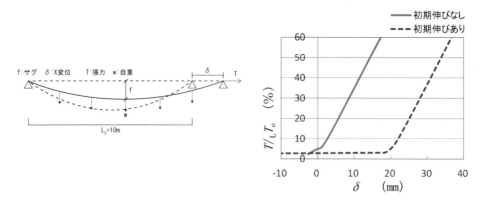

図5.6.2　張力比$T/_LT_e$と変位δ関係[5.23]（初期伸び0.2%，ケーブル長L_0=10m）

(2) 誤差の扱い

　ケーブル構造の施工時の誤差のうちで，特に注意するのはケーブル材長に影響を与える誤差であり，これには取付位置の寸法誤差，ケーブル長の製品誤差およびそれらの累積誤差などがある．これらの誤差による形状や張力に対する影響が無視できない場合は，誤差を吸収可能なディテールの採用や実現可能な施工公差の設定などを考慮する必要がある．鋼材ほど弾性係数が定まっていないケーブル材料を精度良く管理する方法として，ケーブル製作工場でケーブル施工段階または完成状態のケーブル張力で緊張して，その時のケーブル長や接合部の位置にマーキングを施す方法がある．この場合，設計図に，ケーブル張力とその時のケーブル長などを明記して設計意図を明示することが重要である．

　また，構造形式によっては，荷重誤差が形状や張力に大きく影響する場合があり，固定荷重に対しての最終的な精算値の提示と管理方法を設計（仕様）に取り入れる必要も考えられる．

(3) 施工方法および施工順序など配慮すべき課題

　構造形式により，それぞれの特性があるので，個々の課題のみ記す．

1) 中間荷重支持形式（曲線形状）

i) プレストレス非導入型

　　この形式の架設は，設定形状のケーブル長から初期張力に相当する伸びを減じたケーブルの自然長（無張力長）を基準とし，その後，固定荷重（屋根葺材）を載荷するケースが多い．そのため，前述のケーブル材料の基本力学特性や誤差の扱いに対する配慮が必要となる．

この形式に含まれるケーブル補強空気膜形式では，初期張力レベルが比較的低く，ケーブル材の初期伸びが影響する場合も考えられるので，そのような場合は，調整ディテールの配慮が必要となる．また，架設時の張力レベルが高い場合でも，架設形状から完成形状に転移する過程で，無張力域を経るため「あばれ」などの不安定現象が生じる可能性があるので，設計上十分検討して対処しなければならない．

ⅱ) プレストレス導入型

ケーブルネットなど境界構造に架け渡された，おのおのが逆曲率を持つケーブルやケーブル群の施工上の課題は，ケーブルの架設とともに張力の導入方法・導入順序にあり，複雑な要素も含まれるため，構成解析法[5.24]や施工解析法[5.25]が提案されている．さらに，逆工程解析を利用した施工方法の選択手法も提案されている[5.26]．

架設法は大きく分けて次の2つがある

① ケーブルネットを地上で組んだ後，周辺あるいは内部の支持構造物にセットする方法：軽量な屋根に用いられる例が多く，ケーブル長さや交点のマーキングの設定および交点金具の汎用性に工夫が必要．

② 吊りケーブルを架け渡した後，押えケーブルを順次配列しながら，緊張調整する方法：比較的重量のある屋根に用いられる例が多く，吊りケーブルの無張力長の算出，また，押えケーブルの導入張力および順序の決定が問題となる．

また，施工時解析として検討を要するのは，これらの架設，張力導入段階での張力変化，変形そして境界構造に対する影響の配慮である．特に，施工方法によっては，架設時の張力が設計張力（完成時，付加荷重など）を超えるケースがあるので，十分な配慮が求められる．

2) 単純引張形式（直線形状）

この形式におけるケーブルの使用は，主に張力導入部材および張力抵抗部材の2つが考えられる．

斜張形式や張弦梁形式などの張力導入部材においては，プレストレスによる曲げ系の応力制御がこの形式の設計のポイントでもあるため，張力導入の時期および方法等の施工上の検討を行い，必要に応じ，導入部詳細や張力管理（仕様）などを配慮した設計とする．

張力補助材（ブレースなど）やタイバーのうち，張力抵抗材としてケーブルを使用する場合，施工方法によっては，初期張力設定のところでも触れたようなケーブルの初期伸びが影響するケースもあり，設計に際しては，初期張力が小さい場合には前節で述べたサグによる弾性係数の低下などを含めて考慮するか，初期伸びを除去する程度の張力を与え，張力導入部材として扱うなどの配慮が望まれる．

(4) 張力管理および計測管理方法

張力導入を伴う工事においては，設計意図を明確に伝達するためには，張力管理および計測管理方法に関して設計図に仕様を記載することが重要である．想定している施工順序や張力導入・計測

フロー図などを示すことは，施工者が設計意図を理解しやすく，また，設計者も課題などを整理できる．

張力導入に関しては，導入張力量と許容値，張力導入時期，張力導入装置などを示す必要がある．構造安全性および張力導入方法の精度などを考慮の上，導入張力量の許容値は設定される．また，施工中の挙動を事前に予測して，管理すべき項目を設定し，計測管理項目を記載する．計測管理項目には，計測内容，計測位置，計測機器，計測のタイミングと頻度などと許容値が含まれる．許容値は，主として制御する項目と従の項目を整理して設定することが考えられる．例えば，張力と変位などに主と従の関係がある場合には，主に制御する張力は厳しい許容値でも施工可能であるが，従の変位は厳しい許容値での施工は現実的には難しいことを考慮する．また，張力導入装置や計測機器の精度の情報も大切である．

巻末の付5「ケーブル構造設計例」や文献[5.27,28]などの事例は，張力管理および計測管理方法の参考となる．

(5) 設計意図の確実な伝達について

張力導入工事などを伴うケーブル構造の施工方法は，一般的な構造物とは異なるために，施工に関わる技術者はケーブル構造の施工についての実績がないことが多い．したがって，設計者は，一般の構造物以上に，設計意図の説明に関して十分に配慮する必要がある．

設計者は，構造特性の把握はもちろん，設計段階で，施工方法を考え，施工のうちで生じるであろう現象や問題などを予見して，その対策を考案する．そして，構造の特徴，施工方法およびその課題と対策などを，発注者，建築家，施工に関わる技術者などが明確に理解できるように，説明する責任がある[5.22]．

このような設計意図を明確に伝達する手段の一つが設計図である．設計図に記載すべきケーブル構造特有の内容は上記に記載したが，改めて項目として整理する．

- 初期伸びおよび誤差を吸収するディテール設計などの考え方
- ケーブル張力を緊張したマーキング方法（ケーブル張力（無張力を指定する場合もある），ケーブル長，接合部位置など）
- 固定荷重の精算値の提示と管理方法の指示
- 施工順序と施工中の挙動
- 張力導入・計測フロー
- 張力管理および計測管理方法

なお，これらの項目は一例であり，構造形式により記載する内容は異なる．設計図への記載内容はこれらの項目に縛られることなく，最も明確に理解されると考える項目や表現方法とすることが望まれる．

5.7 設計に際して留意すべきその他の事項

> ケーブル構造の構造設計にあたっては，実状に応じて次の項目について検討する．
> (a) 風による振動
> (b) ケーブル部材および定着部材のクリープ，リラクセーションの影響
> (c) 疲労

(1) 風による振動

ケーブル構造は，一般的に軽量で面外剛性が低いことが多いが，それに比して面内剛性は高く，耐震上の問題は少ないと考えられている．したがって，地震に対する設計では，通常の震度法が適用される．一方，風の作用によるケーブル構造の振動については，十分に安定度を検討する必要があるとされている．

風の作用による構造物の振動は，一般に以下に分類される[5.29]．

① 空力不安定振動：振動する物体が流れからエネルギーの供給を受ける不安定な自励振動でフラッターとも呼ばれる．ギャロッピングもこの範疇に含まれる．

② 風の乱れによる不規則強制振動：自然風の風速変動に起因する不規則性の強い振動で，ガスト応答またはバフェッティングとも呼ばれる．

③ 渦励振：比較的低速風の限られた風速領域で発現する規則性の強い振動で，カルマン渦による振動とも呼ばれる．

吊橋や斜張橋の自励振動については，古くからの研究によって明らかにされた多くの事実が設計に取り入れられているが，吊屋根の自励振動については，近年になってフラッターの発現の可能性が解明されつつある段階である[5.30]～[5.33]．また，強制振動については，A.G.Davenportにより，風荷重およびそれによる構造物の応答計算法が提案されて広く実用化されている．また，シミュレーション法により風速変動を求めて構造物の応答を計算することも可能である．強制振動の計算法にいずれの方法を採用するにせよ，風洞実験などにより，風圧係数または風力係数を求めておくことが望ましい．渦励振による振動は風下に周期的に発生する交番力に起因するもので，細長い構造部材に見られる現象であり，橋梁では吊り材や斜張橋のケーブルに生じた例はあるが，この振動により構造全体が共振するようなケースは，屋根自重が極めて軽く，かつ剛性が極めて低くない限り想定しにくい．

1) ケーブルの構造を設計する場合，風による振動について検討すべき事項としては，

　ⅰ) 風による屋根全体の振動
　ⅱ) 風を受けるケーブル材の振動

を挙げることができる．

2) これらの振動に関する問題点はいまだ十分解明されてはいないが，設計上，現時点において参考となる報告を以下に示す．

　ⅰ) 風による屋根全体の振動の場合

橋と異なり振動による吊屋根の崩壊例は，現在まで報告されていない．このことは，建築構造物の立体性（橋梁が二次元的な抵抗系に対して三次元的抵抗系）にあることが一つの要因であると考えられている．一方，上述の現象は風洞実験などで，その発現が定性的に確かめられつつあり，本会「建築物荷重指針・同解説」(1993)[5.34]の解説によると，吊屋根・空気膜屋根などに代表される大スパン屋根は，一般に軽量で，かつ面外方向の剛性が非常に小さく，そのため，ある風速域で空力負減衰効果により逆対称モードの自励的振動（空力不安定振動）が発生しうるとして，風洞実験結果から以下の判定条件を提示し，この3条件に合致する場合は自励的振動の可能性があるとしている．

$$m/\rho L < 3, \quad U_H/n_{a1}L > 1, \quad I_H < 0.15$$

ここに， m：屋根の単位面積あたりの質量

ρ：空気密度

L：スパン

U_H：設計風速

n_{a1}：逆対象モードの固有振動数

I_H：風の乱れ強さ

ⅱ）風を受けるケーブル材の振動の場合[5.35]

ケーブル構造物のうち，バックステイや，斜張形式の吊りケーブルは，設置場所などの条件が異なるが，橋梁の場合と同様の風による振動が参考になる．

a) 渦励振

発現風速は，$U_{cv}=f_s D/S$ より求められ，ケーブルに加わる張力などを検討する．

ここに， f_s：ケーブルの固有振動数

D：ケーブル径

S：ストロール数（ケーブルの場合，0.2)[5.36]

この振動は，風速が変わると収まる振動で，ケーブル材には大きな影響はないが，接合部に対する影響が問題となる場合がある．

b) ウェークギャロッピング（後流振動ともいう）

並列ケーブルに生じる振動で，風上側のケーブルの後流（カルマン渦）による強制振動．この振動はケーブル径（D）とケーブル間隔の関係に依存し，ケーブル間隔が $20D$ 以上ではほとんど影響がないことが確められている．

また，制振対策として，斜張橋ではケーブル間隔を保持するスペーサーを適当に配置する方法がとられている．

c) レインバイブレーション

斜張橋のケーブル特有の振動で，降雨を伴った風による振動で，まだその発生のメカニズムは解明されていない．しかし，発現の共通因子として，コーティングケーブルでその径が120mm〜200mm程度であるとの報告がある．

建築物では，個材の振動障害もいまだ報告されていないし，これらの振動が構造物全体に影響を及ぼすことも想定しにくいが，ケーブル部材の取付け部（接合部）への影響は直接的であるので，設計には十分の配慮は必要であろう．

3) これらの振動に対する対策としては，以下に示す方法などが有効であるといわれている．

　ⅰ）風による屋根全体の振動の場合

　　自励振動の発現や，強制振動の振幅を抑制するためには，共通して次の手段が有効である．

　　① 剛性を高め固有振動数を高くする

　　　剛性を上げるには，ケーブルの初期張力を大きくする方法や，ケーブルは変えず他の補剛方法を併用するなどの措置がある．

　　② 減衰を高める

　　　ケーブル端末や中間部などの適当な位置に，ダンパーなどを付加する方法がある．どの方法が有効かは，構造形式にもよるであろう．特に，後者を採用する場合，三次元的な広がりを持つケーブル構造物全体の振動を抑制するようなダンパーの設計は難しいが，国立屋内総合競技場（代々木屋内プール）の例[5.37]は参考になろう（このダンパーの対象は地震であるが，制振の目的は変わらない）．

　ⅱ）風を受けるケーブル材の振動の場合

　　この振動に対する斜張橋での対策は，次の2つが考えられる．

　　① 初期張力を上げて剛性を高くする

　　　この形式の構造の初期張力は自己釣合系でない場合が大半で，曲げ材（斜張橋の桁材）の応力レベルが変わり不経済になるため，この方法はとりにくい．

　　② 減衰を高める

　　　ケーブル材個材の構造減衰は小さく（1％以下），ケーブル同士を補助ケーブルで緊結する方法（図5.7.1）や，端部や中間部にダンパーを付加する方法（図5.7.2〜3）があるが，橋梁ではもっぱら後者の減衰を高める方法が採用されている[5.38]．

(2) ケーブル部材および定着部材のクリープ，リラクセーションの影響

ケーブル部材および定着部材のクリープやリラクセーションは，材料の種類や部位によっては無視できない場合があり，それに伴う 1) 初期張力の低下や，2) 変形の増大など，ケーブル構造の全体系にも影響を及ぼすことがあるので，設計に際しては十分に留意する必要がある[5.39]．

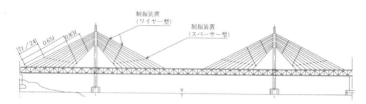

図5.7.1 補助ケーブルによる斜張ケーブルの相互連結（櫃石島橋・岩黒島橋）[5.38]

図5.7.2 ストックブリッジダンパー[5.38]

図5.7.3 斜張ケーブルの制振装置[5.38]

1) 初期張力の低下

　ケーブルネットなど自己釣合系のプレストレストにより与えられる初期張力は，ケーブル材や定着材のリラクゼーションにより張力が低下し，全体の剛性に影響を与える場合がある．それゆえ，設計に際しては，この影響を十分検討し，初期張力レベルを設定するか，増し締めなどに配慮する必要がある．

2) 変形の増大

　複合ケーブル構造や吊床において，ケーブル材料などにクリープが生じると，ケーブル部材の変形が増大するだけでなく，導入張力により制御されている曲げ材（例えば斜張形式の桁材）に過大な曲げ応力が生じる可能性がある．設計に際しては必要に応じてこれを検討し，ケーブル長さや張力の管理などを設定する必要がある．

　また，設計では詰め切れない不確定要素が残る場合，ケーブルの再緊張が可能なディテールの設計や，存在張力の確認方法の検討など配慮が必要であろう．

(3) 疲労

本指針で適用するケーブル構造では，橋梁のハンガーケーブルにおいて設計対象となるような活荷重を考慮することはほんどない．それゆえ，特殊なケースを除いて，疲労の対象は(1)項の風による振動が主となる[5.40]．この振動に起因するケーブル部材（含む定着部）への影響は，以下に整理できる．

　① ケーブルネットなどの吊屋根形式に対してのガスト応答は，逆対称モードが卓越するため，つまり，伸びなし変形による振動であり，張力変動は小さい．

② バックステイ形式などの露出ケーブル（外部ケーブルともいう）に対しては，渦励振による強制振動が主に，発現風速は低く（5～10m/secの例が多い），ケーブルの張力変動は大きくはない．

ケーブルおよび定着部の疲労限（応力範囲）－最大応力と最小応力の差－は，図5.7.4, 5.7.5の実験例（215～245N/mm²）で示すように，一般鋼材の許容応力と同等以上あり，特にこれを配慮する必要はない．

他方，これらのケーブル部材が境界構造や支持構造に取り付く部分や，ケーブルネットの交点金具（中間接合部）などの接合部においては，以下の振動による疲労が問題となることがあるので，設計に際しては十分留意する必要がある．

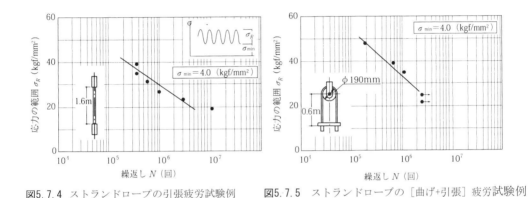

図5.7.4 ストランドロープの引張疲労試験例　　図5.7.5 ストランドロープの［曲げ+引張］疲労試験例

ⅰ）ケーブル部材の取付け部において，風による振動でケーブル材の取付き角の変動量が無視できない場合，変動に伴い発生する接合部の疲労が問題となる（図5.7.6）．

ⅱ）ケーブル部材のうち中間接合部（図5.7.7）において，風によるガスト応答（強制振動）などの局部的振動の生じる可能性がある場合，接合部の形式によっては，この振動に対する追随性に起因する曲げ疲労などが問題となる．

これらの問題が生じるケースでは，接合部の疲労に対する安全検定を行うほかに，ダンパー（制振装置）の採用も有効である．

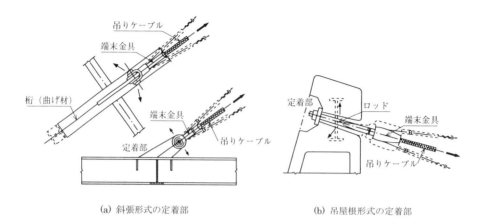

図 5.7.6 ケーブル材端部近傍の変形挙動

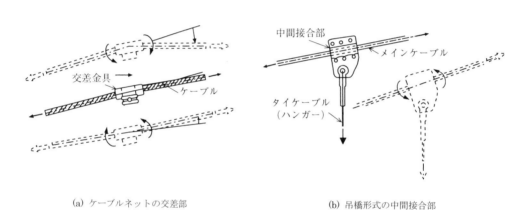

図 5.7.7 中間接合部の変形挙動

参 考 文 献

5.1) 日本建築学会：塔状鋼構造設計指針・同解説(1980)，1980
5.2) 日本鋼構造協会：建築構造ケーブル設計施工指針・同解説（JSS IV 04-1983），JSSC,Vol.19,No.207,日本鋼構造協会,1983
5.3) 日本鋼構造協会：構造用ケーブル材料規格（JSS II 03～06-1978），JSSC,Vol.14,No.149,日本鋼構造協会,1978
5.4) 日本膜構造協会：膜構造建築物技術基準・同解説,1987
5.5) 日本膜構造協会：特定膜構造建築物技術基準（1993年変更），1993
5.6) 日本道路協会：道路橋示方書・同解説（I共通編，II鋼橋編），1990
5.7) 土木学会：鋼構造物設計指針（PART A一般構造物，PART B特定構造物），1987
5.8) 本四連絡橋公団：上部構造設計基準,1980
5.9) DIN 1073 : Stahlerne Strassenbrucken, 1974.7

5.10) 三田村武ほか：橋梁用ケーブルの最近の話題と展望, 土木学会論文集, No444/IV-16, pp.97-106, 土木学会, 1992.3
5.11) 日本建築学会：プレストレスコンクリート設計施工基準・同解説, 1975
5.12) 日本建築学会：期限付き構造物の設計・施工マニュアル・同解説 各種建築物および工作物, 1986
5.13) A.I.S.I：Manual for Structural Applications of Steel Cables for Buildings, 1973
5.14) 日本鋼構造協会：吊構造, コロナ社, 1975
5.15) 川口衛ほか：斜張形式の吊屋根の構造設計—西日本総合展示場の構造について—, カラム, No.68, pp73-78, 新日本製鐵㈱, 1978.4
5.16) 斎藤公男：張弦梁構造の原理と応用, カラム, No.75, pp.67-78, 新日本製鐵㈱, 1980.1
5.17) 国土交通省国土技術政策総合研究所ほか監修：膜構造の建築物・膜材料等の技術基準及び同解説, 海文堂出版, pp.49-50, 2003.8
5.18) 日本道路協会：道路橋示方書（Ⅰ共通編, Ⅱ鋼橋編）・同解説, 丸善, pp.126-127, 2012.4
5.19) 日本建築学会：鋼構造設計規準 —許容応力度設計法—, pp.22-23, pp.81-82, 2005
5.20) 国土交通省国土技術政策総合研究所ほか監修：2015年版 建築物の構造関係技術基準解説書, 全国官報販売協同組合, pp.315-317, pp.325-326, pp.330-332, 2015.6
5.21) 日本建築学会：建築の構造設計 そのあるべき姿, 7.構造設計と生産体制, pp.17-18, 2010
5.22) 川口衛：構造と感性：構造デザインの原理と手法, 鹿島出版会, 2015
5.23) 矢島卓, 笠原隆, 石鍋雄一郎, 中島肇：ケーブルおよび高張力ロッドの基本力学特性について, 日本建築学会大会学術講演梗概集（九州）, pp.1029-1030, 2016.8
5.24) 斎藤公男：茨城県笠松運動公園体育館のケーブルネット吊屋根の解析・設計・施工, カラム, No.57, pp.75-97, 新日本製鐵㈱, 1975.7
5.25) 坪田張二ほか：ケーブル・ネット構造物の施工時解析（その1）日本建築学会論文報告集, No.253, pp.59-67, 日本建築学会, 1977.3
5.26) 宮里直也, 岡田章, 斎藤公男：逆工程解析に基づくテンション構造の工法選択手法の提案, 日本建築学会構造系論文集, pp.133-138, 2002.10.30
5.27) 新村達也, 斎藤公男, 皿海康行, 中島肇, 兼光知巳ほか：ハイブリッド・アルミドームの施工, その1-2, 日本建築学会大会学術講演梗概集B-1（北海道）, pp.925-928, 2004.8
5.28) 中島肇, 皿海康行, 兼光知巳, 石井大吾, 米田俊博, 川上堂生, 内山学, 安富彩子：張弦ドーム構造の構造設計と施工, 日本建築学会技術報告集, 第33号, pp.499-504, 2010.6
5.29) 岡内功ほか：耐風構造, 丸善, 1977
5.30) T.Mori：On Dynamic Response of a Flat Long Roof to Action of Wind, 日本建築学会論文報告集, 241号, pp.91-97, 1976
5.31) A.Miyaneほか：Separated Shear Layer Instability and Vortex Excitation of Bluff Bodies with Elongated Cross-Sections, 日本風工学会誌, 37号, pp.347-354, 1988.10
5.32) 松本武雄：一様流中の一方向吊屋根の自励振動についての風洞実験, 日本建築学会構造系論文集, 384号, pp.90-96, 日本建築学会, 1988.2
5.33) Y.Uematsuほか：Wind-Induced Dynamic Behavior of Suspended Roofs, The Technology Reports of The Tohoku University, 47巻2号, 1982.12
5.34) 日本建築学会：建築物荷重指針・同解説, 1993
5.35) 横山功 ほか：斜張橋ケーブルの風による振動と対策, 橋梁と基礎, pp.75-84, 1989.8
5.36) Kunt Gabriel：Konstruktion und Bemessung, aus"STEHENDE DRAHTSEILE", expert-Verlag, 1990
5.37) Y.Tsuboiほか：Design Problems of a Suspension Roof Structure—Tokyo Olympic Swimming Pools—, 東京大学生産技術研究所報告, 第15巻2号, 東京大学, 1965.11
5.38) 日本道路協会：道路橋耐風設計便覧, 1991
5.39) 斎藤公男：張弦梁構造のデザイン, カラム, No.99, pp.13-26, 新日本製鐵㈱, 1986.1
5.40) 三木千尋ほか：鋼橋の疲労損傷事例のデータベースの構築とその分析, 土木学会論文集, 392号, Ⅰ-9, pp.403-410, 土木学会, 1988.4

6章 構造解析

6.1 構造解析におけるケーブルの仮定

> ケーブルは，原則として引張のみに抵抗する線形弾性部材と仮定する．

(1) ケーブル材の弾性剛性

　ケーブル構造の構造解析においては，ケーブルを弾性線形部材とすることができる．これは，構造設計で対象とするケーブルは，主に弾性範囲で使用されることに拠っている．このため，低荷重域で初期伸びの影響を把握したい場合や，降伏荷重以上の挙動を把握したい場合には，それぞれに応じたモデル化が必要となる．また，ケーブルは引張のみに抵抗するものとしてモデル化することになり，一般的な構造解析においては，日本鋼構造協会「建築構造ケーブル設計施工指針・同解説（1983）」の「Ⅲ設計，Ⅲ－4．ケーブルに関する計算仮定」に従い，

　　1) ケーブルの曲げ剛性は無視する．
　　2) ケーブルの伸び剛性に対する，微小なサグ比の影響は無視する．
　　3) 変位による載荷状態の変化の影響は必要に応じて考慮する．

のように仮定することを標準としている[6.1]．

　曲げ剛性およびねじり剛性を考慮したケーブルの解析理論も研究されているが[6.2]，曲率が十分小さいケーブルに対する力学解析においては，一般的にはその曲げ剛性およびねじり剛性は無視している．ただし，大きな曲率を持つ局部の挙動を調べる場合には，ケーブルの曲げ剛性を考慮することが必要となる．

　ケーブルは鉛直に使用される場合を除き，重力を受けてサグが生じる．つまり，斜めや水平方向の直線材として使用されるケーブルは，自重による微小なサグによって，その全体形状は直線ではなく曲線状になる．さらに，サグの大きさは，荷重と張力，支点間の距離や（温度変化による）ケーブルの長さの変化に左右される．ケーブルを2点間に張る直線状部材とみなす場合，その張力はサグに左右されるので，直線材にみなされるケーブルの弾性係数もサグの影響を受ける．よって，2点間に直線で配置されたケーブルの弾性係数は，そのサグの影響を考慮した補正が必要となる場合があることに留意する必要がある．

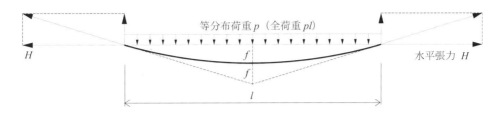

図 6.1.1 等分布鉛直荷重を受ける水平単独ケーブル

　以下に，ケーブルのサグ－スパン比とその伸び剛性の関係を整理しておく．図 6.1.1 のように，単独のケーブルが水平な2支点間に張られ，ケーブル自重により，わずかなサグ－スパン比 f/l を持つものとする．ケーブル自重 p を近似的に水平等分布荷重とすると，ケーブル軸線は放物線となり，ケーブル張力の水平成分 H は全長にわたり一定となる．このような放物線の場合，図 6.1.1 のように，支持点の接線のスパン中央点における鉛直座標はサグの2倍（$2f$）であるので，簡単な図示から，サグ－スパン比は，ケーブルの全自重と水平張力の比 pl/H に比例し，釣合い条件より次式で表される．

$$\left(\frac{f}{l}\right) = \frac{1}{8}\left(\frac{pl}{H}\right) \tag{6.1.1}$$

また，放物線ケーブルの頂点部における曲率 k は次式で表される．

$$k = \frac{8}{l}\left(\frac{f}{l}\right) \tag{6.1.2}$$

軸線傾きの二乗が1に比べて微小として，ケーブル全長 L は次式のような一次の展開近似となる．

$$L = \int_{x=-\frac{l}{2}}^{x=\frac{l}{2}} ds = \int_{-\frac{l}{2}}^{\frac{l}{2}} \sqrt{1 + \left(\frac{dy}{dx}\right)^2}\, dx \fallingdotseq l\left\{1 + \frac{8}{3}\left(\frac{f}{l}\right)^2\right\} \tag{6.1.3}$$

また，ケーブル張力による弾性伸び ΔL は，次のように近似なしで求められる．

$$\Delta L = \int_{x=-\frac{l}{2}}^{x=\frac{l}{2}} \varepsilon\, ds = \left(\frac{H}{EA}\right)\int_{-\frac{l}{2}}^{\frac{l}{2}}\left\{1+\left(\frac{dy}{dx}\right)^2\right\}dx = \left(\frac{Hl}{EA}\right)\left\{1+\frac{16}{3}\left(\frac{f}{l}\right)^2\right\} \tag{6.1.4}$$

次に，ケーブルの全長 L および弾性伸び ΔL を水平張力 H に関する微分は次のようになる．ただし，$pl=const.$ とした．まず，L の H に関する微分は

$$\left(\frac{dL}{dH}\right) = \left(\frac{dl}{dH}\right)\left\{1 + \frac{8}{3}\left(\frac{f}{l}\right)^2\right\} + l\frac{d}{dH}\left\{1 + \frac{8}{3}\left(\frac{f}{l}\right)^2\right\}$$

$$= \left(\frac{dl}{dH}\right)\left\{1 + \frac{8}{3}\left(\frac{f}{l}\right)^2\right\} + l\left\{\frac{16}{3}\left(\frac{f}{l}\right)\frac{d}{dH}\left(\frac{f}{l}\right)\right\}$$

$$= \left(\frac{dl}{dH}\right)\left\{1 + \frac{8}{3}\left(\frac{f}{l}\right)^2\right\} + l\left\{\frac{16}{3}\left(\frac{f}{l}\right)\left(-\frac{1}{8}\frac{(pl)}{H^2}\right)\right\}$$

となり，次式を得る．

$$\left(\frac{dL}{dH}\right) = \left(\frac{dl}{dH}\right)\left\{1 + \frac{1}{24}\left(\frac{pl}{H}\right)^2\right\} - l\left\{\frac{1}{12}\left(\frac{pl}{H}\right)^2 \frac{1}{H}\right\} \tag{6.1.5.a}$$

$$\left(\frac{dL}{dH}\right) = \left(\frac{dl}{dH}\right)\left\{1 + \frac{8}{3}\left(\frac{f}{l}\right)^2\right\} - l\left\{\frac{16}{3}\left(\frac{f}{l}\right)^2 \frac{1}{H}\right\} \tag{6.1.5.b}$$

また，ΔL の微分は

$$\left(\frac{d\Delta L}{dH}\right) = \frac{l}{EA}\left[\left\{1 + H\left(\frac{dl}{dH}\right)\right\}\left\{1 + \frac{16}{3}\left(\frac{f}{l}\right)^2\right\} + Hl\frac{d}{dH}\left\{1 + \frac{16}{3}\left(\frac{f}{l}\right)^2\right\}\right]$$

となり，次式を得る．

$$\left(\frac{d\Delta L}{dH}\right) = \left(\frac{dl}{dH}\right)\left(\frac{H}{EA}\right)\left\{1 + \frac{1}{12}\left(\frac{pl}{H}\right)^2\right\} + \left(\frac{l}{EA}\right)\left\{1 - \frac{1}{12}\left(\frac{pl}{H}\right)^2\right\} \tag{6.1.6.a}$$

$$\left(\frac{d\Delta L}{dH}\right) = \left(\frac{dl}{dH}\right)\left(\frac{H}{EA}\right)\left\{1 + \frac{16}{3}\left(\frac{f}{l}\right)^2\right\} + \left(\frac{l}{EA}\right)\left\{1 - \frac{16}{3}\left(\frac{f}{l}\right)^2\right\} \tag{6.1.6.b}$$

式（6.1.5a,b）および式（6.1.6a,b）の物理的意味は同じである．それらの式を等置すると，dl/dH が求められ，これは支点間距離 l に対する伸び剛性 dH/dl の逆比である．

ケーブルのサグースパン比を考慮したもっとも簡単な伸び剛性は，次のように求められる．ここで，サグースパン比 (f/l) またはケーブル自重－張力比 pl/H の二乗，およびケーブルの弾性ひずみ EA/H を，1に比べて微小として近似している．

$$\left(\frac{dl}{dH}\right) = \left(\frac{l}{EA}\right)\left\{1 + \frac{1}{12}\left(\frac{EA}{H}\right)\left(\frac{pl}{H}\right)^2\right\} \tag{6.1.7.a}$$

$$\left(\frac{dl}{dH}\right) = \left(\frac{l}{EA}\right)\left\{1 + \frac{16}{3}\left(\frac{EA}{H}\right)\left(\frac{f}{l}\right)^2\right\} \tag{6.1.7.b}$$

式（6.1.7a,b）が単独ケーブルの伸び剛性 dH/dl の逆比である．これら2つの式には，ケーブルの弾性ひずみ H/EA の逆比 EA/H と，サグースパン比 f/l またはケーブル自重－張力比 pl/H の二乗との積で構成される補正項が含まれる．ケーブル弾性ひずみの逆比 EA/H は比較的大きな値になりうるため，サグースパン比が小さいとしても，ケーブルの弾性ひずみが小さい場合は，サグの影響を無視できないことが示されている．

ケーブル張力の実用範囲を考慮して，図 6.1.2 に，弾性ひずみ H/EA の値のうち 1/1000＝0.001（線形剛性の下限近傍）から 1/200＝0.005（線形剛性の上限近傍）の範囲の5段階に対して，サグースパン比による伸び剛性補正係数 C_e の変化を示す．補正を必要としない目安を，補正係数 0.95 として考えると，この図から

　　ケーブルの弾性ひずみ 0.005 に対してサグースパン比 0.007 程度まで，

　　ケーブルの弾性ひずみ 0.001 に対してサグースパン比 0.003 程度まで，

は，サグの影響を考慮する必要がないことになる．これは，ケーブル材を線形弾性部材に仮定する場合の一つの目安になる．

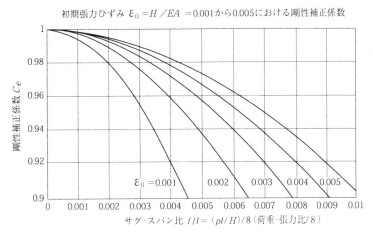

図 6.1.2　サグ-スパン比によるケーブル伸び剛性補正係数の変化

　以上は，水平支点間に張られたケーブルに限定したが，ケーブル両端に高低差のある一般的なケーブルに対しても簡単に拡張できる．すなわち，図 6.1.3 のように，ケーブル支点間距離 l，サグの支点間垂直方向成分 f，ケーブルの支点間方向張力 H，ケーブル自重の支点間垂直方向成分 p として読み替えればよい．

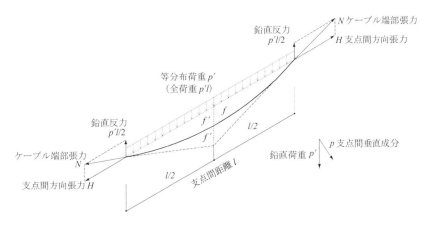

図 6.1.3　等分布鉛直荷重を受ける両端に高低差のある単独ケーブル

　日本鋼構造協会「建築構造ケーブル設計施工指針・同解説（1983）」Ⅲ－4.には，この一般的な場合の公式を提示しており，また，サグ-スパン比の比較的大きな長尺単独ケーブルの場合には，軸線に節点を設け，直線によって近似すれば，各区分は補正を考慮しない直線ケーブル部材として取り扱えることも述べられている．

ケーブルのサグがその弾性係数に与える影響について，土木学会「鋼構造物設計指針」（1987）の第 14 章「ケーブル構造物」の 14.5「構造解析」（14.5.2「計算上の仮定」）の本文において，「ケーブル部材の曲げ剛性の影響，および伸び剛性に対する微小なサグの影響は無視できるという仮定を標準としている」[6.3]．と述べられている．

　また，サグによる影響を考慮して，見かけの弾性係数（Ernst の弾性係数）の計算方法を次式のように定義している[6.3,4]．

$$E = \frac{E_e}{1 + \frac{(\gamma l)^2}{12\sigma^3}E_e} \tag{6.1.8}$$

　ここに，E_e： ケーブルの弾性係数（真直なケーブルの弾性係数）
　　　　　E： 見かけの弾性係数（サグのあるケーブルの弾性係数）
　　　　　γ： ケーブルの単位体積重量
　　　　　l： ケーブルの水平投影長
　　　　　σ： ケーブルの引張応力度

また，日本鋼構造協会編「吊構造」の橋梁編 II 斜張橋および吊床板橋では，サグによる弾性係数の低下について，同様な計算方法の記述がある[6.5]．

(2) より精密な解析のための検討
　応力・変形および振動特性をより精密に検討する場合，
　　1) 主として短尺ケーブルにおける曲げ剛性の影響
　　2) 主として長尺ケーブルにおける伸び剛性に対するサグの影響
　　3) ケーブル低応力時（初期伸び部分）の材料非線形の影響
まで，解析に組み入れることが必要な場合もある．

　また，常時低応力レベルにあるケーブル構造に対して，剛性低下の影響をなんらかの方法で評価する場合，より精密な解析のためには，非線形解析の導入，または剛性低下を想定・試算して，変形挙動を把握しておく必要がある．

6.2 構造解析モデル

> 静的・動的解析に先だって，荷重抵抗機構の仕組を分析し，構造形状およびケーブルに必要な張力を決め，境界条件，各種外力を含む解析モデルを適切に定める．

(1) 解析モデルの概説

　構造解析とは，荷重抵抗機構をモデル化し，与えられた荷重（あるいは強制変位等）による内力および変位，振動特性などの力学特性を把握するための力学解析，または形態を決定するための数値解析を示す．与えられた荷重に対する力学解析に先立ち，構造体骨組の組み方，節点座標や部材断面寸法などの幾何学的特性に関する情報，材料特性，境界条件，各種の荷重などの情報に基づき解析モデルを作成する必要がある．

　ケーブル構造の中には，外力（自重など）が存在しなくても自己釣合い応力（プレストレス）が存在する構造がある．このような構造では，力学解析モデルの基準となる形態を決定する際には，この自己釣合い形態という初期形態を考慮する必要がある．ここに，初期形態とは自己釣合い状態の形状およびその時点のプレストレスの状態を示す．初期形態を求める必要がある構造の場合，その形状とケーブル張力の分布が互いに依存しあうため，初期形態を求めるための形態決定解析が必要である．この場合，静的・動的解析の解析モデルは，張力を導入した後の節点座標と張力の分布を基準として作成されたものとなる．形態決定解析や解析モデルの作成については，6.4節の各項において解説する．

(2) ケーブル部材のモデル化

　構造解析におけるケーブル部材のモデル化は，6.1節の仮定に従う．直線形状ケーブルは節点間を結ぶ直線引張部材にモデル化される．曲線形状ケーブルの場合は，構造解析の手法や使用する解析ツールによって，曲線または，折線（直線）にモデル化してもよい．

(3) 荷重のモデル化

　構造設計における荷重は，第4章に示す固定荷重や積載荷重，雪荷重，風荷重および地震荷重などのように外力や外乱のことである．構造解析においては，これらの荷重や外力をある種の力（作用力），つまり分布荷重，集中荷重，動的荷重，静的荷重にモデル化して用いることになる．ここでは，ケーブル構造解析時における各種荷重や外乱のモデル化の方法，および留意事項について解説する．

1) 荷重のモデル化の方法

　単一のケーブルが直線要素にモデル化された場合，ケーブルの自重やその他の固定荷重，積載荷重，地震荷重や風荷重などの外乱はその両端の節点に作用する集中荷重としてモデル化される．

　一方，サスペンション・ケーブルのような中間荷重支持形式（曲線形状）ケーブルに作用する荷重のモデル化については，以下のようになる．曲線形状ケーブルの力学解析理論においては，ケーブル

に分布荷重を作用させることが必要となる．これらの分布荷重は，ケーブル軸線に沿った分布荷重，または水平や鉛直の分布荷重などにモデル化できる．ただし，離散化解析手法を用いる場合は，曲線形状ケーブルを直線ケーブルに離散化するモデルもある．この場合，各節点の荷重負担範囲（負担長さ，または負担面積）を確定し，分布荷重（線状分布荷重または面状分布荷重）から各節点に作用する集中荷重を算出する．

最後に，ケーブル・トラス，テンセグリティなど直線状部材で構成された構造形式の場合，ケーブル要素の両端の中間には荷重を 0 とし，各種の荷重は節点に作用する集中荷重としてモデル化できる．この時，各節点の荷重負担範囲（負担長さ，負担面積）を確定し，分布荷重（線状分布荷重，面状分布荷重）から節点の集中荷重を算出する．

2）動的外乱について

本会「建築物荷重指針・同解説（2015）」の「序」では，指針の改定方針について，「静的構造解析に供することを前提とし，風荷重，地震荷重は等価静的荷重として評価した」と説明している．また，各種設計法に対応できるように，共通の理念に基づく確率・統計的手法により得た各荷重の代表値が導入されている [6.6]．本指針においても，風荷重，地震荷重を等価静的荷重として評価することを基本と考える．風荷重の等価静的荷重の算定方法については，建築基準法施行令第 87 条第 4 項においては，風洞実験が風荷重を定める第一の方法としてあげられている．また，本会「建築物荷重指針・同解説（2015）」の 6 章「風荷重」6.3「構造骨組用屋根風荷重」の本文およびその解説が参考になる [6.6]．

次に構造解析に用いられる地震荷重について考える．通常の重層構造と異なり，ケーブル構造によっては，水平方向だけでなく鉛直方向の地震荷重に対しても，上下動が励起されやすい場合もあることに留意すべきであり，鉛直方向の地震荷重の評価も必要となる．また，低次振動モードだけではなく，高次振動モードが卓越する場合もあるので，固有値解析を用いて地震荷重を推定する場合には，高次モードの影響に十分に留意することが必要である．ケーブル構造の静的地震力の算出方法については，多くの研究課題が残っている．本会「空間構造の動的挙動と耐震設計」（2006）第 5 章にはスペースフレームの静的地震力の計算方法を紹介してあるので，ケーブル構造そのものではないが，静的地震力の算出方法として参考になると思われる [6.7]．

6.3 構造解析理論に基づく構造分類と解析概要

> ケーブル構造の解析は，荷重抵抗機構の仕組およびその力学特性，ケーブルの扱い方やモデル化，適用できる基本的な解析理論によって，1)単純引張形式（直線形状），2)中間荷重支持形式（曲線形状），3)初期張力依存構造形式，の3つのケースに分類して，適切な解析手法を選用する．
> 主な解析内容は，1)静的・動的解析，2)形態決定解析，3)施工時解析，の3つになる．

　力学特性および基本解析理論の視点から見ると，張弦梁のように直線形状に利用されているケーブル，サスペンション・ケーブルのような曲線形状ケーブル，そしてテンセグリティのような形状形成のために初期張力が必要な構造体は，それぞれの基本解析理論および解析手法が異なる．ただし，有限要素法等の離散化解析手法や汎用的解析手法は，これらの構造形式を含めて多様な構造形式に適用でき，さまざまな解析ソフトも実用化されている．しかし，基本理論や力学原理を十分に理解しないままで汎用解析ソフトの出力結果を利用することは，構造物の崩壊や不具合が生じる可能性がある．
　ここでは，汎用的解析手法のみではなく，適用できる基本解析理論に基づいてケーブル構造を分類して，それぞれの解析原理や解析手法について解説する．

(1) 構造解析理論に基づくケーブル構造の分類
　力学特性および適用できる基本解析理論に基づいて，ケーブル構造は，1)単純引張形式（直線形状），2)中間荷重支持形式（曲線形状），3)初期張力依存構造形式という3つのケースに分類できる．ただし，有限要素法，差分法などの離散化解析手法や汎用性の高い解析手法を用いる場合，上記のような分類に限らない．

　1) 単純引張形式（直線形状）
　単純引張形式（直線形状）とは，張弦梁のストリング，タワーや柱に取り付けられた短尺ステイ・ケーブル，鉄骨トラスやラーメン構造などの曲げ剛性の高い構造体と協働する直線状ケーブルなどのことを示す．直線形状ケーブルを用いた構造の例としては，図6.3.1に示す構造，あるいは図2.4.3のグループA，B，Cに相当する構造体があげられる．

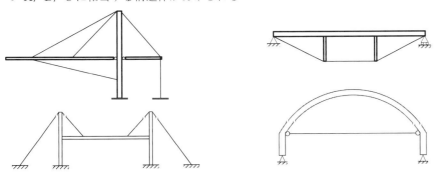

図 6.3.1 単純引張形式（直線形状）

直線形状ケーブルの幾何学的非線形剛性は，協働する剛性の高い構造体と比べて非常に小さいことが多く，構造解析ではケーブルの幾何学的非線形特性の影響を考慮しなくてもよい．このことから，直線形状ケーブルに対する構造解析は，弾性線形解析で対応可能であることが多い．

2) 中間荷重支持形式（曲線形状）
　中間荷重支持形式（曲線形状）とは，自重を受けているサスペンション・ケーブル，膜の押さえケーブルや吊橋形式屋根構造（懸垂形式）のように，ケーブルの法線方向に分布荷重の成分が存在するため，サグが生じている曲線状ケーブルのことを示す．その例として，図 6.3.2 に示すもの，あるいは 2 章の図 2.4.3 のグループ D，E(a)，F に示すものがあげられる．

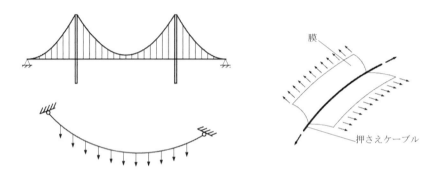

図 6.3.2 中間荷重支持形式（曲線形状）

　曲線形状ケーブルの力学特性の一つは，ケーブルの形状が荷重の分布に依存することである．その形状は，カテナリーや放物線状の曲線になることが一般的であるが，荷重分布によってその他の曲線になる場合もある．曲線形状ケーブルの張力分布と曲率の依存関係からなる釣合い方程式および変位の適合方程式に関する解析理論は古くから研究されており，荷重やサグの影響を考慮したケーブル曲線およびその張力分布を求める解析理論が提案されている[6.8]．6.1 節で解説したように，ケーブル全体に対する構造解析では曲げ剛性は無視されるが，局部的な挙動を調べる場合には曲げ剛性を考慮する場合もある．

3) 初期張力依存構造形式
　この構造形式は，ケーブルネット，ケーブル・トラス，テンセグリティ(tensegrity)のように，直線状ケーブル，あるいは直線ケーブルと圧縮材により構成された構造の形状形成のために，初期張力が必須の立体構造体のことを示す．図 6.3.3 の他に，図 2.4.3 の E(b)，G に示す構造は，ここでは初期張力依存構造形式と呼ぶこととする．

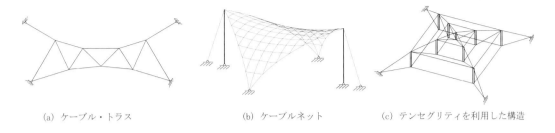

(a) ケーブル・トラス　　(b) ケーブルネット　　(c) テンセグリティを利用した構造

図 6.3.3　初期張力依存構造形式

　初期張力依存構造形式が成立するためには，プレストレスによる自己釣合系とする必要がある．しかし，構造体は必ず重力を受けるので，架設時に導入された初期張力は，プレストレスと固定荷重の双方に抵抗する内力の合成となる．

　初期張力依存構造形式のもう一つの力学特性は，構造体に存在する応力がその剛性に影響を与えることである（幾何剛性，非線形剛性）．当然，プレストレスも幾何剛性を与え，プレストレスの分布と構造体の形状が互いに影響し合うことになる．自己釣合い状態の形状およびその時点のプレストレスの分布のことを初期形態と呼び，この初期形態を求めるための解析（形態決定解析）が必要である．なお，この初期形態は，静的・動的解析の解析モデルを作成するための基準（節点座標やプレストレス状態）となる．

　なお，ケーブルネットの力学解析や形態決定解析の方法として，連続曲面（膜）に近似して，連続曲面体を有限要素法や差分法で解く方法も提案されている．しかし，ケーブルネットを直線要素で構成された構造体とする解析理論においては，節点の釣合いおよび剛性マトリクスの構成はテンセグリティやケーブル・トラスと同じである．よって，ケーブルネットに対する解析理論として，連続曲面に近似する理論も用いられ，ここに紹介する初期張力依存構造形式としての解析方法も適用できる．

　これまで解説した構造解析理論に基づくケーブル構造の分類を表 6.3.1 にまとめる．

表 6.3.1　構造解析理論に基づくケーブル構造の分類

分類	主な構造特徴・力学特性	適用できる解析理論・手法	
		基本理論	汎用的手法
単純引張形式（直線形状）	剛性の高い構造体に取り付けられている直線状ケーブル．幾何剛性の影響は無視できる．	普通の弾性線形解析（静的・動的）	有限要素法や差分法などの離散化解析手法
中間荷重支持形式（曲線形状）	ケーブルの法線方向に分布荷重の成分が存在し，サグを持つ曲線状ケーブル．形状と張力は荷重分布に依存する．	形状曲線の計算式　張力分布の計算式　連続曲線ケーブルの静的解析・振動解析	
初期張力依存構造形式	直線状ケーブル，あるいは直線ケーブルと圧縮材により構成された立体構造体．自己釣合応力が必要であり，形態は初期張力の分布に依存すること，幾何剛性を考慮．	プレストレスと形態決定解析　幾何剛性を考慮した剛性マトリクスの導入	

(2) 構造解析の内容および基本概念

ケーブル構造解析の主な内容は，次の3つになる

1) 静的・動的解析
2) 形態決定解析
3) 施工時解析

これらの主な構造解析のほかに，温度荷重に対する解析の必要性については，建設地の条件や利用状況，構造特性や規模を分析して適切に判断する必要がある．ここでは，これらの構造解析の概念を紹介し，その基本理論や解析手法については6.4節において解説する．

1) 静的・動的解析

静的・動的解析とは，構造の安全性や諸性能を確認するために必要な力学的情報（応力度，ひずみ度，変位，固有周期などの振動特性）を提供するための構造解析を指す．建築構造設計では，各構造要素の断面形状や材料特性などの諸元を設定し，力学解析により構造体の力学特性を導き，所定の断面算定方法などを用いて構造の安全性を検証する．ケーブル構造も同様であり，構造の規模や特性に応じて静的・動的力学解析を行い，構造設計に必要な力学的情報を提供する．

2) 形態決定解析

土木学会「鋼構造物設計指針」（1987）の第14章の14.7.2「形状決定」では「ケーブル構造物においては，完成時に，ケーブルがプレストレスを含む所定の張力状態で，構造全体が所定の形状になるように，必要に応じて事前に形状決定を行うものとする．」と定めている[6.3]．また，ケーブルネットなどでは，所定の形状を得るために，ケーブルの無応力長をサグに対応するたるみも考慮して算定する必要がある，と同解説に述べている[6.3]．

日本鋼構造協会「吊構造」（1975）の「B.建築編　I.設計 4 設計計算の方針」では，吊構造の設計で通常検討する項目として，次の2つを挙げている．

 i) 自重（固定荷重）のみが作用しているケーブルの初期の構成状態が，所定の形状を示し，しかもケーブルには必要な張力が導入されていることを検討する．

 ii) 外力が作用し，あるいは外気温の変化が大きい場合，ケーブルならびにケーブルの支持構造に生ずる応力が破壊に対して十分な安全率を持ち，またそのときの変形や移動，回転がケーブルに不利な影響を与えたり，不安定な挙動を生ずる原因となり，あるいは内外装や諸設備に支障を及ぼすことのないようにする．

前記i)の検討で「初期形状」を得て，これはii)の構造計算の基本となるもの，つまり主架構の外力に対する静的・動的解析の基準となる[6.5]．

ケーブル構造の形態決定解析の方法は，6.4節において解説するが，ここにその概要を簡単に説明する．初期形態を求める第一の手法は，模型製作とそれに対応する釣合い形態の解析である．模型解

析では，ケーブル配置の設定に従い，必要なケーブル張力を仮定し，釣合い式から形状を求める．この場合，ケーブル張力の仮定によって複数の釣合い形態を得る可能性があり，建築計画や構造安全性，施工性などの諸要件を総合的に勘案して適切な形態を選ぶことになる．

形態決定解析の第二の手法は，数理解析理論を用いて形態を求めることである．これは，建築計画段階で提示された建築形態に対して初期応力の分布およびその釣合形状を，数値解析理論を用いて求めることである．あらかじめ計画された建築形態の近傍に，複数の釣合い形態が存在する場合，建築計画や構造の諸要求性能，施工性などを総合的に勘案して適切な形態を選ぶ作業が必要である．

なお，形態決定解析においては，さまざまな形態最適化手法が提案されている．ケーブル構造は比較的剛性が低いので，例えば，構造の全体剛性を最大化するための形態最適化解析理論が提案されている．その解析理論は，数理手法により節点座標や初期応力の分布を変化させ，与えられた荷重による変位を最小化するものである[6.9-11]．

3) 施工時解析

ケーブル構造に張力を導入する過程では，緩んでいたケーブルが緊張する際に，形態が大きく変化することがある．施工前の無荷重・無応力に近い状態から，ケーブルに張力を導入し，所定の形態に至る過程において自重と応力は釣合い状態でなければならない．施工誤差の吸収，ケーブル張力の調整を行って，目標となる張力と形状までに導くために，形状および張力の管理・制御が必要である．また，施工時のケーブル部材などの架設の順序，ケーブル張力の導入順序に従い，その全過程において応力レベルと構造の安全性を確認する必要がある．このようにして，施工の各段階において，構造体および仮設部分の応力状態，変位や形状に対する予測，管理，安全性の確認のための力学解析や構造計算が必要であり，これらの一連の力学解析・構造計算のことを「施工時解析」と呼ぶ．

前述のように，単純引張形式（直線形状），中間荷重支持形式（曲線形状），初期張力依存構造形式のそれぞれの力学特性や構造的な特徴が異なり，その力学解析の基本理論と解析手法も異なる．採用する施工方法や張力導入の手順によって施工時解析の内容および手法も異なるため，全ての施工ケースに適用できる統一的な解析手法は存在しない．

施工時解析の基本的な考え方についてはさまざまな提案があり，ここでは逆工程解析を簡単に紹介する．逆工程解析の基本的な方法は，ある工程段階の釣合い形状・応力状態を参照状態として，1ステップ手前の施工段階の力学解析を行うことである．その状態を次の参照状態として，さらに1ステップ手前の施工段階を設定する解析を繰り返し，施工過程を逆進する方法である．図6.3.4に示すように，逆工程解析は完成時の形態から出発し，施工工程と逆順に部材を撤去して，各工程段階の形態および施工初期の構造形態を求めるものである[6.12,13]．

ケーブル構造は，プレストレスの導入量が形状・剛性・耐力に大きく関わる性状を有する．施工計画時の検討は，完成時の構造性能，施工途中の構造安全性，部材や躯体の製作・取付誤差の影響度，テンション材の初期伸びの吸収，ディテールの制約，施工技術レベル等の制約条件を総合的に勘案し

て，一般的には以下の項目の検討が必要とされる．

① 部材の取付方法・順序
② 初期張力導入方法・順序
③ 仮設サポート方法
④ 施工過程における管理値
⑤ ①～③に関わる必要人工，サポート，ジャッキ数

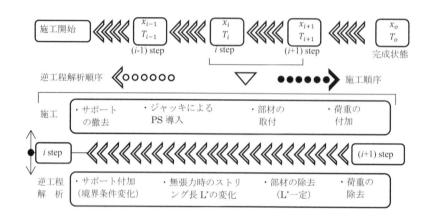

図 6.3.4 逆工程解析の概念 6.12)

図 6.3.5 に，上記諸要因を考慮した逆工程解析のフローを示す．こうした施工時解析により，各施工段階の目標を設定して，実際の施工段階における目標形状や応力状態が正しく実現されていることを確認・管理することが可能となる．

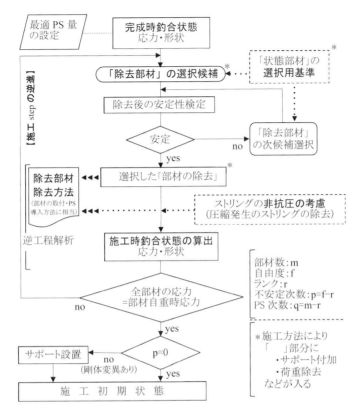

図 6.3.5 テンション構造の逆工程解析フロー[6.12]

4) 張力消失に対する留意

ケーブル構造は，外力や支点移動などに起因するケーブルの張力消失等によって不安定現象が生じないように必要な張力と剛性を確保する必要がある．つまり，ケーブルは常に張力を保持することが必要であるため，ケーブルの解析モデルを作成する場合には，必要に応じてケーブルの低応力および張力消失に伴う荷重抵抗機構の変化を考慮に入れる場合もある．ケーブルの張力が消失までしなくても，ケーブルの張力低下による剛性低下，単独ケーブルの場合にはサグの増大による剛性低下が一層進むことがある．外力によるケーブル張力の消失は，ケーブル軸線方向の圧縮剛性を失うことにより全体剛性が低下させることになる．このような場合には，衝撃力が生じる可能性が生じたり，応力変動幅が大きくなり，破壊につながる危険性も生じる．

張力消失が生ずることなく，構造体の安全性と機能性を十分確保できる適切な導入張力量の決定方法は，設計上，重要な課題である．これゆえ，張力消失後の構造体の挙動を把握することは重要となる．岡田，宮里らは，静的および動的載荷実験，そして静的および動的解析手法を用いて，テンセグリック・タワーのケーブル張力消失について分析した結果，張力消失後は，構造不安定現象が観察されなかったが，動的応答変位の増大や固有振動数が小さくなることが確認されている[6.13)～6.15]．

5) 温度荷重に対する解析

温度荷重に対する解析とは，温度変化や温度分布の変動により生じるケーブル張力の変動や構造体の力学挙動の変化を分析し，構造安全性を確認する解析である．前述のように，温度荷重に対する解析の必要性については，建設地の条件や利用状況，構造特性や規模を分析して適切に判断する必要がある．温度荷重に対する解析の必要性に備え，単純引張形式（直線形状），中間荷重支持形式（曲線形状），初期張力依存構造形式という3つのケースに分けて，6.4節の各項においてその解析手法を簡単に説明する．

6) 非線形解析の概念

まず，構造体に存在している応力はその剛性に影響を与える．例えば，ピアノの弦の張力を大きくするにつれて変形しにくくなり，剛性が高くなる．これは，ケーブル構造の幾何学的非線形特性であり，厳密な解析理論としては，この幾何学的非線形解析の導入が必要となる．

鉄筋コンクリート構造など在来構造の場合，変位が微小であると仮定して，無荷重時（変形前）の形状を用いて釣合い解析を行うことが一般的である．しかし，ケーブル構造物の釣合状態を考察する際には，荷重の負荷後に変形した状態で釣り合っていることを考慮する必要となる場合がある．図6.3.6のように，荷重により節点変位が生じると，部材方向も張力の方向も変化するので，軸力の鉛直成分も変化する．これらの影響を考慮した力学解析は，幾何学的非線形解析となる．

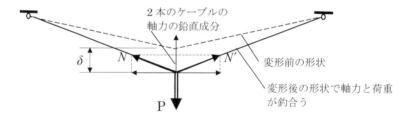

図6.3.6　変形後の釣合状態

一般的には，非線形解析理論は「幾何学的非線形」と「材料非線形」に大別でき，ケーブル構造の場合は，幾何学的非線形解析を適用するのが一般的である．ただし，終局耐力状態を確認する場合（部材の降伏，ケーブルの緩みや接合部のすべりなどを考慮する場合）には，幾何学的非線形と材料非線形の双方を同時に考慮した複合非線形解析が必要となる．

コンピュータによる数値解析技術の急速な発展に従って，さまざまな非線形解析手法が提案され，増分解析はその基本的な手法となっている．増分解析手法は，荷重増分，変位増分，弧長増分の三種類に大別できる．それぞれの解析手法には，さらにさまざまなプログラム作成上のテクニックが存在

する．

増分解析 { 荷重増分解析：荷重を増分させて，変位の増分を求める．この手続きを繰り返し，荷重－変位曲線を追跡する．
変位増分解析：変位を増分させて，荷重の増分を求める．この手続きを繰り返し，荷重－変位曲線を追跡する．
弧長増分解析：得られた荷重－変位曲線の接線方向に弧長を増分させて，さまざまな力学条件（釣合条件など）より変位増分と荷重増分を求める．この手続きを繰り返し，荷重－変位曲線を追跡する．

通常の線形解析では，剛性マトリクスを構成して荷重から変位を求め，釣合方程式を解くのは1回である．非線形解析の増分解析では，増分剛性マトリクスは釣合経路の接線勾配に相当するので，接線剛性マトリクスと呼ばれている．この接線剛性マトリクスを修正しながら釣合残差をなくすための収束解析を繰り返すため，増分ステップごとに接線剛性マトリクスの修正，および釣合残差をなくすための収束計算を行うことになる（図6.3.7）．

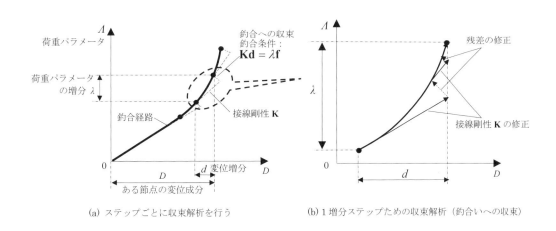

図 6.3.7　増分解析のイメージ

増分解析は，1ステップずつ進んでいくため，1ステップ前の結果を基に次のステップへ進み，解析の手順を繰り返す．増分解析の基本式は式 (6.3.1) で表現でき，これは増分解析の途中ステップにおける釣合方程式である．

$$\mathbf{Kd}=\lambda\mathbf{f} \tag{6.3.1}$$

ここに，$\mathbf{f}=\{f_1,...,f_n\}$は荷重分布をベクトルで表現する荷重ベクトルであり，$\mathbf{d}$ は変位の増分ベクトルを示す．λ は荷重パラメータΛの増分値であり，図6.3.7のように $\Lambda=\sum\lambda_k$ となる（ここに k は解析ステップを示す）．そして，$\mathbf{K}$ は幾何剛性を含んでいる接線剛性マトリクスであり，解析の過程で変化するものである．

7) 各構造解析の位置付けおよびフロー

上述のように，構造設計に対して考慮する基本的な解析内容は，1) 静的・動的解析，2) 形態決定解析，3) 施工時解析の 3 つがある．これらの 3 つの解析内容の設計から施工までの一連のプロセスにおける位置付けを図6.3.8に示す[6.16)～6.20)]．

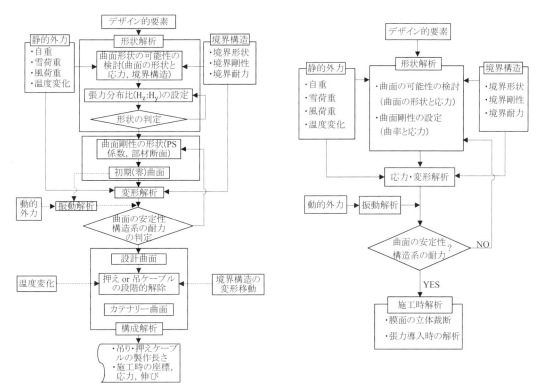

(a) ケーブルネット構造の設計(解析フロー)[6.16,17]　　(b) テンション構造の設計（構造解析フロー）[6.18,19]

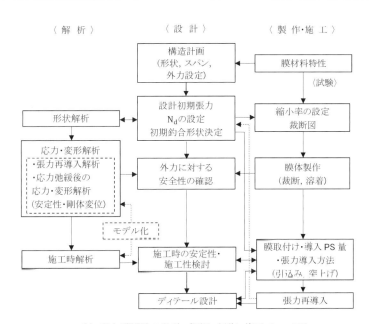

(c) 張力膜構造の設計, 解析, 制作, 施工フロー[6.20]

図 6.3.8　構造設計（構造解析）のフロー

6.4 構造解析の手法と基礎理論

> ケーブル構造の構造解析を行う際には，対象とする構造形式の力学特性を考慮した上で，適切な解析手法を選用する．

　前述のように，有限要素法などの離散化解析手法は，単純引張形式（直線形状），中間荷重支持形式（曲線形状），初期張力依存構造形式などの多種多様な構造解析に適用でき，実務的に多用されている．このような汎用的解析手法を実務的に利用する場合，ケーブルのみを解析対象とするのではなく，ケーブルに接合されている周辺部材（膜材，引張や圧縮材，曲げ系構造体など）を連成した解析モデルを作成して解析を行うことが一般的である．

　6.3 節で述べたように，単純引張形式（直線形状），中間荷重支持形式（曲線形状），初期張力依存構造形式は，それぞれの基本解析理論が異なる．上記汎用的解析手法の利用は，各種構造形式の基本解析理論を十分に理解した上に行うべきである．また，各種構造形式の基本的な解析手法は，中小規模構造の計算，単一ケーブルの力学挙動についての検討にも実用化されている．以降の各項において，各種の構造形式の基本解析理論を主としてその解析手法の選用について解説する．

(1) 単純引張形式（直線形状）の解析

　直線形状ケーブルの多くは，プレストレスが導入されている．厳密にいうと，プレストレスの存在は構造物の全体剛性に影響を与えるので，幾何剛性（幾何学的非線形剛性）の影響を考慮した構造解析手法を使用できる．ただし，直線形状ケーブルは剛性の高い構造体と一般に協働することが多く，剛性の高い構造体の剛性と比べてケーブルの幾何剛性の影響は比較的小さく，構造解析では無視できる場合には，直線形状ケーブルに対する構造解析は，通常の弾性線形解析を用いることができる．この場合，一連の弾性線形解析の結果を重ね合わせることもできる．例えば，静的・動的解析で得た各部分の応力に張力導入時の各部分の応力を加えることにより，部材の応力を求めることができる．

　ただし，比較的大規模な構造物の場合，剛性の高い構造体と協働する直線形状ケーブルの幾何剛性が無視できるかどうかを適切に判断する必要がある．また，長尺ケーブルのサグが無視できない場合，6.1 節で説明した方法に従ってケーブルの弾性係数を補正する必要がある．

1) 静的・動的解析

　直線形状ケーブルに対する構造解析は，弾性線形解析を適用することができ，有限要素法を用いることもできる．使用する解析ツールによって，ケーブル要素をトラス要素のようにモデル化できる（ケーブルに圧縮力が生じないことを確認する必要がある）．

　動的解析時の減衰定数を 2% 程度に設定したケースが多いが，不確定要因が多く存在しているので，構造物の減衰特性に関する実測結果を参考すること[6.21]，および熟練した技術者の判断が重要である．また，阿部ら[6.22]や畑戸ら[6.23]は，ケーブル補強の単層スペースフレーム（サスペンドーム）の実大

建築物の加振実験の報告においては，構造全体の減衰定数が 1.0～1.5％ であると報告した．

2) 形態決定解析および施工時解析について

　直線形状ケーブルの形状は直線であり，その両端部が剛性の高い構造体に接合され，必要な張力を導入できれば，形態を求める解析は一般には不必要である．ただし，ケーブルに張力を導入する際の応力および変位をあらかじめ求めることが必要であり，この解析は形態決定解析に相当する．

　直線形状ケーブルに張力を導入する方法はさまざまであるが，構造解析の視点からいうと，支持点位置の強制変位や部材の長さを変化させる方法などがあげられる．いずれの解析方法を採用する際にも，実際に採用する施工方法を精度良く再現することが重要である．

　施工時解析としては，ケーブル張力の導入前と導入後の構造体の形状および応力の変化，各部分の安全性の確認などに関する力学解析・構造計算が必要である．前述の逆工程解析のように，張力導入後の形状，あるいは仕上げ工事完了後の形態を先に定め，張力導入前の形態を逆計算することも可能である．このように，直線形状ケーブルの場合は，形態決定解析と施工時解析は明確に区別しない場合が多く，変位および応力の変化を正確に把握できればよい．

3) 温度荷重に対する解析

　温度荷重に対する解析が必要である場合，前述のように通常の構造解析と同様に弾性線形解析で十分であり，有限要素法を用いることもできる．

(2) 中間荷重支持形式（曲線形状）の解析

　サスペンション・ケーブルの曲線形状および張力分布を求める理論は，古くから研究され，土木や建築構造分野のほかに，送電線に関する解析などさまざまな分野において研究されている．また，連続曲線形状のケーブルを離散化し，有限変形法などの解析方法も提案されている [6.8, 24]．日本国内外において，サスペンション・ケーブルの静的・動的解析理論に関する研究論文や書物は数多く公表されている．ここでは，関連基本理論や基礎知識を簡単に後述する．

1) 静的解析

(i) 単一ケーブルについて：

　水平等分布荷重を受ける単一ケーブルの形状は放物線になり，形状曲線に沿って等分布荷重を受けるケーブルの形状はカテナリー曲線（懸垂曲線）になる．その解析理論の基礎知識について数多くの参考書があるが [6.8]，日本鋼構造協会編「吊構造」や土木学会編「ケーブル・スペース構造の基礎と応用」（鋼構造シリーズ 11, 1999）が参考になる [6.5, 6.24]．

　図 6.4.1 に示すように，鉛直方向に作用する水平等分布荷重 w を受ける単一ケーブルの形状曲線方程式を式 (6.4.1) に示す．ここに，l はスパン，h は支持点の高さの差，f はサグ，H はケーブル張

力の水平成分であり，その最下点の位置パラメータ a,b,c を式（6.4.2）に示す．

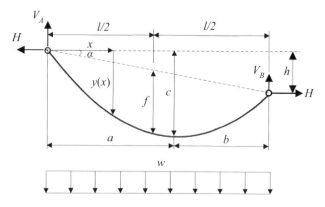

図 6.4.1 水平等分布荷重を受けるケーブル

$$y(x) = \frac{w}{2H}x(l-x) + \frac{h}{l}x \tag{6.4.1}$$

$$a = \frac{l}{2} + \frac{hl}{8f}, \quad b = \frac{l}{2} - \frac{hl}{8f}, \quad c = f + \frac{h}{2}\left(1 + \frac{h}{8f}\right)\frac{hl}{8f}, \quad c = f + \frac{h}{2}\left(1 + \frac{h}{8f}\right) \tag{6.4.2}$$

サグ／スパン比 f/l および支持点の傾斜角 α が小さい場合，ケーブルの全長は

$$L = l\left\{1 + \frac{8}{3}\left(\frac{f}{l}\right)^2 + \frac{1}{2}\tan^2\alpha\right\} \tag{6.4.3}$$

と表すことができる．鉛直荷重 w のみを受けているので，ケーブル張力の水平成分 H はどの断面においても式（6.4.4）のように一定値となる．ただし，各断面の張力の鉛直成分 $V(x)$ は座標の位置によって変化し，式（6.4.5）で示される．ケーブルの断面積を A，弾性係数を E とすると，その弾性伸び ΔL は式（6.4.6）で算出できる．

$$H = \frac{wl^2}{8f} \tag{6.4.4}$$

$$V(x) = H\left\{\frac{8f}{l^2}\left(\frac{l}{2} - x\right) + \frac{h}{l}\right\} \tag{6.4.5}$$

$$\Delta L = \frac{Hl}{EA}\left\{1 + \left(\frac{h}{l}\right)^2 + \frac{16}{3}\left(\frac{f}{l}\right)^2\right\} \tag{6.4.6}$$

文献 6.8）および 6.24）では，ケーブルの軸線に沿って等分布荷重を受けている場合の形状方程式および張力についての解析理論を紹介している．図 6.4.2 に示すように，ケーブル軸線に沿って等分布荷重 w が作用している場合，ケーブルの形状は式（6.4.7）に示すカテナリー曲線になる．その張力 $T(x)$

を式 (6.4.8) に示す．ここで，その最下点の位置パラメータ a, b, f_1, f_2, ならびに支持点の反力 V_A, V_B, H （張力の水平成分）などの量を式 (6.4.9) 〜 (6.4.12) に示す．

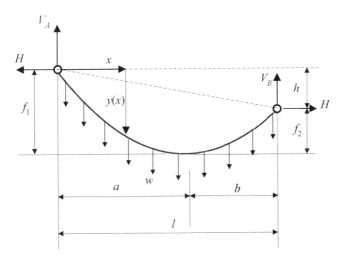

図 6.4.2　ケーブル形状に沿って等分布荷重を受けるケーブル

$$y(x) = \frac{H}{w}\left\{1 - \cosh\left(\frac{w}{H}(a - x)\right)\right\} + f_1 \tag{6.4.7}$$

$$T(x) = H\sqrt{1 + \left(\frac{dy}{dx}\right)^2} = H\cosh\left(\frac{w}{H}(a - x)\right) \tag{6.4.8}$$

$$a = \frac{H}{w}\ln\left(\frac{V_A}{H} + \sqrt{1 + \left(\frac{V_A}{H}\right)^2}\right); \quad \text{または} \quad \frac{V_A}{H} = \sinh\left(\frac{wa}{H}\right) \tag{6.4.9}$$

$$f_1 = \frac{H}{w}\left(\sqrt{1 + \left(\frac{V_A}{H}\right)^2} - 1\right); \; f_1 = \frac{2H}{w}\sinh^2\left(\frac{wa}{2H}\right) \tag{6.4.10}$$

$$b = \frac{H}{w}\ln\left(\frac{V_B}{H} + \sqrt{1 + \left(\frac{V_B}{H}\right)^2}\right); \; \frac{V_B}{H} = \sinh\left(\frac{wb}{H}\right) \tag{6.4.11}$$

$$f_2 = \frac{H}{w}\left(\sqrt{1 + \left(\frac{V_B}{H}\right)^2} - 1\right); \; f_2 = \frac{2H}{w}\sinh^2\left(\frac{wb}{2H}\right) \tag{6.4.12}$$

したがって，必要なケーブルの長さ L は式（6.4.13）により求められる．ただし，これは伸びのないケーブルの長さである．ケーブルの断面積を A，弾性係数を E とすると，その弾性伸び ΔL は式（6.4.14）になる．

$$L = \frac{H}{w}\sinh\left(\frac{wa}{H}\right) + \frac{H}{w}\sinh\left(\frac{wb}{H}\right) \tag{6.4.13}$$

$$\Delta L = \frac{H}{2EA}\left\{a + \frac{H}{2w}\sinh\left(\frac{2wa}{H}\right)\right\} + \frac{H}{2EA}\left\{b + \frac{H}{2w}\sinh\left(\frac{2wb}{H}\right)\right\} \tag{6.4.14}$$

日本膜構造協会編「膜構造建築物構造設計の手引き・計算例集」の第3章の3.5.3項では，さまざまな中間荷重を受ける曲線形状ケーブルの略算方法を図や表および数式で紹介している[6.25]．

(ii) 屋根構造としての曲線形状ケーブルの解析：

空気膜を補強するケーブルや張力膜を支持するケーブルの構造形式は，ケーブルと膜構造の複合構造ともいえる．その解析手法としては，有限要素法などの解析手法が多用され，これは連続体の膜を三角形や四角形状のパネル（膜要素）にモデル化し，ケーブルを折線に離散化する手法である．このような解析では，一般的に材料を線形弾性体と仮定している．ただし，ケーブルと膜は大きな変位が生じるため，幾何学的非線形を考慮している．

日本膜構造協会編「膜構造建築物構造設計の手引き・計算例集」の第3章3.5.3項では，ケーブルが支持するサスペンション膜構造，ワイヤーロープ（ケーブル）補強空気膜構造の略算方法を紹介している[6.25]．日本膜構造協会および日本建築センター編「膜構造の建築物・膜材料等の技術基準および同解説」においても同様な方法を紹介している．紹介している計算方法は，ワイヤーロープを単一サスペンション・ケーブルとして扱い，膜とワイヤーロープ間の相互作用の力をケーブルの荷重とした略算方法である[6.26]．

吊橋式の屋根構造は，サスペンション・ケーブルが屋根の構造部分を吊り上げて成立している．つまり，サスペンション・ケーブルとその他の構造部分の2つの構造部分の複合構造とみなすことができる．この場合，サスペンション・ケーブル部分とその他の構造部分に分離した解析モデルを用いて解析を行うことも可能である．当然，構造全体を一体化した解析モデルを用いることも可能である．特に，静的解析の場合は，ケーブル部分とその他の構造部分を分離してモデル化し，両者の力の釣合いおよび変位の適合条件を考慮した解析方法は，構造設計時に有用である．吊橋式の屋根構造の解析手法として，弾性理論，撓度理論，有限変形理論に基づく解析方法は，日本鋼構造協会編「吊構造」において紹介されている[6.5]．

2) 動的解析

単一のサスペンション・ケーブルの動的解析の基本理論としては，線形解析と非線形解析理論があ

る．線形振動解析とは，運動方程式の高次非線形項が省略された方法であり，サグも振幅も比較的小さい場合の解析理論である[6.8,24]．図6.4.3に示すX軸とZ軸で定義した面をケーブル構面とすると，非線形解析理論は，フレキシブルなケーブルの構面内と面外の振動の連成など複雑な解析理論である．

(i) 曲線形状ケーブルの線形振動解析

ケーブル面内振動の線形振動解析では，軸方向の振動が無視され，鉛直方向の振動のみを考慮している．また，面外振動を考慮した場合には，その面外スウィングと面内振動の相互の影響は無視される．図6.4.3のように，両端が支持されている単一ケーブルの場合，その面外の自由振動は最も単純である．スパンをl，微小サグをd，張力の水平成分をH，単位長さの質量をmとし，その第n次固有モードの固有角振動数ω_nおよび面外の固有振動モード$\tilde{v}_n$は，次式になる．

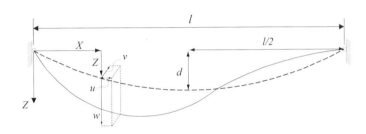

図 6.4.3 単一ケーブルの振動

$$\omega_n = \frac{n\pi}{l}\left(\frac{H}{m}\right)^{\frac{1}{2}}, \qquad \tilde{v}_n = A_n \sin\frac{n\pi x}{l}, \qquad (n=1,2,3,\cdots) \tag{6.4.15}$$

サグが比較的小さい単一ケーブル（放物線とみなす）の面内自由振動は，逆対称固有振動モードと対称固有振動モードという2種類の解が存在する．逆対称固有振動モードの場合の固有角振動数および固有振動モードは次式になる．

$$\omega_n = \frac{2n\pi}{l}\left(\frac{H}{m}\right)^{\frac{1}{2}}, \qquad \tilde{w}_n = A_n \sin\frac{2n\pi x}{l}, \quad (n=1,2,3,\cdots) \tag{6.4.16}$$

一方，対称固有振動モードの場合，少々複雑な数学処理によって，下記の方程式より固有角振動数を求める．

$$\tan\frac{\omega}{2} = \frac{\omega}{2} - \frac{4}{\lambda^2}\left(\frac{\omega}{2}\right)^3 \tag{6.4.17}$$

$$\lambda^2 = \left(\frac{mgl}{H}\right)^2 l \Big/ \frac{HL_e}{EA} \tag{6.4.18}$$

ここに，$L_e \approx l\{1+8(d/l)^2\}$，$g$は重力加速度であり，$E$はケーブルの弾性係数，$A$はケーブルの断面積であり，詳細な計算方法は文献6.8)を参考されたい．文献6.8)では，上記理論を詳細に解説す

るとともに，斜めに支持された傾斜ケーブルの自由振動理論や，単一ケーブルの応答解析を紹介している．

　文献6.24)では，ケーブルを多質点に離散化した解析方法，特に有限要素法，一般化変位を用いた離散化解析，有限要素法と一般化変位の併用などを紹介している．また，文献6.5)のpp.338～348にも関連する解析理論が紹介されている．

(ii) 曲線形状ケーブルの非線形振動

　線形振動解析は，微小振動として面内と面外の振動を分離した解析理論である．しかし，フレキシブルなケーブルであり，サグも変位も大きい場合，その非線形振動特性が顕著となり，面内と面外の振動の連成，つまり三次元の連成振動として解析する必要がある．

　単一ケーブルの非線形振動解析について，文献6.8)では連続構造体としての幾何学的非線形解析理論を紹介している．そのほかの文献にも非線形振動解析手法を紹介している[6.27),6.28)]．文献6.29)から6.31)までの3編の論文は，サスペンション・ケーブルの非線形振動に関するさまざまな解析理論がまとまったものである．

(iii) 屋根構造に用いた曲線形状ケーブルの振動解析

　曲線形状ケーブルの多くは，膜構造の補強ケーブルや吊橋式の屋根構造に用いられる．空気膜の補強ケーブルの振動解析には，有限要素法が多用されている．吊橋式屋根構造の場合，日本鋼構造協会編「吊構造」A吊橋編およびB建築編のⅢ耐風ならびに動的問題において，ケーブルと曲げ系構造体（橋版）の連成解析理論や，ケーブルを連続体とする解析方法，エネルギー法，構造体を離散化したマトリクス法などの解析方法を紹介している[6.5)]．

　空間構造の場合，鉛直方向の振動が卓越するが，構造物の特徴により水平方向の振動についての検証が必要となる場合もある．文献6.8),6.32)では，水平方向の連成振動についての解析方法を紹介している．

(iv) 曲線形状ケーブルの減衰

　曲線形状ケーブルの動的解析では減衰の評価が必要である．土木学会編「鋼構造シリーズ　ケーブル・スペース構造の基礎と応用」の第4章4.3.5項においては，ケーブルのモード減衰の評価方法および実験の計測データを紹介している[6.24)]．その基本的な考えは，各振動モードに対して，等価粘性減衰として扱うことである．第n次モードに付随するモード減衰の減衰比ξ_nは次式で評価される．

$$\xi_n = \frac{D_n}{4\pi U_n} \tag{6.4.19}$$

ここに，D_n は第 n 次モードでケーブルが振動したときの散逸エネルギーであり，U_n はそのときの最大変位によって蓄積したポテンシャル・エネルギーである．当該文献では，対数減衰率で表したモード減衰を各ケーブルのサグ比で整理し，ケーブルの種類には関係なく，モード次数別に以下のように実験結果を示している．斜張橋ケーブルのサグ比は 0.01 以下と小さく，この場合は下記のような結果が得られた：

① モード減衰の値は一次モード以外ではサグ比によらずほぼ一定であること
② 一次モード減衰はサグ比の増加に伴い増大する傾向にあること
③ 低次モード減衰は高次モード減衰よりやや高くなる傾向があること
④ さらに対数減衰率は平均で 0.005 程度と大変小さい

これに対して，サグ比の比較的大きい通信線ケーブルの場合，モード減衰は対数減衰率で 0.01 以上と比較的大きい．特に対称一次モードの減衰は他のモード減衰に比べて 1 オーダー大きく，その大きさがサグ比に依存している．

また，径長比の大きいケーブルの場合，曲げ剛性を考慮した減衰理論も提案されている[6.33]．文献 6.8)では，Yu による送電線の実験結果として，減衰定数は 2%以上であり，吊橋の吊ケーブルの減衰定数は小さく，およそ 1～2%である．また，日本鋼構造協会編「吊構造」A 吊橋編 I 吊橋 3 振動では，構造物全体の減衰性状の定量的評価を理論的に行うことは不可能と指摘し，いくつかの実測例を示した．これによると，吊構造の対数減衰率はスパンに関係なく，0.02～0.05 である[6.5]．したがって，曲線形状ケーブルを用いた建築構造物の振動解析の場合，吊りケーブルの減衰定数が鉄骨やその他の構造部分と異なる可能性がある．

3) 形態決定解析

曲線形状ケーブルの形状は，その受けている荷重（ケーブルに作用する力）の分布に依存する．この分布荷重は，膜構造に利用されたケーブルの場合はケーブルと膜間の相互作用力，吊屋根の場合は屋根からの作用力のこととなる．すなわち，曲線形状ケーブルの形態決定解析は，単にケーブルのみを解析対象にするのではなく，協働するその他の構造部分も考慮し，その釣合い形態を求める必要がる．例えば，空気膜を補強するケーブルの形状を考慮する場合，ケーブルと膜の内圧，ケーブルと膜張力の釣合いを解析して，構造の形態を定めることになる．この場合，有限要素法がよく利用されているが，ケーブルと膜を分離した略算手法も提案されている．有限要素法では，膜面とケーブルは共通の節点を持ち，膜とケーブル間のすべりや摩擦抵抗問題は研究課題となっている．ケーブルと膜を分離した略算手法として，前述の日本膜構造協会編「膜構造建築物構造設計の手引き・計算例集」や「膜構造の建築物・膜材料等の技術基準および同解説」で紹介した方法が参考となる[6.25,26]．

吊屋根あるいはそれに近い屋根構造の形態決定解析の実例が比較的少なく，その研究成果も大変少

ない．吊橋形式屋根の構造原理が吊橋に比較的近い場合，吊橋の形態決定解析理論はよい参考になる．吊橋は，主塔，サスペンション・ケーブルと桁部分で構成され，その形態決定理論に関する研究成果が数多く公表されている[6.5]．

また，曲線形状ケーブルを用いた建築構造物の形態決定方法としては，模型分析も有効である．前述のようにケーブル張力を仮定し，釣合い形態を模型で検証できる．

4) 施工時解析

採用される施工方法や張力導入の方法がさまざまであるので，施工時解析の内容および手法を統一することが困難である．また，曲線形状ケーブルに関する形態決定解析と施工時解析は，統合した解析として行うことが可能である．

5) 温度荷重に対する解析

文献6.8)の第2章では，単一サスペンション・ケーブルの温度荷重に対する挙動，均一温度変化や不均等温度変化に対する解析方法を紹介している．また，文献6.34)では，サスペンション・ケーブルの温度変化による静的および振動特性についての解析理論を紹介している．文献6.35)では，サスペンション・ケーブルの温度変化に対する解析理論を詳細に解説している．また，文献6.36),6.37)では，吊ケーブルの温度推定法および温度変化によるケーブルの応力変動についての計算方法を提案している．

(3) 初期張力依存構造形式の解析

前述のように，初期張力依存構造形式はケーブルネット，テンセグリティなどである．この構造形式の形態はプレストレスの分布に依存するので，プレストレスと初期形状を決定する解析が必要となる．また，プレストレスの大きさおよびその分布は構造体の幾何剛性（幾何学的非線形剛性）に影響を与える特徴がある．以降において，関連する解析理論および解析方法の概要を解説する．

1) 静的解析

初期張力依存構造形式の構造解析では，変位や応力の影響を考慮した幾何剛性を用いて解析を行うことになる．実用的には，部材の剛性マトリクスは次式のように表わせる．

$$\mathbf{K} = \left(\frac{EA}{L}\right)\begin{bmatrix} l^2 & lm & ln \\ lm & m^2 & mn \\ ln & mn & n^2 \end{bmatrix} + \left(\frac{N}{L}\right)\left\{\begin{bmatrix} 1 & 0 & 0 \\ 0 & 1 & 0 \\ 0 & 0 & 1 \end{bmatrix} - \begin{bmatrix} l^2 & lm & ln \\ lm & m^2 & mn \\ ln & mn & n^2 \end{bmatrix}\right\} \quad (6.4.20)$$

式（6.4.20）において，第1項は一般的なトラス部材の剛性マトリクスであり，部材剛性係数 EA/L

と部材軸線への正射影マトリクスとの積である．正射影マトリクス中の l, m, n はそれぞれ x, y, z 座標軸と部材軸との間の角度の余弦であり，これは軸力および部材伸びの各座標軸への射影を算出するために必要な演算子である．第2項がここで説明した幾何剛性項であり，N はケーブル（あるいは圧縮材）の軸力，L は部材の長さを示す．

構造の力学特性や規模を分析して，非線形解析が必要かどうかを適切に判断することが必要である．実務的には，ケーブル張力（あるいは圧縮材の軸力）を用いて幾何剛性を評価し，上の式のような幾何剛性を用いた線形化解析で十分である．なお，変形後の釣合い形状・応力状態において釣合い荷重を算出し，その不釣合い成分について分析することで，変形後の釣合い状態が確認できる．

2) 動的解析

初期張力依存構造形式のケーブル構造に対してさまざまな動的解析手法が提案されているが，運動方程式の基本的な考えは，D'Alembert（運動中の釣合い）の原理である．これは，質量は節点に集中する多質点系にモデル化され，基本運動方程式は式（6.4.21）になる．

$$\mathbf{M\ddot{D}+C\dot{D}+KD = F} \tag{6.4.21}$$

ここに，$\mathbf{D}$ は節点変位ベクトル，$\mathbf{K}$ は剛性マトリクス，$\mathbf{C}$ と $\mathbf{M}$ はそれぞれ減衰マトリクスと質量マトリクスであり，$\mathbf{F}$ は外力ベクトルである．剛性マトリクス $\mathbf{K}$ には，前述のように幾何学的非線形剛性の影響を含んでいる．また，$\mathbf{F}$ は地震や風などの動的外力を表すベクトルであり，時刻の関数になる．一見普通の振動方程式と変わらないが，その理論および解き方は線形的または非線形的に大別できる．日本鋼構造協会編「吊構造」の「Ⅲ．耐風ならびに動的問題　2-4 節」において，詳細な解説がある[6.5]．

初期張力依存構造形式の減衰についての研究報告は比較的少ないが，有竹らは，ケーブルネットの実験結果として，減衰定数が大よそ 0.02～0.035 程度であることを報告してある[6.38]．また，日本建築学会「空間構造の動的挙動と耐震設計」（2006）の第2章では，空間構造の減衰の要因を分析している[6.7]．振動解析を行う場合，さまざまな工学的判断，適切な分析を行い，対象となる構造物の減衰定数を適切に推定することが重要である．

3) 形態決定解析

初期張力依存構造形式のケーブル構造の形態決定解析について，さまざまな解析理論が提案されている．その基本原理は釣合条件と適合条件に基づく理論，ポテンシャル・エネルギー停留条件に基づく理論に分類できるが，実はこの2つの理論の本質は一致している．また，ケーブルネットの力学解析や形態決定解析は，連続曲面（膜）構造の解析理論が適用できる．

ここに釣合条件と適合条件に基づく理論の基本的な考えを簡単に紹介する．直線ケーブル要素を用いて構成された構造体は，部材には曲げモーメントが存在せず，部材の軸力の釣合方程式および部材変形と節点変位の適合方程式がその解析の基本となる．ある節点に接合された k 番目の直線部材の方向余弦は $cos\theta_{kx}, cos\theta_{ky}, cos\theta_{kz}$ とし，その軸力を N_k，節点の集中荷重を $\mathbf{P}=(p_x, p_y, p_z)$ とすると，この節点における釣合方程式は次式になる．

$$\begin{cases} \sum_k cos\theta_{kx} N_k + p_x = 0 \\ \sum_k cos\theta_{ky} N_k + p_y = 0 \\ \sum_k cos\theta_{kz} N_k + p_z = 0 \end{cases} \tag{6.4.22.a}$$

構造全体に視点を置くと，この式は次式のようなマトリクスで表現できる．

$$\mathbf{CN} + \mathbf{P} = \mathbf{0} \tag{6.4.22.b}$$

ここに，軸力 $\mathbf{N}=\{N_k\}$ はケーブルまたは圧縮材の軸力ベクトルであり，$\mathbf{C}$ は部材の局所座標系と構造の全体座標系の変換マトリクスであり，ここに釣合マトリクスを呼ぶ．プレストレスを $\{_0N_k\} = {_0\mathbf{N}}$ とすると，荷重が存在しない場合の釣合状態を次式で表す．

$$\mathbf{C} \, _0\mathbf{N} = \mathbf{0} \tag{6.4.23}$$

ここに，荷重により生じる軸力を $_p\mathbf{N} = \{_pN_k\}$ とすると，部材の軸力 $\mathbf{N}$ はプレストレスと荷重による軸力の和となり，k 番目の部材の軸力は次式のように表す．

$$N_k = {_0N_k} + {_pN_k} \tag{6.4.24}$$

したがって，式(6.4.22.b)のような釣合状態は，次式で表すことができる．

$$\mathbf{C}({_0\mathbf{N}} + {_p\mathbf{N}}) + \mathbf{P} = \mathbf{0} \tag{6.4.25}$$

構造体の自由度数を n，部材数を m とすると，釣合マトリクス $\mathbf{C}$ は $n \times m \, (m>n)$ のマトリクスである．これらの釣合方程式のうち，独立している方程式の数は釣合マトリクス $\mathbf{C}$ のランクになる，つまり $r = rank[\mathbf{C}] \leq n$ で表される．軸力の順序を適切に調整し，独立している釣合方程式は，マトリクスの上位 r 行に集まっていると仮定すると，式 (6.4.23) のマトリクスは，次式のように分解できる．

$$r\{\begin{bmatrix} \overbrace{\mathbf{C}_{11}}^{r} & \overbrace{\mathbf{C}_{21}}^{m-r} \\ \mathbf{C}_{12} & \mathbf{C}_{22} \end{bmatrix} \begin{bmatrix} {}_0\mathbf{N}_1 \\ {}_0\mathbf{N}_2 \end{bmatrix} = \begin{bmatrix} \mathbf{0} \\ \mathbf{0} \end{bmatrix}$$ (6.4.26)

この式を用いて，${}_0\mathbf{N}_1$を解くと，

$${}_0\mathbf{N}_1 = -\mathbf{C}_{11}^{-1}\mathbf{C}_{21}\,{}_0\mathbf{N}_2$$ (6.4.27)

を得ることができる（ここに，$|\mathbf{C}_{11}| \neq 0$）．理論上，${}_0\mathbf{N}_2$を任意に与えると${}_0\mathbf{N}_1$を式（6.4.27）より定めることができる．このような理論に基づいて，設計者が一部分の部材の軸力を適切に与えると，他の部材の軸力を上式のように求めることができ，構造全体のプレストレスを決めることができる．

しかし，初期形態の座標が決まらないと，釣合マトリクス$\mathbf{C}$は決まらないため，形状とプレストレスの分布を同時に適切に決めることが必要となる．理論としては，設計形態の近傍に多数の釣合形状が存在し，プレストレスの分布も適切に設定できる．また，どのような形態を選定すればよいのか，プレストレスの分布と大きさをどのように設定すればよいかについては，最適化理論が提案されている．例えば，構造物の全体剛性を最大化するための形態最適化解析理論や応力分布に着目した最適化理論が提案されている．これらの最適化理論とは，数理手法により節点座標やプレストレスの分布を変化させ，節点変位を最小化すること，あるいは応力分布を調整することができるものである[6.9]〜[6.11]．

4) 施工時解析

形態決定解析により決定した形態は，実現可能（施工可能）なものでなければならない．現実の張力導入は，固定荷重や施工時の積載荷重なども作用しているので，これらの荷重による応力も考慮される．さまざまな方法による張力の導入が可能であるが，解析モデルとしては，ある部材に強制変位を与えること，あるいはある部材両端に荷重を加えることなどのように，節点に付加荷重を加えることである．施工時の荷重を考慮しながら，張力導入の方法に合わせて架構の変形や形態の変化を予測する解析が必要である．日本鋼構造協会編「吊構造」の「B．建築編II．形状ならびに変形解析」には，ケーブル構造の解析手法を詳細に解説している[6.5]．

実際の施工では，施工手順ごとに仮設部材や構造部材の増減があり，荷重や応力，形状も複雑に変化するため，各施工段階の実況を適切にモデル化した力学解析を行い，各施工手順の応力および変位を把握・管理する必要がある．前述のように，施工方法や張力の導入方法はさまざまであり，施工時解析の具体的な内容を一般的な手法とすることは困難であるが，下記の実例は，初期張力依存構造形式のケーブル構造あるいはそれに近い構造物の施工時解析の参考例である．

アメリカ合衆国のジョージア州アトランタに建設されたジョージア・ドーム（Georgia Dome）はテンセグリティ原理を利用した実例であり，その施工段階の形状変化は文献 6.39)，6.40)に紹介され

ている．また，ソウルオリンピックスタジアム(Cable Domes for the Korean Olympics)の施工時解析も報告されている[6.41]．日本国内においては，静岡県に建設された天城ドーム（テンション・ストラット・ドーム(TSD)）の施工時解析も参考となる[6.42]．

5) 温度荷重に対する解析

解析対象となるケーブル構造の特徴や規模，建設環境を総合的に分析して，温度解析の必要性についての判断が必要である．文献6.43)の第5章では，ケーブルネットの温度変化に対する解析方法を紹介している．また，文献6.44)においては，節点のすべりおよび温度変化を考慮した解析方法を紹介している．これらの解析理論は，ケーブル材は直線部材としてモデル化し，応力による部材の変形に加えて温度変化による部材の変形を考慮したものである．

6.5 模型実験による検証

ケーブル構造の形態および力学特性について，模型実験で検証することが望ましい．

設計の場で解析に用いる荷重モデルや構造モデルは，経験された実物モデルではなく，未経験の推測モデルであることに留意したい．すなわち，設計の場で必要なものは，すでに得られた現象を解釈するための解析でもモデル化でもなく，これから起こりうる現象を予測するための解析であり，モデル化である．また，ケーブル構造の解析は，材料や構造体のモデル化によってその結果にバラツキが生じる．このことから．適切な模型実験によって詳細な数値的解析から得られる結果の検証や，あらかじめ架設プロセスの難易度を予測して，十分な対策を講じることができるかもしれない．このことから，模型実験を通して，初期形状，荷重と変位の関係，施工過程の形状および応力の変化などの力学特性に対して検証することが望ましい．

図6.5.1は，付5.7のケーブルネット吊屋根の構造計画と同時に実施された曲面形成実験および載荷実験用模型である．吊りと押えからなるケーブルネットの端部は，滑車を介して初期張力導入用の重錘を吊り下げることができ，導入張力のモードの違いにより，任意の曲面を形成することが可能である．また，載荷実験のため，ケーブル交点を拘束するために用いたクリップは，節点荷重吊下げ用のフックとしても利用している．これは初期形状の検証および載荷実験の一例であり，このように構造特性に合わせた模型製作の工夫も必要である．

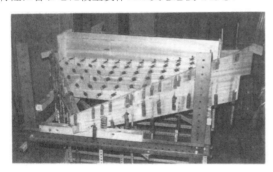
図6.5.1　ケーブル構造の初期形状実験

図6.5.2　変形解析用模型実験

図6.5.2は，吊屋根構造の非線形性を検証するために行われた実験の例である[6.45]．この実験の特徴は，ケーブル材につる巻ばね（実際にはカーテン用ガイド）を用いて，大ひずみ（10%）まで材料線形が保証できる試験体をつくった点にある．この試験体による実験と解析を行った結果，図6.5.3のように，スパン120cmに対して最大たわみ8cm程度の大変形まで精度良く実現ができ，幾何学的非線形性を評価している．

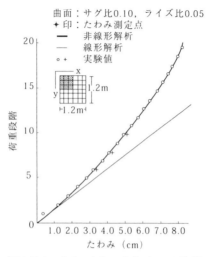

図 6.5.3 荷重－たわみ曲線（1/4面載荷）

また，ケーブルネットの模型相似則に関しては，日本鋼構造協会編「吊構造」（1975）の中に「B.建築編 V.実験研究」の章において，「鞍形ケーブルネットの模型実験」が報告されている[6.5]．そこには，模型製作・張力導入などが詳細に報告され，その冒頭には，ケーブルネットの模型相似則とその適用方法が具体的に説明されているので参考とされたい．

参考文献

6.1) 日本鋼構造協会：建築構造ケーブル設計施工指針・同解説, 1983
6.2) Lanteigne : Theoretical Estimation of the Response of Helically Armored Cables to Tension, Torsion, and Bending, Journal of Applied Mechanics, ASME Vol.52(2), pp.423-432, Jun, 1985
6.3) 土木学会：鋼構造物設計指針（PART B 特定構造物），1987
6.4) 後藤茂夫：柔ケーブル材の接線剛性方程式について，土木学会論文報告集，第270号，pp.41-49，1978.2
6.5) 日本鋼構造協会編：吊構造，コロナ社，1975
6.6) 日本建築学会：建築物荷重指針・同解説，2015
6.7) 日本建築学会：空間構造の動的挙動と耐震設計，2006
6.8) H. Max Irvine, Cable Structures Paperback, Dover Publications, 1992.6
6.9) 陳沛山，川口衞：多目的最適化解析によるテンション構造の最大剛性形態，日本建築学会構造系論文集，第481号, pp.55-61，1996.3
6.10) Milenko Masica, Robert E. Skeltona, Philip E. Gillb, Optimization of tensegrity structures, International Journal of Solids and Structures, Volume 43, Issue 16, pp.4687–4703, 2006.8
6.11) Pei-Shan Chen, Overall stiffness evaluation and shape optimisation of a tensegric structure, International Journal of Structural Engineering, Volume 1, Issue 3-4, pp.241-253.
6.12) 宮里直也，岡田章，斎藤公男：逆工程解析に基づくテンション構造の工法選択手法の提案，日本建築学会構造系論文集，No.560, pp.133-138，2002.10
6.13) 安並卓嗣，赤星博仁，岡田章，熊坂まい，宮里直也，斎藤公男：テンセグリック・タワーの張力消失時における動的挙動に関する基礎的研究：（その1）テンセグリック・タワーの基本構造コンセプト，日本建築学会大会学術講演梗概集．pp.827-828, 2011.7
6.14) 熊坂まい，安並卓嗣，岡田章，赤星博仁，宮里直也，斎藤公男：テンセグリック・タワーの張力消失時における動的挙動に関する基礎的研究：（その2）小規模実験による基本性能の把握，日本建築学会大会学術講演梗概集, pp.829-830, 2011.7
6.15) 赤星博仁，安並卓嗣，岡田章，熊坂まい，宮里直也，斎藤公男：テンセグリック・タワーの張力消失時における動的挙動に関する基礎的研究：（その3）大規模振動実験による振動特性の把握，日本建築学会大会学術講演梗概集, pp.831-832, 2011.7
6.16) 斎藤公男，佐竹克也，今川憲英ほか：スペース・ストラクチャーのデザイン（III 空間構造の設計），カラム，No.83，pp.24-56，1982.1
6.17) 斎藤公男：茨城県笠松運動公園体育館のケーブルネットつり屋根の解析・設計・施工，カラム，No.57, pp.75-97，1975
6.18) 国田二郎，中島肇，椚隆：対話システムによるテンション構造の形状解析（その1 システムの概要），日本建築学会大会学術講演梗概集, pp.301-302，1986.7
6.19) 中島肇，島村高平：魅/見せる建築実例集（第4章技術資料），日本鋼構造協会，JSSCレポート，No.74, p.124, 2006.5
6.20) 中島肇，斎藤公男，黒木二三夫，岡田章：膜材料の応力-ひずみ曲線のモデル化に関する研究（張力膜構造の応力弛緩に関する基礎的研究(その1)），日本建築学会構造系論文集，第579号，pp.63-70，2004.5
6.21) 立道郁生：既往の振動計測に基づく空間構造物の減衰特性に関する研究，日本建築学会技術報告集，第20号, pp.87-92，2004.12
6.22) 阿部優，立道郁生，川口衞：テンセグリック・システムにより補剛された薄肉ドームの提案，日本建築学会技術報告集, pp.96-101，1995.12
6.23) 畑戸龍夫，立道郁生，藤原，陳沛山：サスペン・ドームの開発および実大建物の実証実験，第三回日中建築構造技術交流會論文集, pp.650-659，1997.11
6.24) 土木学会：鋼構造シリーズ ケーブル・スペース構造の基礎と応用，1999
6.25) 日本膜構造協会：膜構造建築物構造設計の手引き・計算例集，1994
6.26) 日本膜構造協会・日本建築センター等編：膜構造の建築物・膜材料等の技術基準および同解説，2003

6.27) John W. Leonard, Tension Structures: Behavior and Analysis, Mcgraw-Hill (Tx), October 1987

6.28) 高橋和雄，藤本一人，村中幸治，田川賢：調和バランス法によるケーブルの非線形振動解析，土木学会論文報告集，第338号，pp.59-68，1983.10

6.29) Giuseppe Rega, Nonlinear vibrations of suspended cables—Part I: Modeling and analysis, Appl Mech Rev vol 57, no.6, , pp.443-478,2004.11

6.30) Giuseppe Rega, Nonlinear vibrations of suspended cables—Part II: Deterministic phenomena, Appl Mech Rev vol 57, no.6, pp.479-514, 2004.11

6.31) Raouf A Ibrahim, Nonlinear vibrations of suspended cables—Part III: Random excitation and interaction with fluid flow, Appl Mech Rev vol 57, no.6, pp.515-549, 2004.11

6.32) 高橋和雄，室井智文，平野巖：連成を考慮した吊橋の基礎方程式および風荷重を受けた場合への応用，土木学会論文報告集，第277号，pp.25-40，1978.9

6.33) 濱崎義弘，本家浩一，岡田徹，山口宏樹，藤野陽三：径長比の大きいケーブルのモード減衰理論と評価，土木学会論文集，No.801/I-73, pp.113-122，2005.10

6.34) Fabien Treyssède, Free linear vibrations of cables under thermal stress, Journal of Sound and Vibration, Vol.327, Issues 1–2, 23 ,pp.1–8,2009.10

6.35) Najib Bouaanania and Paul Marcuzzia, Finite Difference Thermoelastic Analysis of Suspended Cables Including Extensibility and Large Sag Effects, Journal of Thermal Stresses, Vol.34, Issue 1, pp.18-50, 2011

6.36) 新家徹，頭井洋，大谷修，湊理宙：架設途中における吊橋ケーブルの温度応答に関する研究，土木学会論文報告集，第302号，pp.15-30，1980.10

6.37) 原田康夫，長谷川錆一：吊橋ケーブルの温度応答に関する研究，土木学会論文報告集，第251号，pp.17-27，1976.7

6.38) 有竹剛，石井一夫：ケーブルネット構造の振動特性に関する研究—主に減衰性状について，日本建築学会大会学術講演梗概集.pp.1961-1962, 1994.7

6.39) Matthys Levy, Gerardo Castro and Tian Fanf Jing, Hypar-Tensegrity Dome (Optimal Configurations), Spatial Structures at the Turn of the Millennium, Vol. I Projects and Project Studies, Proceeding of the IASS Symposium 1991, pp.125-128.

6.40) Matthys Levy, Wesley Terry and T Fanf Jing, Hypar Tensegrity Dome (construction methodology), Proceeding of IASS-CSCE 1992 International Congress (Innovative Large Span Structures), vol. 1, pp.148-156

6.41) David Geiger, Andrew Stefaniuk, and David Chen, The Design and Construction of Two Cable Domes for the Korean Olympics, Shells Membranes and Space Frames, Proceedings IASS Symposium, Osaka, 1986.

6.42) 斎藤公男，黒木二三夫，岡田章，相沢恂：テンション・ストラット・ドーム(TSD)の設計と施工，鋼構造論文集，第1巻3号，pp.67-78, 1994.9

6.43) J. Szabo, L.kollar, Translated by M.N.Pavlovic, Structural Design of Cable-Suspended Roof, Ellis Horwood, John Wiley & Sons, pp.44-45, pp.176-181, 1984

6.44) 坪田張二，相沢恂：ケーブル・ネット構造物の施工時解析（節点スベリおよび温度変化の考慮），昭和51年度日本建築学会関東支部研究報告集，pp.21-24，1976

6.45) 川口衞，陳祐成：吊り屋根構造の非線形性について（英文），法政大学工学部研究報告第17号. 1968.3

7章 ディテール設計

7.1 ケーブル端末部

> ケーブル端末部は，ソケット止め・圧縮止めおよびアイ圧縮止めを標準とし，ケーブル張力を境界部または接合されるケーブルに，円滑かつ確実に伝達できるようにする．

　ケーブルの端末部は，ケーブルが軸力のみを伝達するという特性を考慮しながら，構造物に定着させる必要がある．その端末金具にはさまざまな種類があるが，ここで規定した端末定着方法は，ケーブルの破断荷重を保証しうるソケット止め・圧縮止めと，現在一般に細径で多く用いられているアイ圧縮止めを標準とした．

　圧縮止め・アイ圧縮止めについては，メーカー規格が異なり破断荷重の95～100％の保証が一般的である．このためメーカー規格の端末金具を用いた場合，いわゆる保有耐力接合を満足することとなる．しかし，ケーブル軸力以外，例えば，剛性などによってケーブル径が決定された場合，ケーブル破断荷重まで保証するのでは，端末金具が軸力に対して過大となる．端末金具の設計は，ケーブルの降伏荷重以下では端末金具が降伏しないことを基本とするものの，存在応力に対して設計者自らが安全率を設定して設計を行う考え方もある．

　一方，軽微な構造物や仮設物の場合は，より簡便な定着方式のクリップ止め・くさび止め・摩擦止めがしばしば用いられる．これらは，作業が簡単で，現場で長さを調整できるなどの利点があるが，応力集中によって想定した設計荷重よりも低い荷重での破壊が生じる可能性があるため，設計・施工の管理において検討が必要である．

　日本鋼構造協会「建築構造ケーブル設計施工指針」には，それまでの技術資料が集成され，わが国において広く実用に供されている．本節の内容はこれらの資料に負うところが大きい．

　ケーブル端末部にはさまざまな種類があるが，表7.1.1に示すものを標準とする．

表7.1.1　端末方式の範囲

ケーブル材料	端末方式
構造用ストランドロープ	ソケット止め・圧縮止め・アイ圧縮止め
構造用スパイラルロープ	ソケット止め・圧縮止め
構造用ロックドコイルロープ	ソケット止め
平行線ストランド	ソケット止め
被覆平行線ストランド	ソケット止め
PC鋼より線	圧縮止め

(1) 端末方式

1) ソケット止め

　ソケット止めは，ソケット金具の円錐内部にワイヤロープの素線を茶せん状（箒状）にばらし，亜鉛－銅合金を鋳込んだものである．鋳込みにあたっては，素線の脱脂・洗浄・下付けめっきなど十分な管理の下に加工されねばならない．

　力の伝達は，素線と亜鉛－銅合金は付着によって，また亜鉛－銅合金とソケット円錐内部は面圧と摩擦によって行われる．

　ソケット止めは，定着効率・信頼性の点からも現在まで構造用ケーブル材料の定着方式として最も多く使用され，全種類のケーブル材料に適用されている．

　ソケットには，JIS F 3432 船用ワイヤソケット[7.1]に規定された標準があるが，JIS で対象としているワイヤロープは繊維心の動索であり，単純に本指針のワイヤロープ径に合わせて使用できない点に留意すべきである．

　ソケットの一般的な形状を図 7.1.1 に示す．

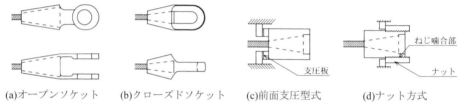

(a)オープンソケット　(b)クローズドソケット　(c)前面支圧型式　(d)ナット方式

図 7.1.1　ソケットの一般的な形状

2) 圧縮止め

　圧縮止めは，ケーブルに金具を装着した後，プレス，ロータリースウェージなどで金具を圧着し，圧着時に生ずる金具内面とケーブル表面との食い込みによって，定着力を得る機構である．この方式は主として，ストランドロープに多く使用されてきたが，ソケットに比較して小型化が可能という利点からスパイラルロープにも広く適用されてきている．ただし，構成層数が多くなると，層間の素線相互のすべりのため，十分な定着ができない．このため，特殊な加工を施すことで 1×61，1×91 の構成について実施した例もあるが，一般には，1×7，1×19，1×37 までが適用範囲と考えられる．また，ロックドコイルロープ，平行線ストランドについては，定着機構上適用は難しい．

　PC鋼より線では，金具とストランドの間に増摩材を用いて圧縮止めを行う例もある．圧縮止めの一般的な形状を図 7.1.2 に示す．

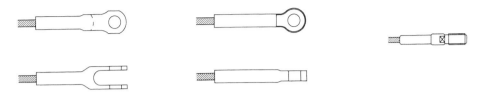

(a)オープンスウェージドソケット　　(b)クローズドスウェージソケット　　(c)ネジエンド

図 7.1.2　圧縮止めの一般的な形状

3) アイ圧縮止め

　アイ圧縮止めは，ストランドロープに適用されるもので，端部を折り返してループを形成し，アルミ合金や鋼のスリーブを圧縮して定着する方法で，定着機構は圧縮止めと同様である．

　原理的にはすべての径に適用できるものであるが，太径になると折返し作業が困難になるばかりでなく，折返し部の型崩れが目立つので，7×7 では 20mm 径，7×37 は 48mm 径が限界と考えられ，それ以上の太径についてはループの径を大きくするなどの処置が必要である．

　アイ圧縮止めの一般的な形状を図 7.1.3 に示す．

図 7.1.3　アイ圧縮止めの一般的な形状

(2) 端末部の設計

1) ソケット材料の選定

　ソケットの製造方法は，鍛造および鋳造によることが一般的で，これは，ソケットの材質・形状寸法・個数などにより選択される．

　ソケット材としては，表 7.1.2 に示されるものが標準的に使用されているが，設計者が特別に形状を定める場合には，3 章に記述している基準強度を有する材料を選択する必要がある．

　本表の材料はいずれも炭素鋼材であり，本会「鋼構造設計規準」[7.2]に定められた材料以外に，一般によく知られて使用されている材料を選定した．この選定には，端末金具との取合い部などの鋼材も考慮したものであるが，腐食環境下での使用においては，めっき・塗装などの防食処理が必要となろう．防錆特性上，金具などにステンレス鋼を用いる場合は，異種鋼材との接触によ

表 7.1.2 ソケット材料

規格番号	規格名	記号
JIS G 4051	機械構造用炭素鋼鋼材	S25C～45C
JIS G 5101	炭素鋼鋳鋼品	SC450～480
JIS G 5102	溶接構造用鋳鋼品	SCW450～550
JIS G 5111	構造用高張力炭素鋼および低合金鋳鋼品	SCMn2A

る腐食が起きないよう対策を講じなければならない．

2) 端末金具設計

　ケーブル端部には，後述する鋳込ソケットばかりではなく，鋳造や溶接組立によって製作するソケットを用いることがある．その際，ケーブル構造は主要構造部として取り扱われるのが通常であるため，それに付随するケーブル端末部などの部品についても構造設計が必要となる．しかし，ピンを介してケーブルとガセットプレート側との応力伝達を行うディテールとしたい場合に適用される設計式は，海外規準 [7.3 等] でみられるものの，現行の本会の規準類に明示されているものはない．

　そこで各ケーブルメーカーは，既往の文献や独自の研究成果を基に，おのおのの知見を加えた形で設計指針を作成し，ケーブルの径・タイプに対応するソケットが提示されている．

　一方，意匠や施工上，標準品では要求性能を満足できない場合には，構造設計者自らが安全性を確認し，鋳鋼品による一体成形や鋼板の溶接組立によって実現することになる．しかし，前述したように，現在のところ基準類が明確に整備されていないことから，設計者自らが設計した端末金具を実現したいという要望はありながら，その安全性を検証する手段およびその手間を考えると，なかなか実現に至らないのが実状である．

　そこで，その負担軽減の方策の一つとして，ピン継手を扱うことの多い本指針において，既往の研究や橋梁分野などで提案されている設計式を紹介しておくことにした．巻末の付録に詳細を記しておく．ここでは，大まかな考え方に言及する．

　ピン接合部は，中ボルト・リベットの場合のように，1面せん断，2面せん断状態を同等に扱うことができなくなる点に注意が必要である．ボルト接合の場合でも，1面せん断のディテールにおいては，偏心による面外方向の曲げに抵抗できるよう考慮する必要があるが，ピン接合の場合には，実際に回転機構を確保するためには2枚のプレートを締め付けることができなくなるため，1面せん断の状態は存在しない点に注意する必要がある（図7.1.4）．

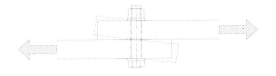

図 7.1.4　1面せん断状態の拡大図

　図 7.1.5 にピン接合と高力ボルト摩擦接合における，引張・圧縮時の応力伝達イメージを示す．右側に示す摩擦接合部（すべり荷重以下）では，引張と圧縮が働く場合のいずれも断面欠損のない部分から応力が伝達されるため，その経路に差はない．ところがピン接合部では，すべり荷重到達以降の高力ボルト接合と同様，引張力が働く場合と，圧縮力が働く場合とで，応力伝達の経路が異なってくるため，有効断面のとり方に注意が必要となる．特に引張の場合，ピン孔周方向に沿って応力が伝達されるため，図 7.1.5 に示したピン中心を通る材軸に直交する位置から破断位置がずれることが実験などにおいて確認されている．これはピン孔による応力集中やクリアランス等の影響と考えられ，経験則や研究報告などにより，図 7.1.6 に示す位置で最弱断面を想定した設計式が提案されている．

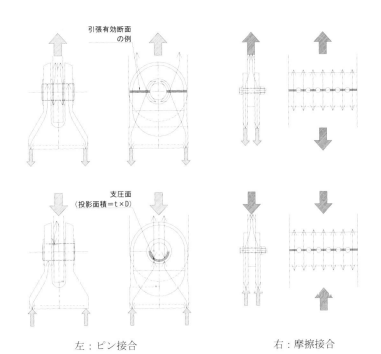

図 7.1.5　ピン接合部と摩擦接合部の応力伝達イメージ（上段：引張，下段：圧縮）

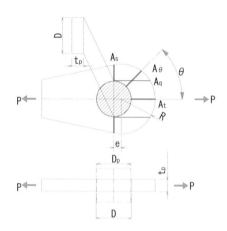

図 7.1.6　ピン接合部まわりの有効断面

ピン接合部まわりの端末金具の設計では，
　①想定した最弱断面における引張（A_s）
　②想定した破断線におけるせん断（A_q，A_e，A_t）
　③ピンの接触面における支圧
のほか，
　④ピンのせん断
　⑤ピンの曲げ
を比較し，それらの最小値が設計荷重を上回ることを検証する必要がある．この中で，せん断破壊を防止する目的で図 7.1.6 の A_q を大きくとるために，端末金物の R 中心をピン孔芯からずらす場合が多く，この結果，引張によって破断すると仮定した場合の最弱断面は，応力伝達経路に沿って移動していくことになる．最終的に提案されている式は，それぞれ簡略化を図っているものもあるために形が違うが，いずれも図 7.1.6 の A_s の 100% を有効断面とはしておらず，危険側の設計となるため避けるべきである[7.3)〜7.6)]．

次に，端末金具が使用される条件によって適切な荷重レベルを設定する必要がある．ケーブル構造の使用条件が橋梁のように長期荷重が支配的か，ブレース構造端部を想定した建築のように短期荷重が支配的かによって，設計条件に適した設計式を参考にするのも，1 つの考え方である．軸材が破断しても周辺のラーメン架構は残存するブレース端部とは異なり，ケーブル構造におけるピン接合部では，ケーブル構造が他の構造に対して破壊が先行すると，全体構造が不安定となってしまう．端末金物の設計式を付 4 に紹介しておくが，端末金物の破壊が全体崩壊につながるものは大きめの安全率が，フェールセーフ的に機能する箇所に使われるものは小さめの

安全率が設定されているので、使用目的によって引用する設計式が適切かどうか、十分留意しておく必要がある．

ケーブル構造物の構造設計においては、ケーブルの降伏荷重以下ではピン・端末金物が降伏することを想定していないため、共に弾性域に留めておく必要がある．そのため、長期荷重を想定した設計を基本とし、橋梁分野での実績を参考に、道路橋示方書などの先行文献にならった設計を行うのがよいであろう．

3) 鋳込ソケットの設計

古くから、ソケットの鋳込材料としては、鉛系合金・錫系合金・亜鉛系合金が用いられてきた．ソケットへの鋳込材料には、付着力が大きいこと、溶融点が低く流動性に優れていること、クリープ変形が少ないことなどが要求される．簡易なケーブルの端末ソケットには、作業性の良い鉛系合金や錫系合金が用いられるが、クリープ変形が大きいため本指針ではクリープ変形に対する抵抗力が高く、優れた機械的特性を備えた亜鉛－銅（98%：2%）合金の使用を標準としている．ただし、亜鉛系合金は融点が高いため（鋳込み温度は通常460℃）、素線が熱影響を受けやすく、また、湯まわり不良などの不具合も発生しやすいので、鋳込温度、ソケット金具の余熱などについて慎重に管理することが大切である．この合金については、「若戸橋調査報告書」[7.7]に詳細な実験報告がなされている．

純亜鉛は、合金に比較してクリープ特性がやや劣るが、安全率が大きい．また、短期間の仮設構造に用いられる場合は、十分に実用に耐えるものであり亜鉛－銅合金を使用しない例もある．

亜鉛－銅合金を使用しない例としては、エポキシ系樹脂あるいはポリエステル系樹脂をベースとした樹脂鋳込みがある．これは、樹脂自体の質量が小さく常温で鋳込みができるため、熱影響を受けないなどの利点がある．一方、樹脂特有の硬化時間の関係から加工作業が長く、また、衝撃により亀裂が生じるなど欠点がある．橋梁分野では高い疲労性状が求められ、ソケットの疲労耐力向上のため、ソケット口元にエポキシ樹脂を充填する加工が用いられている．

いま一つの改良案として、エポキシ樹脂・亜鉛粉末・鋼球を使用した鋳込方法が、ドイツで開発され、高い応力振幅に耐えるとされている．また、素線端末をヘッディング加工しエポキシ樹脂と併用した固定方法も実用化されている．現在、耐疲労性の高い鋳込方式として斜張橋で使用されている代表的な例を図7.1.7に示す．

① 鋳込材料の許容圧縮応力度

鋳込材料に亜鉛－銅合金を用いる場合は、その長期許容圧縮応力度を $40N/mm^2$ とすることができる．

鋳込材料としての亜鉛－銅（98%±0.2%：2%±0.2%）合金は、クリープ特性が優れており、許容圧縮応力度の範囲内であれば、クリープひずみを無視して使用することができる．

クリープおよび圧縮強度特性に限れば，アルミ・亜鉛・銅合金が最も優れているが，粒界腐食のおそれがあるとして用いられていない．

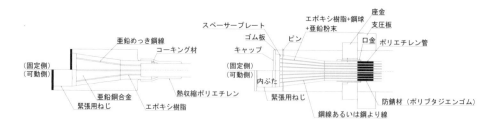

図 7.1.7　ソケットの鋳込方式

② 素線と鋳込材料の付着応力度

表 7.1.3 に鋳込材料の付着応力度を示す．

表 7.1.3　鋳込材料の付着応力度

部　　位	長期許容付着応力度
鋳込材料－素線	6N/mm^2

合金の付着力は，載荷速度と付着面積に左右される．載荷速度が小さいとクリープと同様の現象が生じる．また，微小な付着面積で載荷速度が大きい場合，高い付着力を示す．

裸鋼線，亜鉛めっき鋼線に対し，十分な管理の下で行われた実験では 40N/mm^2 の付着力を有する報告があるが，載荷速度と付着面積の関係が不明確であるため，ここでは，「鋼橋III」[7.8]の実験報告から素線径 2.0mm で 19N/mm^2 の付着力に対し，安全率を考慮して 6N/mm^2 とした．

③ ソケット内面と鋳込材料の摩擦係数

表 7.1.4 にソケット内面と鋳込材料の摩擦係数を示す．

表 7.1.4　ソケット内面の摩擦係数

部　　位	摩擦係数
ソケット－鋳込材料	0.2

ソケット内面の摩擦係数を，実験から直接求めることは難しいが，「若戸橋調査報告書」のロープ素線と充填材との摩擦試験の結果から判断して，0.2 とした報告の値に近似した結果が得られた．また，「鋼橋III」[7.17]では 1/5～1/3 とし，1/5 の値を用いてソケットの強度計算を行っている．以上を勘案し，0.2 とした．

④ 鋳込ソケットの設計

鋳込ソケットはケーブルメーカーで標準的に設計・製作するものであり，設計者が特に構造検討をして形状決定するものではないが，その概要を設計者が知ることは監理者としても有用であるため，その基本的な考え方を述べる．ソケットの強度計算は，ソケット内の合金円錐側面に対して直角に作用する圧縮応力度を求め，ソケット円錐部（通常テーパー部と呼ばれる）を一様な内圧を受ける厚肉円管として，円周方向引張応力を求めている．

Schleicher,F.[7.9]は，合金の圧縮応力度について次の式を提案している．

合金からソケットの内面に作用する圧縮力 P は，内面に一様に分布すると仮定すると，図7.1.8に示すように，内面の摩擦作用によって内面の法線方向に対して ρ だけ傾斜し，鉛直方向分力 P_V，水平方向分力 P_H はそれぞれ次のようになる．

$$P_V = P \cdot sin(\rho + \theta) \tag{7.1.1}$$

$$P_H = P \cdot cos(\rho + \theta) = P_V \cdot cot(\rho + \theta) \tag{7.1.2}$$

P_V がソケットの有効表面積に均等に分布すると仮定すると，ロープの張力 T は，次式で表すことができる．

$$T = \sigma_W \cdot A_W = P_V \cdot A_e \tag{7.1.3}$$

ここに，σ_W：素線の応力

A_W：ロープの有効断面積

A_e：合金円錐の有効表面積

以上のことから，

$$P = \frac{P_V}{sin(\rho + \theta)} = \frac{\sigma_W \cdot A_W}{A_e \cdot sin(\rho + \theta)} = \frac{T}{A_e \cdot sin(\rho + \theta)}$$

ソケット内面の法線方向に作用する圧縮応力 σ_N は，

図 7.1.8 ソケット内合金円錐に作用する力

$$\sigma_N = P \cdot \cos\rho = \frac{\sigma_W \cdot A_W}{A_e} \cdot \frac{\cos\rho}{\sin(\rho+\theta)} \tag{7.1.4}$$

$$= \frac{\sigma_W \cdot A_W}{A_e} \cdot \frac{1}{\cos\theta(\mu+\tan\theta)} \tag{7.1.5}$$

ただし，$\mu = \tan\rho$

また，E.Czinary[7.10]は，次の式を提案している．

$$\sigma_N = \frac{T}{E \cdot \pi \cdot \tan(\rho+\theta)} \tag{7.1.6}$$

E：ソケットの有効縦断面積

以上の圧縮応力から，ソケットのテーパー部の円周方向引張応力の最大値は，次式で示される．

$$\sigma_{max} = \sigma_N \cdot \frac{1+\left(\frac{D_0}{D_1}\right)^2}{1-\left(\frac{D_0}{D_1}\right)^2} \tag{7.1.7}$$

ここに，D_0：テーパー内径の平均
　　　　D_1：テーパー外径の平均

σ_N，σ_{max} を求める際に，ソケットの有効表面積は，鋳込合金の充填率が問題視される．実験結果からロープ径の 3/4 程度の空隙が口元部（テーパーの細径部）にあることから，その部分を除いて有効表面積を求めなければならない．一般には，安全をみてテーパー部の 2/3 を有効と見なし表面積を求めている．

7.2 ケーブル定着部

> 定着部は，ケーブル張力を確実に支持構造へ伝達できる構造とし，ケーブルの変形に十分対応できる材端回転性能や，ケーブルの架設・張力導入方法などの施工方法および維持管理方法などに十分に配慮するものとする．

ケーブル張力は，ケーブル端末部から定着部を介して支持構造へ伝達される．定着部に要求される機能は，ケーブル張力の円滑かつ確実な支持構造への伝達である．また，定着部を変形に追随可能な構造とし，ケーブル端部で局部的な曲げが生じないようにすることや，架設方法や張力導入方法および建物完成後の維持管理の容易さなどへの配慮も必要である．なお，ケーブル定着部の設計においては，ケーブルの降伏荷重以下ではケーブル定着部が降伏しないことを基本とするものの，ケーブル軸力以外，例えば，剛性などによってケーブル径が決定された場合，存在応力に対して設

計者自らが安全率を設定して設計を行う考え方もある．

(1) 確実な支持構造への伝達機能およびケーブル材端回転性能に対する配慮

一般的なケーブル定着部の事例を図 7.2.1 に示す．ケーブル端末部にネジエンドを使用した場合には，定着ナット，定着板，鋼管およびプレートにより構成されるディテールの採用例が多い（図 7.2.1(a)）．ケーブル張力は定着板から鋼管を介して，せん断力がプレートから支持構造まで伝達され，曲げモーメントと引張力がリブ・プレートから支持構造まで伝達されると考えるのが一般的である．鋼管，プレート，リブ・プレートの溶接仕様にも注意が必要である．また，フォークエンドの場合には，ケーブル張力はピンから厚鋼板を介して支持構造（大梁など）へ伝達される（図 7.2.1(b)）．鋼板の板厚はピン部分の支圧またははしあきで決まっている場合がほとんどである．厚鋼板と支持構造（大梁など）との溶接部には，せん断力，引張力および曲げモーメントが生じるが，溶接長さが確保できる場合には部分溶込み溶接で十分に張力を伝達できる．したがって，支持構造（大梁など）の板厚とのバランスや完全溶込み溶接による過大な入熱などにも十分に配慮した上でのディテール設計が必要である．

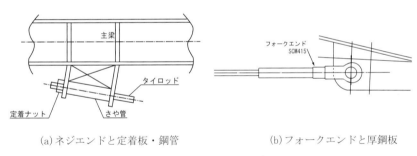

(a)ネジエンドと定着板・鋼管　　　　(b)フォークエンドと厚鋼板

図 7.2.1　ケーブル定着部のディテール例

一般に変形の大きいケーブル構造では，ケーブル定着部で変形に追随可能な構造が採用され，ケーブル端部の回転を拘束しないよう配慮されている．多数の細い素線から構成されるケーブルは，設計において曲げ剛性を無視して完全に柔な弦として挙動すると仮定されている．したがって，定着部のディテールを力学的に明快なものにすることが望まれる．通常は，球座を用いて全方向に回転できるようにしたり（図 7.2.2(a)），一方向に回転が可能な定着部ではどちらの方向の変形が大きいかにより端末部の方向を決めている（図 7.2.2(b)）．この際，接触によりケーブルが損傷しないように，ケーブルと支持構造の間にクリアランスを取るなどの配慮をする．これは，ケーブル構造の架設方法(例えばケーブル補強空気膜構造のインフレート)に対する検討項目の一つでもある．

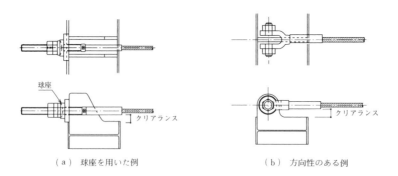

図 7.2.2　ケーブルの材端回転性能に配慮したディテール例

　一方，ケーブル端部の回転が拘束されている場合には，ケーブルの曲げ剛性を無視できず，局部的な曲げが起こり，二次応力が生じてしまう（図 7.2.3）．二次応力は，ケーブルの種類により，平行線ストランド，ロックドコイルロープ，スパイラルロープ，ストランドロープの順で生じやすい傾向がある．この場合にはいずれにしても二次応力の検討が必要となるが，これまでは平行線ストランドの二次応力の研究が報告されているだけであった[7.11,12]．しかし，可とう度の考え方を採用したスパイラルロープ，ストランドロープの二次応力の研究が見られるようになった[7.13]．付 6 の可とう度試験結果を参照すると，同じロープ構成やロープ径においても可とう度にばらつきがあることがわかる．そこで，一例として最小から最大の可とう度の範囲におけるロープの最大二次曲げ応力度と曲げ角度との関係を図 7.2.4 に示す．

　なお，PC 緊張材の例ではあるが，緊張材端部の二次応力，腐食および構造システムの不明解さなどから建物が崩壊した事例もあるので十分な注意が必要である[7.14]．

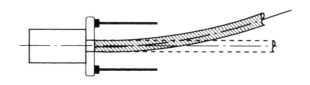

図 7.2.3　定着部の回転が拘束されている例

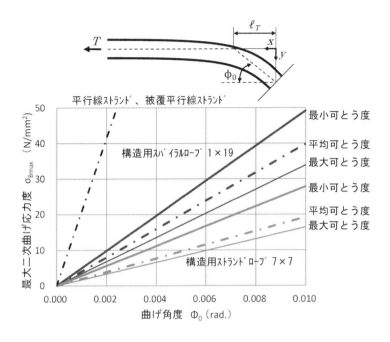

図 7.2.4　ケーブル端部の曲げ変形および二次応力の検討例

(2) ケーブルの施工方法に対する配慮

　ケーブル構造の架設は，一般に張力導入を伴うことが多く，架設方法と張力導入方法には密接な関係があり，設計段階より念頭におくことが望まれる．ケーブル構造の架設・張力導入時に，ケーブルの張力を主として管理（張力管理）する方法と，ケーブル長さを主として管理（材長管理）する方法とがある．一般的には両者を組み合わせた方法が採用される．ケーブル張力は，定着部に設けたロードセルやターンバックルなどに貼付したひずみゲージにより測定したり，張力導入に用いるジャッキなどの荷重値により測定されることがある．単一ケーブルの場合には，ケーブルの固有振動数やサグを測定してケーブル張力を推定する方法もある．ケーブル構造の規模，形式および要求される精度により，どのような測定方法を使用するかを決定し，これに対応した定着部のディテールを設計する．また，ケーブルの本数が多い場合などは，事前検討を行い，ポイントを絞った管理が望まれる．材長管理のみで架設する場合は，ケーブル長の製作誤差，支持構造の施工誤差などの不確定な要素への対策が必要になる．この場合，ケーブルの長さを調整できるディテールが用いられることが多い．軽微な場合には，ターンバックルで長さを調整しながら，張力を導入する方法もあるが，導入張力の大きさには限界があるので注意が必要である．

　架設，張力導入に配慮した定着部の設計では，上記の他に張力導入時のケーブルの伸びなどを考慮したクリアランス（引きしろ）の設定などが必要になる．ケーブルの伸びは，ケーブルの弾性伸

びだけでなく，初期伸びとの和になるので，引きしろの設定には注意が必要である．

上記を踏まえて，施工方法に配慮した定着部のディテールの事例を図 7.2.5 に示す．油圧ジャッキを用いた一般的な張力導入例（図 7.2.5(a)）では，ラムチェアーや油圧ジャッキを設置するスペースが必要となり設計上配慮することになる．このスペースが不要となる油圧ジャッキによる押し込み型張力導入例が採用されることがあるが，油圧ジャッキの反力を取るために，定着部の厚鋼板などに仮設の孔を設けておくなどの対応が必要となる（(図 7.2.5(b))．

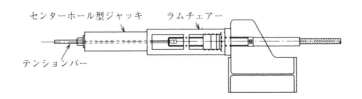

(a)油圧ジャッキを用いた張力導入の例

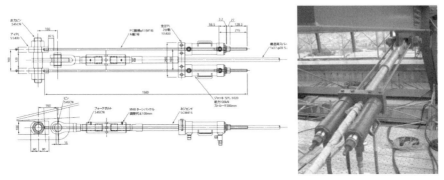

(b)ケーブル端部押し込み型張力導入の例

図 7.2.5　ケーブルの施工方法に配慮した定着部のディテール例（1）

最近の張力導入工事の事例では，高力ボルトの張力導入・管理に使用するボルト締め軸力管理工具を利用することにより，ディテールをコンパクトに納めるための施工上の工夫がされている（図 7.2.6(a)）．しかし，本来の用途が油圧ジャッキを用いたボルト締め軸力管理工具であるため，ストロークが短いことや，ボルト径と導入張力量の適合性などに課題があるために，採用する際には十分な検討が必要である．また，斜張橋などで見られるシムプレートを用いて長さ調整する例もある（図 7.2.6(b)）．

(3) ケーブルの維持管理に対する配慮

ケーブルのクリープやリラクセーションの対策のために，建物完成後に張力導入を行う場合には張力導入が実現可能で，張力管理などの維持管理が容易なディテールが望まれる．

また,一般的な工事標準仕様書では,ピン,ローラー,球面座金など密着する部分および回転または摺動面での削り仕上げ部分は錆止め塗装を施さない仕様になっているが,使用環境などを考慮して必要な場合には適切な防錆仕様とする.

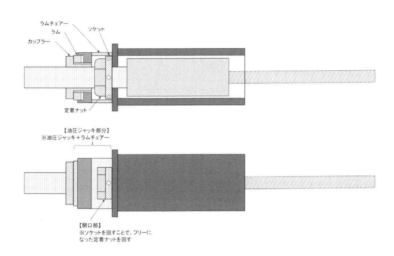

(a)ボルト締め軸力管理工具を利用した張力導入の例

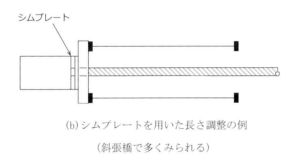

(b)シムプレートを用いた長さ調整の例

(斜張橋で多くみられる)

図 7.2.6 ケーブルの施工方法に配慮した定着部のディテール例(2)

7.3 ケーブル中間接合部
7.3.1 ケーブルの交差部

> ケーブルの交差部は，適切な中間接合金具を用いて把握し，交差部に生じる力を，ケーブルを損傷することなく，相互に確実に伝達できるようにする．

　ケーブルの交差部は，ケーブルネット構造などにみられるケーブル同士の十字交差部，ケーブル境界構造における内部ケーブルと境界ケーブルとの交差部，吊橋形式におけるメインケーブルとハンガーケーブルとの交差部にみられるT字交差部の2種類に大別できる．主な特徴は，ボルト締め付け軸力による摩擦力のみで滑動力に抵抗する構造であることである．図7.3.1におのおのの実施例を示す．

図7.3.1　ケーブル交差部の実施例

　交差部を拘束することによって生じる力は，交差部を通じて境界構造に円滑に伝達される必要がある．このため，ケーブルの交差部には，適切な中間接合金具を用いることによって，交差部に生じる滑動を確実に拘束しなければならない．

　このために，種々の形状の中間接合金具が使用されている．いずれの場合も，中間接合金具は，すべりを確実に拘束するとともに，ケーブルに損傷を与えないことが必要である．設計にあたっては，長期荷重時，付加荷重時などに生じる滑動力を適切に把握するとともに，設計者自らが安全率を設定して，かつ経時的なボルト軸力の低下，側圧によるケーブルの強度低下などにも十分配慮し，形状・導入軸力を決定する必要がある．

　交差部は通常屈曲を伴い，ケーブルの屈曲が大きい場合には7.3.2「ケーブルの屈曲部」と同様の検討が必要となり，曲率を持った中間接合金具が使用される場合もある．しかし，角度変化が5度（約0.1rad）程度以下の小さい場合には，一般的には屈曲の影響は考慮せず，曲率を持たない直線状の中間接合金具が使用されることが多い．ただし，この場合でも，金具出口でのケーブル損傷を防ぐために出口部分にのみ曲率を設けるなどの配慮は必要である．

　中間接合金具には一般的に摩擦ケーブル止めが使用されるが，滑動力が大きい場合には，摩擦止めによる中間接合金具が大型となり，圧縮止めの方が経済的に有利となる．また，ケーブルネット

などのように多量の交差部がある場合には，施工性の上で圧縮止めが有利となる場合もある．したがって，本解説では，摩擦止めおよび圧縮止めのそれぞれについて，調査した結果を報告する．

(1) 摩擦止めの設計

1) 計算式

滑動力(T)に対する必要ボルト軸力(nN)は，下式で示される．

$$nN \geq \frac{vT}{m\mu k} \qquad (7.3.1)$$

ここに， n：ボルト本数
N：ボルトの導入軸力
v：安全率
T：滑動力（$=T_1-T_2$）
m：形状係数
μ：摩擦係数
k：ボルト軸力の減少係数

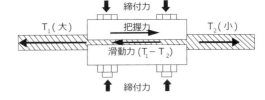

図7.3.2　滑動力とボルト軸力の関係

式(7.3.1)の各係数の値に対しては，これまで各方面で種々の検討，実験が行われており，以下にその現状について解説する．

i) 安全率(v)

すべりに対する安全率は，「道路橋示方書」[7.5]では"安全率4を標準とする"と規定されているが，その解説において"ボルト軸力の減少要因について十分の検討を加え安全性が確かめられたときは，安全率を最低3まで下げてよい"とされている．また「本四連絡橋ケーブルバンド設計要領(案)」[7.15]では，あらかじめ設計上，ボルト軸力の減少を30%見込み，かつ完成後十分な維持管理がなされることを前提として，安全率は3を標準としている．

一方，建築分野では，「建築構造ケーブル設計施工指針」[7.16]において，"摩擦止めの長期許容耐力は，すべり耐力の1/3を標準とする"とされている．また，短期滑動力に対しては，35%の許容耐力の割増しを認めており，最近のケーブル構造建築物は「建築構造ケーブル設計施工指針」に準じて設計されているようである．本指針では，短期滑動力に対する許容耐力を，ケーブルの許容引張力と同様に50%割増しをすものとする．よって，滑動に対する安全率は，長期滑動力に対して安全率3，短期滑動力に対して安全率2とする．ただし，いずれの場合にも後述するケーブルのクリープ等による把握力の減少に対しては，十分な検討，配慮が必要である．

ii) 形状係数（m）

形状係数は締付力の側圧分布状態によって決まる係数であり，金具とケーブル間の摩擦を無視した場合の形状係数を表7.3.1に示す．

「鋼橋Ⅲ」[7.17]では，金具が円形で円周方向の摩擦を考慮した場合として次式を提示している．

$$m = \frac{2}{\mu}\left(1 - e^{-\frac{\pi\mu}{2}}\right) \tag{7.3.2}$$

表7.3.1 形状係数

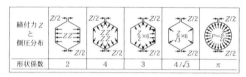

式(7.3.2)において，摩擦係数 μ を0.15とした場合，m は2.8となり，「本四連絡橋ケーブルバンド設計要領(案)」では，この m=2.8 を採用している．

したがって，本四連絡橋ケーブルバンドのように全円周方向から内圧を受けることが期待できる形状のものに対しては，m=2.8 としてさしつかえない．一方，建築でよく使われる2枚プレートを上下方向から締め付ける形状など，一般的に使用されている中間接合金具は，必ずしも全円周から均等に内圧を受けることが期待できないため，安全側の判断で，表7.3.1 の2方向側圧分布の場合の m=2 を採用することが妥当である．

ⅲ）摩擦係数(μ)

ワイヤロープと金具間の摩擦係数については，種々の実験が行われており，「本四連絡橋ケーブルバンド設計要領(案)」に国内外の各種試験結果の詳細が記載されている．これらの実験結果をm=πと仮定して摩擦係数の値を整理し，表7.3.2を提示している．

表7.3.2 摩擦係数実験値

	摩擦係数(μ)	備　　考
本　四　公　団　実　験	0.22～0.26	平行線ケーブル
関　門　橋　模　型　実　験	平均 0.174	〃
神　鋼　実　験	0.20～0.22	〃
若　戸　実　験	0.183 0.161 0.161	スパイラルロープ
Delaware Riv. Br. Koln-Rodenkirchen	0.20 0.162	平行線ケーブル ロックドコイル

実際の設計においては，本四連絡橋をはじめとする国内の吊橋のほとんどが μ=0.15 で設計されている．この値は表7.3.2に比べ幾分小さく，若干，大きくする余地があるようにみえる．しかし，すべり実験はケーブルに張力のない状態で行われているため，実橋ではすべり抵抗が減少することが考えられることなどを考慮し，「本四連絡橋ケーブルバンド設計要領(案)」では，μ=0.15を標準

としている．また，「道路橋示方書」，「建築構造ケーブル設計施工指針」でも，$\mu=0.15$を標準としていることから，本指針でも$\mu=0.15$を標準とする．

ⅳ）ボルトの軸力低下係数(k)

ボルトの導入軸力は，以下の要因により継時的に減少していく．

1) ケーブル張力の増大によるケーブルの細り
2) クリープ現象(締付けボルトのリラクセーション，素線の亜鉛めっきのクリープ，荷重変動などによるロープ素線の再配列，金具の変形など)

このうち，2)については，増し締めによりある程度対応可能であるが，1)については必然的に起こりうる．特に長期荷重に対し短期荷重が大きい構造の場合は，ケーブルの張力変化も大きく十分な検討が必要である．

ケーブル張力の増大による軸力の減少について，「本州四国連絡橋ケーブルバンド設計要領(案)」では，式(7.3.3)を提唱している．

$$\Delta N = \frac{K_C}{\frac{K_C \cdot L}{E \cdot A}+1} \cdot \varepsilon \tag{7.3.3}$$

ここに，　ΔN：ボルトの軸力低下
　　　　　K_C：ケーブルの横圧方向のバネ定数
　　　　　L：ボルトの締め付長さ
　　　　　E：ボルトの弾性係数
　　　　　A：ボルトの断面積
　　　　　ε：ケーブルの径の減少量

しかしながら，K_C，εの値は現状では実験値がなく，軸力低下の絶対値を求めるためには個々のロープについてK_C，εの値を実験で求める必要がある．式(7.3.3)から定性的に軸力低下を小さくする方法として，ボルト長を長くすることと，ボルト断面積を小さくし高応力にすることが有効であることがわかる．

ボルト長について，「道路橋示方書」の解説では"締付け長はケーブル径の80％以上を標準とする"としている．また，「本四連絡橋ケーブルバンド設計要領(案)」では，"ボルトの締付け応力度は，降伏点の75％を標準とする"としている．

図7.3.3(原文のままの単位を用いる)にスパイラルロープ1×169の80mm径を用い，M20の溶融亜鉛めっき高力ボルト(F8T)のケーブル張力とボルト軸力の関係を調査した試験結果を示す．ケーブル張力2500kN(250tf)時でのボルト軸力低下は，ボルト締付け長さ130mmの場合，約35kN(3.5tf)，

ボルト締付け長さ240mmの場合，約25kN(2.5tf)であり，初期導入張力の大きさによる差はそれほど大きくなかった．

ボルト軸力の経時変化については，本四公団実験によると一次締付け後1000時間で27％，二次締付け後1000時間で20％低下している(図7.3.4)．「本四連絡橋ケーブルバンド設計要領(案)」では，実験および実橋での調査結果を基に，増し締めを前提とし，設計軸力を導入軸力の70％としている．また，先のスパイラルロープ1×169の80mm径を用いたM20の溶融亜鉛めっき高力ボルト(F8T)での実験では，3500時間後で約20％低下している．この時のひずみ損失量の変化を図7.3.5に示す．ひずみ損失のほとんどは，初期の200～300時間で発生している．

以上のとおり，ボルト軸力の経時変化については，まだ実験データが少なく，軸力低下係数kの値は明確に定まっていない状態にある．したがって，ボルト導入軸力の設計に際しては，ケーブル張力変化量，ケーブルの種類，増し締めの有無などを考慮し，適当な k 値を設定する必要がある．経験的な k 値の目安として，増し締めを行わない場合，経験的に30％の軸力低下を見込んで0.7を標準とする．

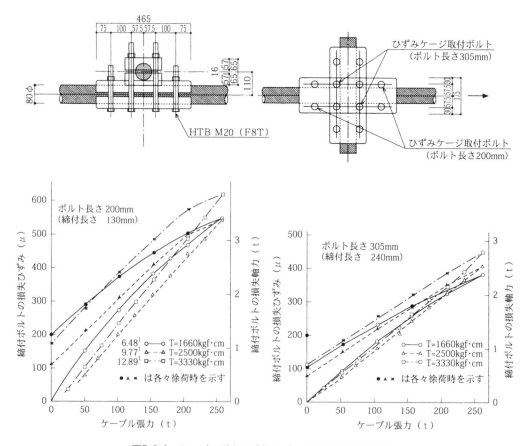

図7.3.3　ケーブル張力と締付けボルトの軸力損失の関係

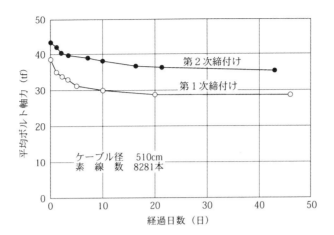

図7.3.4 ボルト軸力の経時変化[7.8]

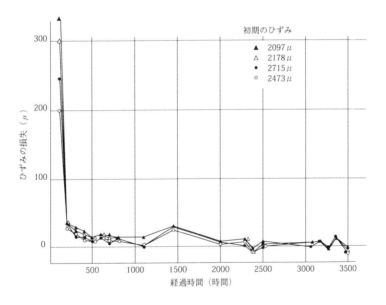

図7.3.5 ひずみ損失の変化量

2) ケーブルの許容側圧（中間接合金具の必要長さ）

「建築構造ケーブル設計施工指針」では，ケーブルの中間接合金具による締付許容側圧は，表7.3.3を標準としている．側圧は次式によって求められ，これにより，金具の必要長さが決定される．

表 7.3.3 ケーブル材料の許容側圧[7.16)]

ケーブル材料	締付許容側圧 (N/mm²)
構造用ストランドロープ	50
構造用スパイラルロープ	60
構造用ロックドコイルロープ	70
平行線ストランド	70

$$p = \frac{nN}{DL} \tag{7.3.4}$$

ここに、 p：側圧
　　　　nN：ボルトの全導入軸力
　　　　D：ケーブル径
　　　　L：金具の長さ

3) 金具の必要厚さ

中間接合金具の肉厚が不足するとボルトの締付けにより金具が変形し，合わせ面の隙間がなくなり，所定の軸力が得られない状態となる．「本四連絡橋ケーブルバンド設計要領(案)」では，次式により照査することとしている．

$$\sigma = \frac{nN}{2Lt} \leq \frac{1}{3} \times \sigma_y \tag{7.3.5}$$

ここに、 nN：ボルトの全締付力
　　　　L：金具の長さ
　　　　t：金具の肉厚
　　　　σ_y：金具材料の降伏強度

また，中間接合金具にフープテンションが作用しない図 7.3.6 に示すような形状の中間接合金具に対しては，等分布荷重を受ける両端支持梁の曲げ応力により照査されることもある．

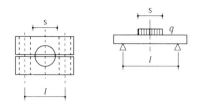

図 7.3.6　曲げ型中間接合金具のモデル化

(2) 中間接合金具の材料

表 7.3.4 に示したように中間接合金具には，用途・規模・形状に応じ種々の材料が使用されている．

表 7.3.4 中間接合金具の材料

部　位	規格番号	記　号	加工法	用　途
中間接合金具	JSI G 5101 5102 5111	SC 410〜SC 480 SCW 410〜SCW 550 SCMn 2	鋳造	大型で形状の複雑な場合 製作数量の多い場合
	4051 3106	S 25 C〜S 45 C SM 400〜SM 570	切削 鍛造	比較的導入軸力の大きい場合
	3101	SS 400	曲げ	導入軸力の小さい軽微な場合
ボルト材	JIS G 1186 　 4051 3101	F8T, F10T SCM 430 S 45 C SS 400		

(3) 圧縮止めの設計

圧縮止めは金属スリーブをプレスなどで圧着するもので，工場での加工を原則とする．ただし，ケーブルネット交差部などの軽微な加工においては，アルミ製の金具を用いて現場で圧縮止め加工も実施されている．

圧縮止めは，7.1節の端末部の圧縮止め技術の延長線上にあり，滑動耐力はスリーブ長さ，変形率（プレス前後の外径の比）などに依存する．一般的にはロープ径の8倍程度の長さでロープの破断荷重まで把握できる．変形率を一定にすれば，把握力はスリーブ長さとほぼ比例関係にあり，滑動力に応じてスリーブ長さを短くできる．このように圧縮止めは摩擦止めに比べ，中間接合金具がコンパクトになるが，工場での加工コストが高く，現場での交差部位置の変更・修正が困難である．よって圧縮止め・摩擦止めの選択には，コスト・施工性・品質面での十分な検討が必要である．図 7.3.7 に吊構造式バックネットのメインケーブルとバックステイロープの支点に圧縮止めを使用した例を示す．

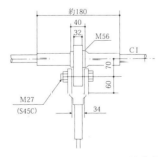

図7.3.7　中間圧縮止めによる中間接合金具の実施例

中間圧縮止めによるケーブル材料の耐力への影響について，静的耐力，引張疲労強度ともに，ワイヤロープのみの場合に比べて低下はみられないことが報告されている[7.18]．

(4) 被覆ケーブルの交差部
　近年，防食のためにナイロン・ポリエチレンなどを被覆したケーブルの採用が増えている．被覆ロープの中間接合金具は，従来，被覆材のクリープ変形が大きいため，経時的なボルト導入軸力の減少が大きく，滑動の拘束に対する信頼性が低いことと，一般的に摩擦係数が小さく中間接合金具が大型化することなどにより，交差部の被覆を剥離し，摩擦止め金具を設置している．しかしながら，この場合，被覆材の剥離部が防食上の弱点となる．このため被覆ケーブルに対し，中間圧縮止めを適用するなどの方法も検討されており，今後の開発が期待される．

7.3.2　ケーブルの屈曲部

> ケーブルの屈曲部は，曲げ・側圧による強度低下に配慮し，適切な曲率を有する金具によって支持する．

　ケーブルの屈曲部では，曲げ応力および側圧の付加による強度低下が考えられる．ケーブルの強度低下は，屈曲部の曲げ角度，金具の曲率，金具との接触状態，接触長さなどにより影響される．したがって，屈曲部は，適切な曲率を有する金具（サドル・シーブなど）により支持し，曲げ，側圧による強度低下を軽減しなければならない．一方で7.3.1項でも述べたように，曲げ角度が小さい場合は，曲率を持たない直線状の金具で支持されることも多い．本解説では曲げ角度が大きく，曲率を有する金具を使用する場合の曲率の設定と中間接合金具の設計に関して，現状を解説する．

(1) 屈曲部の曲率
　「道路橋示方書」[7.5]においては，ケーブルおよびハンガーの曲率半径について，以下のように定めている．
　　(a)　ケーブルの折曲点には，サドルをおかなければならない．サドルの曲率半径は，ケーブル直径の8倍以上とする．
　　(b)　ハンガーには，原則として曲線部を設けてはならない．やむを得ず設ける場合はその曲率半径をハンガー直径の5.5倍以上とする．
　また，「建築構造ケーブル設計施工指針」[7.16]では，ワイヤロープのU字曲げ2本引き引張り試験の実験データ(図7.3.8)を基に，（曲率半径/ロープ直径）が5以下の場合には強度の低下が著しいとしている．

ケーブルをある曲率に曲げたとき，素線に生じる最大応力（ケーブルの曲げ応力）σ_bの大きさは，次式で表される．

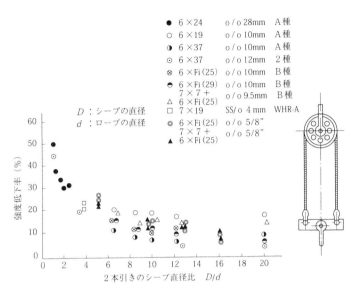

図7.3.8　曲げによるワイヤロープの強度低下率

$$\sigma_b = E_b \frac{\delta}{2R} \tag{7.3.6}$$

ここに，　E_b：　ケーブルの曲げ弾性係数

　　　　　δ：　素線直径

　　　　　R：　曲げの曲率半径

E_bは素線の縦弾性係数に，よりおよび素線相互間の摩擦などの二次的影響を含んだ係数であり，$E_b = CE_c$（E_c：ケーブルの弾性係数）で表される．Cの値は文献[7.20]によると，ストランドロープに対して以下の式が提唱されている．

6×7
$$C = 0.080829 + 0.062904\,(d/2R) \tag{7.3.7}$$

6×19
$$C = 0.082496 + 0.017122\,(d/2R) \tag{7.3.8}$$

6×37
$$C = 0.270758 - 0.696700\,(d/2R) \tag{7.3.9}$$

ここに，　d：ロープの直径

式(7.3.7)～(7.3.9)は麻心ロープに対する式であるが，文献7.20)では，共心ロープにもこれを準用している．また，スパイラルロープに対する計算式は提示されておらず，文献7.21)では，ストランドロープの式のうち最大応力を与える式を準用している．

よって，ロープが軸方向張力 T を受けるとき，素線の最大応力度 σ は次式で求められる．

$$\sigma = \frac{T}{A_C} + E_b \cdot \frac{\delta}{2R} \tag{7.3.10}$$

ここに， T ： 張力
A_C ： ロープの断面積

ここで，7×19，φ30 mmにおいて，曲率半径5 d (150 mm)のサドル上の曲げ応力度を例として計算してみると，以下のとおりとなる．

$$\sigma_b = E_b \cdot \frac{\delta}{2R} = C \cdot E_C \cdot \frac{\delta}{2R}$$

$= 0.1142 \times 137{,}000 \times 2/2/150 = 104.3 \text{ N/mm}^2$

ここに， $E_C = 137{,}000 \text{ N/mm}^2$
$\delta = 2$ mm
$R = 150$ mm
$C = 0.1142$
（式 7.3.6 による）

同様に計算して，曲率半径 $2d \sim 8d$ における曲げ応力の変化をみると，表7.3.5のとおりとなり，これからも R/d が 5 以下になると急激に曲げ応力が増加することがわかる．

表7.3.5　曲率半径による曲げ応力の変化

曲率半径 (mm)	60	90	120	150	180	210	240
R/d	2	3	4	5	6	7	8
C	0.1618	0.1353	0.1221	0.1142	0.1089	0.1051	0.1023
曲げ応力度 (N/mm²)	360.9	206.0	139.4	104.3	82.9	68.6	58.4

ケーブルの屈曲部には曲げ応力とともに，サドル（シーブ）溝底において側圧が発生する．「建築構造ケーブル設計施工指針」では，溝底側圧 σ_p は次式により求められ，この溝底側圧が表7.3.3に示すロープの許容側圧を超えないように留意する必要があるとしている．

$$\sigma_p = \frac{2T}{kDd} \tag{7.3.11}$$

ここに，　σ_p：サドル，シーブの溝底側圧（N/mm²）

T：ワイヤロープの張力（N）
D：サドル，シーブの直径（mm）
d：ワイヤロープの直径（mm）
k：接触係数（ワイヤロープ接触幅のワイヤロープ直径に対する比）

接触係数 k について図7.3.9 に示す．溝底はロープ形状断面を保持するとともに，溝底側圧を低減するためにもロープ形状にあった溝形状とすべきである．

（a）U形溝での理想接触状態 $k=1$

（b）U形溝での普通接触状態 $k=1/2$

（c）平溝での普通接触状態 $k=1/4$

図7.3.9　溝形状による接触係数 k

ここで，式（7.3.11）により，ケーブルの張力を破断荷重の1/3（長期許容張力），接触係数$k=1$としたときのストランドロープとスパイラルロープにおける最小曲率半径を求めると表7.3.6となり，許容側圧から求めた必要曲率半径は$5d$程度となる．

表7.3.6　許容側圧から求めた最小曲率半径

ロープ構成	R/d
ストランドロープ	4.4～4.7
スパイラルロープ	4.8～5

［注］$k=1$，$T=$破断荷重/3

ロープ径16mmの各種ロープで，曲率，曲げ角度の影響について行った実験の装置および実験結果を図7.3.10，表7.3.7（原文のままの単位を用いる）に示す．表中下段は当該実験における破断時の荷重を示し，上段は直線時の破断荷重に対する強度低下率を示す．

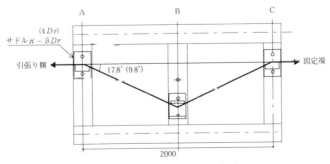

図7.3.10　曲げ実験装置

表 7.3.7 強度低下に及ぼす曲げの角度，曲率の影響

曲げ角度	0°	9.8°			17.8°		
曲率半径	直線	1 d	4 d	8 d	1 d	4 d	8 d
ＰＣＳ 15.2 mm （規格 24.6t）	26.0 t	14.2 % 22.3 t	—	—	15.4 % 22.0 t	< 3.8 % *25.0 t	< 3.8 % *25.0 t
7x7 16 mm （規格 18 t）	19.5t	20.0 % 15.6 t	7.7 % 18.0 t	1.5 % 19.2 t	—	12.8 % 17.0 t	4.6 % 18.6 t
7x19 16 mm （規格 17.3 t）	19.3t	—	5.7 % 18.2 t	3.6 % 18.6 t	—	7.8 % 17.8 t	3.6 % 18.6t

［注］＊：定着部切れ

　当実験では，いずれもサドルＡまたはＣで破断しており，破断はロープを構成するストランド同士の接触部におけるせん断切れであった．曲率半径が小さい場合にはサドルとの接触部における圧壊がみられた．曲率半径8dでは，強度低下率が数パーセントであるのに対し，4dでは，10%程度と大きくなっている．本実験結果とストランドロープのU字曲げ試験との比較を図7.3.11に示す．当実験での強度低下率はU字曲げの場合に比べて小さく，曲げ角度の影響が顕著にみられるロープ構成については，ストランドロープに比べＰＣ鋼より線（1×19）の強度低下率が低くなっている．

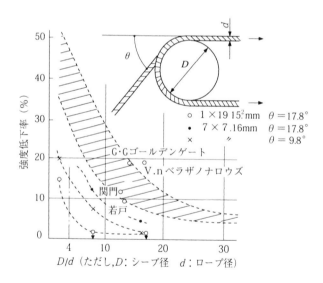

図7.3.11　強度低下率に及ぼす曲げ角度の影響

　これらの調査・実験から，ケーブルの屈曲部の曲率半径はロープ径の8倍以上とすることが望ましい．デザインなどの制約から8倍以上の曲率半径がとれない場合，特に5倍以下の曲率半径とする場合には，ケーブルの曲げ応力，側圧に対し十分な検討を行い，必要に応じて強度低下を設計上考慮する．

(2) 滑動力に対する設計

　風・地震時のケーブルのすべりによる損傷を防ぐため，屈曲部はサドル上で固定される．この場合は，7.3.1項の交差部の固定と同様に，すべりに対する安全性の検討が必要となる．

　ただし，屈曲部においては，ロープとサドル底面との摩擦抵抗が期待でき，この摩擦抵抗は次式により求められる．

$$T_1 = T_2 \cdot e^{-\mu\theta/v} \tag{7.3.12}$$

　ここに，T_1：出口側ロープ張力
　　　　　T_2：入口側ロープ張力
　　　　　μ：摩擦係数
　　　　　θ：接触部角度（rad）
　　　　　v：安全率

安全率，摩擦係数については，7.3.1項の交差部と同様に考えてよい．したがって，式(7.3.12)で求めたサドル両端のケーブル張力差が，滑動力に対し所定の安全率を確保できない場合は，カバーによる締付けなどにより，摩擦抵抗を補う必要がある．

　一方，プレストレス導入時など，施工中に一時的に屈曲部をケーブルが移動する可能性がある場合は，回転可能なシーブを使用するか，サドルを回転可能な構造にし，サドル上をケーブルが滑らないようにすることが望ましい．ケーブルにある程度張力が加わった状態で，サドル上を滑動することが回避できず，かつ問題が生じると予想される場合には，ポリテトラフルオロエチレン(PTFE)シートを敷くなどにより，ケーブルの損傷に対し十分な配慮をするとともに，プレストレス導入時の摩擦損失に対する検討も必要となる．摩擦損失量は，式(7.3.12)により推定できる．屈曲部の摩擦係数はめっき面同士のロープとサドル面間では $\mu=0.3\sim0.4$ 程度と考えられ，ポリテトラフルオロエチレンシートなどの減摩材を使用することにより，$\mu=0.05\sim0.1$ 程度に減少させることが期待できる．

(3) サドル・シーブ材料

　サドル・シーブ材料は，一般的に形状が複雑となることが多く，鋳鋼が用いられることが多いが，用途，規模に応じて切削，溶接構造が使用されることもある．一般的には，表7.3.8のような選択がされている．

表7.3.8 サドル・シーブ材料

部 位	規格番号	記 号	加工法	用 途
サドル材	JIS G 5101	SC 410〜SC 480	鋳 造	大型で形状の複雑な場合
	5102	SCW 410〜SCW 550		製作数量の多い場合
	5111	SCMn 2		
	4051	S 25 C〜S 45 C	切 削	形状がシンプルな場合
	3106	SM 400〜SC 570	溶 接	形状がシンプルな場合
	3101	SS 400	曲 げ	経済性を重視する場合
シーブ材	JIS G 5101	SC 410〜SC 480	鋳 造	
	5502	FCD 440		
	4051	S 45 C	切 削	
	3101	SS 400		

【中間接合金具設計フロー】

中間接合金具の設計は，設計用把握力（滑動力×安全率）を設定した後，金具に生じる存在摩擦力の有無によって2つに分けられる．この存在摩擦力とは，中間接合部でケーブルが屈曲し，その時生じるケーブル軸力の分力とケーブル接触部の摩擦係数から算出される摩擦力のことである．

以下に中間接合金具の設計フローを示す（図7.3.12）．

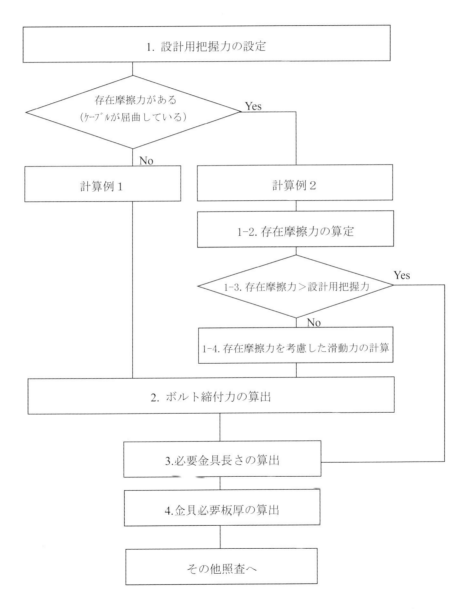

図7.3.12 中間接合金具の設計フロー

【計算例1】

＜設計条件＞

ケーブル材料　構造用ストランドロープ　7×7　φ36mm

滑動に対する安全率 (v)　　：　長期 3　短期 2とする．

ボルトの材質　　　　　　　：　強度区分 6.8（ボルトの降伏応力度$_Bf_y$=480N/mm^2）とし，ボルト導入軸力の上限$_BT_t$=0.75 $_Bf_yA$（ボルトの有効断面積 A）とする．

クランプの材質　　　　　　：　SS 400とし，長期曲げ許容応力度f_bは，
　　　　　　　　　　　　　　　f_b=235 /1.3=180 N/mm^{2}とする．※1

許容側圧(p)　　　　　　　：　ロープの許容側圧は50 N/mm^{2}とする．

摩擦係数(μ)　　　　　　　：　ロープとクランプ間の摩擦係数は0.15とする．

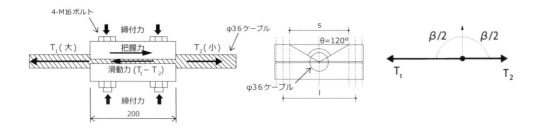

図7.3.13　設計条件

1. 設計用把握力 α の算定

条件	ケーブル軸力 T_1, T_2 (kN)		滑動力 T (kN)	設計用把握力 α (kN)
	T_1	T_2	$T=T_1-T_2$	α=T×v
長期	30	25	5	5×3=15
短期	35	30	5	5×2=10

よって，α（長期）＞α（短期）のため，長期の設計用把握力αに対して照査するものとする．

存在摩擦力はケーブルが直線状のため存在しない．

2. ボルト締付力の算出

設計用把握力に必要なボルト締付力は，次式により求められる．

$$N_1 = \frac{v \times T}{m \times \mu \times k}$$

$$= \frac{3 \times 5000}{2 \times 0.15 \times 0.7} = 71429 \, (N)$$

ここに，v：安全率　　　　3
　　　　　T：滑動力　　　　5 kN（5 000N）
　　　　　m：形状係数　　　2 とする
　　　　　μ：摩擦係数　　　0.15
　　　　　k：軸力低下係数　0.7 とする

いま，強度区分6.8　M16（$A=157$ mm²）4本締めとすると，

$$N_2 = n \times 0.75 \times {}_Bf_y \times A = 4 \times 0.75 \times 480 \times 157$$
$$= 226\ 080\ (N)$$

ここでは，N_1よりも大きく，N_2を超えないよう実際のボルト締付力を$N_3 = 100\ 000$Nとする．

3. 必要金具長さの算出

必要金具長さL_{need}は，ロープの許容側圧から決定され，次式により求まる．

$$L_{need} = \frac{N_3}{p \times D} = \frac{100\ 000}{50 \times 36} = 55.6\text{mm}$$

　　　ここに，　p：許容側圧　　50 N/mm²
　　　　　　　D：ロープ径　　36 mm

ここでは，求めたL_{need}より金具長さ$L=200$mmとする．

4. 必要板厚の算出

クランプの板厚は，ロープ接触面に等分布荷重を受ける両端支持梁として求める（図7.3.12）．ロープとクランプの接触角θは120度とする（$s = D\sin\frac{\theta}{2} = 31.2$mm）．また，曲げスパンはボルト穴の内寸法を採用する（$l = 62$ mm）．

曲げモーメント
$$M = \frac{N_3 \times l}{4} - \frac{N_3 \times s}{8}$$
$$= 100\ 000 \times 62/4 - 100\ 000 \times 31.2/8 = 1.16 \times 10^6\ \text{N·mm}$$

必要板厚
$$t_{need} = \sqrt{\frac{6 \times M}{L \times f_b}} = \sqrt{\frac{6 \times 1.16 \times 10^6}{200 \times 180}} = 13.9\text{mm}$$

ここでは，求めたt_{need}よりロープ接触部の板厚$t=16$mmとする．

※1　1994年版指針ではクランプの材質（SS400）の許容応力度は「短期割増し35％とし，σ_y' =18.9kg/mm^2 とする」とあったが，これは土木設計の許容応力度の割増しの考え方（14kg/mm^2 ×1.35=18.9kg/mm^2）であり，許容応力度の値が建築と土木で異なることから，誤解が生じないように，今回の改定で鋼構造設計基準の「面外に曲げを受ける板の許容曲げ応力度 f_b=F/1.3」に変更した．

【計算例2】

<設計条件>

ケーブルが屈曲しており，ケーブル軸力の分力による存在摩擦力が発生する．
その他の条件は計算例1と同様とする．

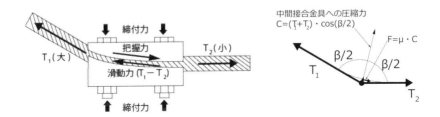

図7.3.14 設計条件

1. 設計用把握力の設定

1-1. 設計用把握力 α

条件	ケーブル軸力 T_1, T_2 (kN)		屈曲角度 $β$ (°)	滑動力 T (kN)	設計用把握力 $α$ (kN)
	T_1	T_2	$β$	$T=T_1-T_2$	$α=T×ν$
長期	30	25	150	5	5×3=15
短期	35	30	150	5	5×2=10

よって，α（長期）＞α（短期）のため，長期の設計用把握力αに対して照査するものとする．

1-2. 存在摩擦力（F）の算定

存在摩擦力 $F = μ × C = μ·(T1+T2)·\cos(β/2) = 0.15 × (30+25) × \cos(150/2) = 2.135$(kN)

1-3. 安全性の確認

　　存在摩擦力 $F = 2.135$(kN) ＜ 設計用把握力 $α = 15$(kN)

　　これより，存在摩擦力のみでは設計用把握力を満足できないことがわかる．

1-4. 存在摩擦力を考慮した滑動力（T）

　　　　存在摩擦力を考慮した滑動力　$T' - T$　$F/ν = 5 - 2.135/3 = 4.288$(kN)

2. ボルト締付力の算出

　　締結に必要なボルト軸力は，次により求められる．

$$N_1 = \frac{\nu \times T'}{m \times \mu \times k}$$

$$= \frac{3 \times 4288}{2 \times 0.15 \times 0.7} = 61257 \text{ (N)}$$

ここに，ν： 安全率　　　　3
　　　　T'： 滑動力　　　　4.288kN（4288N：存在摩擦力を考慮した滑動力）
　　　　m： 形状係数　　　2 とする
　　　　μ： 摩擦係数　　　0.15
　　　　k： 軸力低下係数　0.7 とする

これ以降は設計例1と同様となる．

【その他留意事項】
1）屈曲を持つケーブルの合力が存在摩擦力を軽減するような力となり，ボルト締付力に影響が出る場合（図7.3.15）
　　図7.3.14と逆方向にケーブルの合力が働く場合，以下の点に注意をすることが必要である．
　　・ボルトに発生する応力がボルト締付力+ケーブルの合力（締付けと逆方向）になる
　　・短期荷重によりケーブル張力が増加した場合，ボルトに作用する荷重が増加する，合わせて存在把握力が減少する可能性がある．
2）屈曲角度が大きく，曲率を持った金具の場合の存在摩擦力
　　吊橋の塔頂サドルのようにケーブル屈曲部に大きな曲率を持つ金具の場合，設計例2のようにケーブル合力の圧縮力により存在摩擦力が発生する．この場合，式(7.3.12)を用いて安全率の照査をしてもよい．
3）屈曲率を持つ中間接合金具の曲げ
　　図7.3.14のようにケーブルの屈曲により中間接合金具に曲げモーメントを受ける場合はその応力度に留意し，強度照査を行う必要がある．できる限り図7.3.16のように角度を設け，中間接合金具が曲げモーメントを受けない形状にすることが望ましい．

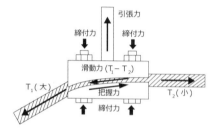
図7.3.15　ボルトの締付力と異なる方向に力が生じる場合

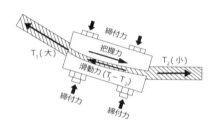
図7.3.16　角度を設けた中間接合金物

ケーブル中間接合金具は，滑動力（設計用把握力）やケーブルの側圧によって大きさが決まる．そこで近年，ケーブルの初期すべり発生後把握力が大きくなる「くさび効果」やクランプ部における存在摩擦力により滑動力が低減可能である研究[7.22)]，また，側圧をパラメータとした引張疲労試験と静的引張試験の実施から許容側圧Ｐの低減の可能性を示す研究もなされている[7.23)]．さらにすべりの発生がただちに構造システムの性能低下には結びつかないこと，かつすべりの発生が（疲労）強度の低下に結びつかないことなどが検証されれば，滑動に対する安全率を低減できる可能性もある[7.24)]．

既往の研究成果の結果も含め，実験や数値解析を通じて安全性を確認できれば，設計者の判断により安全率等を低減し，中間接合金具形状の小型化を実現できる可能性がある．

7.4 仕上材の取付け

> ケーブルに取り付ける仕上材およびその取付金具は，仕上材に加わった外力をケーブルに円滑かつ確実に伝達できるものとする．また，ケーブルの変形に支障なく追随でき，かつケーブルに損傷を与えない構造とする．

仕上材は，外装材（屋根材，壁材，ファサードなど）と内装材（断熱材，吸音材，天井材など）に分類され，それぞれ負担する荷重や要求される性能は異なる．本節では外装材を取り上げて述べる．

仕上材の検討においては，一般的な構造用荷重のほか，外装材用荷重や必要に応じて温度荷重なども考慮する．また，各材料構法ごとに定められている告示等での荷重や検討方法についても，考慮しなければならない．

荷重と共に仕上材の仕様や取付間隔が設定されれば，数値解析などにより，仕上材本体とその取付部に発生する応力や変形が求められる．その結果として，ケーブル構造本体における面内および面外の変形量，変形角，伸び量（伸縮）が求められる．

仕上材の設計に際しては，原則として本体ケーブルの変形と仕上材の変形が相互に作用することがないようにする．また，このことを考慮してディテールの設計を行う．

(1) 仕上材に求められる性能

ケーブル構造は，ケーブルの曲げ剛性 EI が極めて小さいため，Ｓ造やＲＣ造といった一般的な構造形式に比べて変形しやすい．そのため，仕上材には，ケーブルの変形（変形角度，伸び量）に対応しうる性能が求められる．ケーブルの変形例を図 7.4.1～7.4.5 に示す．

仕上材がこれらの変形に対応するための性能としては，次の３方式が考えられる．

 1)変形追従方式：仕上材本体がケーブルの変形に追従する．
 2)変形吸収方式：仕上材本体ではなく取付部などがケーブルの変形を吸収する．
 3)変形抵抗方式：仕上材本体，取付部含めて一体となってケーブルの変形に抵抗する．

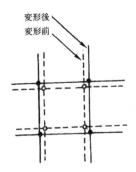
図7.4.1 四角形メッシュの幅の変化

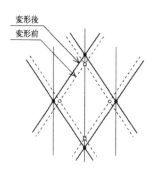
図7.4.2 三角形メッシュの幅の拡大（縮小）

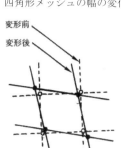
図7.4.3 四角形メッシュの交点角の変化

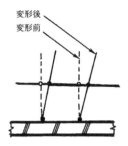
図7.4.4 境界構造周辺の交点角の変化

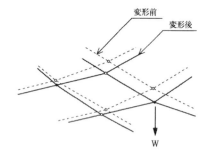
図7.4.5 集中荷重によるメッシュの面外変形

(2) 仕上材の種類

ケーブル構造が用いられる建築物の用途によって，仕上材に対する要求性能はさまざまである（軽さ，明るさ，音環境，熱環境など）．

ケーブル構造はそれ自体が軽量で比較的細い部材構成であるため，必然的に仕上材にも同様の性能を要求されることが多くなる．

(1)で述べたケーブル変形性能別に代表的な仕上材を以下に示す．

1) 変形追従方式：「膜材料」

ケーブル構造と同じ非抗圧材であるため，相性が良い仕上材である．ケーブルの軸方向の伸び以外に面内・面外の変形にも追従しやすい．
2) 変形吸収方式：「ガラス・ポリカーボネート・鋼板類」
材料自体の剛性があり変形は吸収できないが，取付部に伸縮や回転のメカニズムを付与することで，ケーブルの応力を負担することなく設計できる．変形に追従するシーリング材などによって雨仕舞や気密も確保する必要がある．
3) 変形抵抗方式：「RC板・金属板・木パネル」
往年にみられたシェル構造に代表されるが，最近ではほとんど施工実績がない．理論的には，仕上材が仮設材を兼用することも可能である．

(3) 取付けディテール
1) 膜材料
ⅰ) 外周部膜袋加工方式（ケーブル挿入）
部品点数が少なく，意匠面やコスト面に優れた取付方法である（図7.4.6）．
ケーブルと膜が接するため，ケーブル本体のコーティング処理等，膜材の摩損防止対策が不可欠である．
袋パーツの端部では，ケーブル変形角追従のためにU字型金具等を用いるほか，膜端部では膜を二重にするなど本体膜の補強を施すことが必要である（図7.4.7，7.4.8）．

図7.4.6 膜袋加工方式の実例

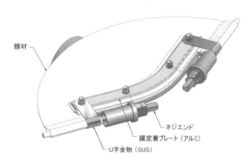 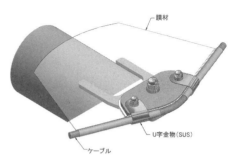

図 7.4.7 膜袋加工方式の納まり例（端部）　　図 7.4.8 膜袋加工方式の納まり例（中間）

ⅱ）外周部金具止め方式

　　外周部金具止め方式の実例を図 7.4.10 に示す．U 字型などの特殊な加工金物が必要であるが，膜の位置調整が比較的しやすい方式である（図 7.4.9）．滑雪を考慮して，押えケーブルを膜面の下部に配置する場合に採用されるパターンもある．

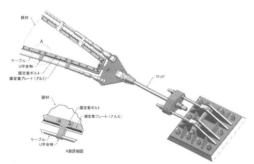 

図 7.4.9 金具止め方式の納まり例（端部）　　図 7.4.10 金具止め方式の実例

ⅲ）膜接触部

　　膜面上部に配置して押えケーブルとする場合や，膜面下部に配置してリッジケーブルとする場合に採用される方式で，ケーブルに被覆が必要である（図 7.4.11）．図 7.4.12 のように，土ぼこりや砂などによる摩損が生じる部分では，膜面保護のために補強膜等を用いた摩損防止対策が必要である．

7章 ディテール設計 —165—

図7.4.11 押えケーブルの採用事例

図7.4.12 押えケーブルの納まり例[7.25]

iv) 膜分割部

　　大規模な屋根面を覆う場合には，膜材料も複数のパネルに分割する必要がある（図7.4.14）．分割部を一体にしてケーブルと取り合い，かつ仕上材として不可欠な止水性能を確保することが重要となる（図7.4.13）．

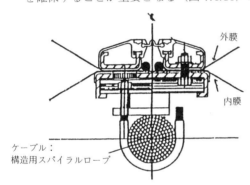

図7.4.13 膜分割部の納まり例

図7.4.14 膜分割の採用事例

v) 屈曲部（サドル等）

　　膜構造に関する平成14年国土交通省告示第666号では，仮設建築物を除いて，構造用ケーブルの中間支持部における曲率半径に制限を設けている（ケーブル径の8倍（計算による場合は4倍）以上の曲率半径）（図7.4.15，7.4.16）[7.25]．

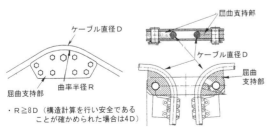

図7.4.15 屈曲部の曲率半径の制限[7.25]

図7.4.16 屈曲部（サドル）の採用事例

2) ガラス

ガラスを支持する構法（ディテール）は各種存在するが，大きくは線支持構法と点支持構法ならびに部分支持構法に分類される．中でも点支持構法は張力構造に適用させやすく，具体的には孔明け点支持構法や挟み込み式点支持構法があげられる[7.26), 7.27)]．

ⅰ）孔明け点支持構法

孔明け点支持構法は，DPG(Dot Point Glazing)構法と呼ばれている．ガラス隅部に孔明け加工を施し，その孔を利用して金物により支持拘束する構法である（図7.4.17，7.4.18）．孔部での支持拘束方法は大きく分けて2種類存在する．一つは支持拘束部分がヒンジとなり応力を吸収する機構を要するもの，もう一つは皿孔加工された部分を固定し金物などにヒンジを設けたものである．DPG構法はその機構上，強化ガラスを使わなければならない．

図7.4.17　ケーブルガーダー＋DPG構法の例　　図7.4.18　ケーブルガーダー＋フィッシュボーントラス＋DPG構法の例

ⅱ）挟み込み式点支持構法

挟み込み式点支持構法は，ガラス隅部を金物で挟み込んで支持する構法である．MJG(Minimum Joint Glazing)構法，MPG(Metal Point Glazing)構法，EPG(Edge Pointed Glazing)構法とメーカーごとに呼称は異なるが，考え方は同じである．ボルトにより締め込むものまたはボルト軸部付き押え金物により締め込むものが主流である．DPG構法とは異なり，ガラスに孔明け加工を施す必要がないため，強化ガラスを使用しなくてもよい．支持架構との適合性も良く，特にケーブルグリッドのような変形の大きい張力構造にも適用できる（図7.4.19，7.4.20）．

図7.4.19 ケーブルグリッド＋DPG構法の例　　図7.4.20 ケーブルガーダー＋フィッシュボーントラス＋MJG構法の例

iii) 部分支持構法

　部分支持構法は，線支持構法と点支持構法の中間的な支持構法である．PFG(Piece Frame Glazing, Point Frame Glazing)やPEG(Partial Extrusion for Glazing)と称されている．線支持のようにガラス辺全長を支持するのではなく，また，局部のみ点支持するものでもない支持形態で，ある部分の長さだけを支持している（図7.4.21，7.4.22）．

図7.4.21 テンショントラス＋PFG構法の例　　図7.4.22 テンショントラス＋PFG構法の例

iv) 支持構造形式について

　ガラス面の支持構造形式は，大きくは「単材（曲げ抵抗系）」，「組合せ材（軸力抵抗系）」，「張力構造（張力抵抗系）」に分類される．ケーブル構造が関与する張力構造の代表例を以下に示す（図7.4.23）．

・ケーブルガーダー，テンショントラス（張力レベル小中／剛性大）
・フィッシュボーントラス（張力レベル中／自己釣合い）
・ケーブルグリッド（張力レベル大／変形大）

[ケーブルガーダー]　　　　[フィッシュボーントラス]　　　　[ケーブルグリッド]

図 7.4.23　支持構造形式の例[7.28]

3)　その他の材料

　伸びや縮みの少ない平板を仕上材に用いた事例として，ミュンヘンオリンピックスタジアムのアクリルガラスパネルの例がある（図 7.4.24）．ケーブルの変形は，接合部に設けた柔らかいゴムなどのエキスパンションで吸収している（図 7.4.25）．

　ロンドンオリンピック・ベロドローム[7.29]では，仕上材に木パネルを採用している．3.5m角のパネルの四隅を支持する金物に大孔や長孔を設定し，本体ケーブルと仕上材の変形の相互作用をなくしている．

図 7.4.24　平板の採用事例

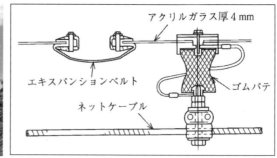

図 7.4.25　平板取付け納まりの例

7.5　ケーブルの防食と防護

> ケーブルおよびディテールの設計においては，防食法に関して十分検討するものとする．また，ケーブルが腐食により損傷を受ける可能性のある場合には，特別に防護を行う．

　ケーブル材料および中間・端末金具などは，防食処理を施すのが一般的である．ケーブル材料には基本として亜鉛めっきがされているが，その他に二重・三重の防食を行うケースもある．ケーブル材料の外層にポリエチレン被覆を施す防食方法は一般的であり，屋外で使用する場合など採用例

が多い．

　一方，ケーブル材料自体に塗装をする場合には注意が必要である．ケーブル材料は表面に凹凸があることからケレン・塗装施工が十分に行えるとは言いがたく，本四架橋では柔軟型塗料の開発やメーカーによっては，工場出荷時に塗装のできる変性飽和ポリエステル樹脂紛体塗装の採用などの工夫を凝らしている．

　また，ケーブルの外層のみならず，内層の素線間に防食材を充填させ，最外層にプラスチックコーティングを施した重防食などもある．

　ここでは，防食法の必要性について，まず金属防食の観点から要約する．

(1) 腐食

1) 腐食メカニズム

　　金属材料の腐食は，その材料自身と，それが置かれている環境条件との相互作用によって生じる化学反応であり，その基本反応は，金属の陽極溶解反応と，環境内の酸化剤の陰極還元反応より成る．

　　一般に，これらの陽極反応，陰極反応は，ともに環境因子および材料因子両者の影響を受け，同じ材料であっても，環境によってその腐食挙動は異なる．腐食挙動に影響を与える環境因子の例としては，環境中の酸化剤（例えば水溶液中のH^+イオン，溶存酸素等），pH，溶存イオンおよび中性塩，温度および光，流速，腐食生成物などがある．

　　話を実用条件下での鋼材の腐食に限れば（すなわち，常温付近での水分存在下の腐食を考える），その場合の腐食反応は，次のように示される．

　　　　陽極　　$Fe \rightarrow Fe^{2+} + 2e$

　　　　陰極　　$H_2O + 1/2 O_2 + 2e \rightarrow 2OH^-$

　陽極では，鉄が第一鉄イオンとして溶出し，電子が放出される．この電子は，陰極において鉄表面の水，酸素と反応して水酸イオンを生成する．一般には，これらの第一鉄イオンと水酸イオンが反応して水酸化第一鉄となり，さらに酸素と水分により水酸化第二鉄に変化して，錆発生に至る．これらの反応過程は，前述のように，鉄の置かれている環境条件によって大きく変化する．

2) 大気腐食

　　大気腐食には，鉄表面に雨水・凝結水などの膜が存在する場合の，濡れ大気腐食のほかに，相対湿度は100%以下であっても肉眼では見えないほどの薄い液膜が存在する場合の，湿り大気腐食がある．

　　鉄表面に付着したじん埃，ミルスケールの裂け目などに生じる毛管凝固は，湿り大気腐食の

原因の一つとなりうる.

また，鉄表面に付着した塩類による吸湿も腐食に大きく影響を与え，特に海塩粒子は，水滴そのものの電気伝導度が高いこともあり，腐食反応を促進する．さらに，実際の大気暴露試験においては，大気中のSO_2（亜硫酸）などの汚染物質が，鋼材の腐食速度に著しく影響を与えるという結果[7.30]もある．大気中の湿度によって，腐食が急激に増大する点を臨界比湿度といい，一般には50～70％の間に存在する．このことは，相対湿度を小さくすることが可能であれば，大気中での腐食進行を極めて遅くすることができることを示唆している.

3) 淡水および海水中の腐食

海水は塩化物等の塩類を多量に溶解しており，電気伝導度も高く，激しい腐食環境の代表例である．一般に，淡水および海水による腐食は，極端にpHの低い場合を除き，溶存酸素量によって律速される腐食である．また，淡水，海水ともに，溶存酸素の量および拡散に影響を与える因子としては，水温，溶解成分，流速，微生物の存在，深度などが考えられる．水中の酸素分布は必ずしも均一ではない．したがって，海洋の腐食環境は，時間的にも地域的にも大きく変化することがある．

4) スプラッシュゾーン（飛沫帯）

実際の海面は常時潮流運動があり，また，波浪が存在することから，海中浸漬鋼材の平均海面直上部分は常に飛沫をかぶっており，この領域はスプラッシュゾーンと呼ばれる．この部分は一般的に最も腐食の激しい部分とされる．淡水および海水中で，鉄表面に錆膜が形成されると酸素の拡散が妨害され，錆の成長が低下する安定状態になり，酸素の供給が十分に行われるスプラッシュゾーンの腐食とは大きな差異が生じることになる．

以上のような腐食メカニズムから，耐久性を高めるための方法について次に述べる．

(2) ワイヤロープの防食法

1) 亜鉛めっき

めっきに亜鉛が用いられるのは，その防錆能力とともに，亜鉛が工業製品として最も経済的なことも理由の一つである．鋼線に対するめっきは溶融亜鉛めっきが通常行われ，これにより，亜鉛は犠牲陽極となり，鉄素地を電気防食する．亜鉛めっき断面を図7.5.1に示す．めっき層は，純亜鉛層と幾層かのFe-Zn合金層からなる．

亜鉛には，白錆（塩基性炭酸亜鉛が生成し，次に炭酸亜鉛：$ZnCO_3$，酸化亜鉛：ZnOへと変化する）が生じる欠点がある．このため，暴露期間の長期化とともに亜鉛は減量していく．亜鉛の耐用年数は亜鉛付着量に比例するが，その使用される環境によって異なる．図7.5.2に重工業地帯，海岸地帯，田園地帯の大気中での亜鉛減量の調査結果[7.31]を示す．

亜鉛付着量に対する耐用年数を表7.5.1[7.32)]に，また，腐食速度を表7.5.2[7.33)]に示す．亜鉛付着量は，線径によって異なるが（太径ほど多い），ケーブル材料規格では最大300g/m²と規定されている．この程度の付着量では，構造物の耐用年数を上回ることは少ないと思われる．しかしながら，山間の小吊橋では，亜鉛めっきケーブルが50年を経過し供用されている多くの事例もあり，また，良好な環境下では白錆が生じにくく少量だけ損耗するが，めっきの寿命には，ほとんど影響しないとの報告[7.33)]もある．したがって，亜鉛めっきを施すだけで，塗装は併用しないこともある．

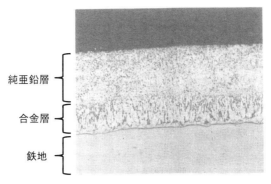

図7.5.1　亜鉛めっき断面

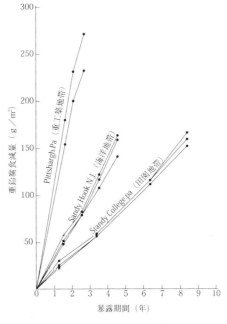

図7.5.2　亜鉛減量の調査結果

亜鉛めっきに代わるめっきとして，亜鉛・アルミニウム合金めっきが開発され，同一条件（付着量・腐食環境・腐食時間）の比較では，ほぼ2倍の耐食性能を有することが確認されており，電線の補強用より線，鉄塔のステイ，水産用ワイヤロープ（トロールロープ）などに用いられている．

　めっきを施さないＰＣ鋼より線を使用する場合は，十分注意しなければならない．これらの防食法としては，一般には被覆による防食がなされるが，良好な環境の下では塗装を行うこともある．

表7.5.1 亜鉛付着量と耐用年数　亜鉛めっきの耐用年数の例（66×76mm：22ゲージ）　（単位：年）

試験地 \ 耐用年数	381 g/m²（片面） 第1次腐食まで	完全腐食まで	試料の中のいずれかに最初の孔があくまで	191 g/m²（片面） 第1次腐食まで	完全腐食まで	試料の中のいずれかに最初の孔があくまで	めっきをしない裸の鉄板 試料の中のいずれかに孔があくまで
A 重工業地帯	5.9（平均）	14.4（平均）	19.5	3.2（平均）	6.1（平均）	15.5	2.0
B 重工業地帯	4.6（平均）	11.2（平均）	17.5	2.4（平均）	4.3（平均）	13.5	4.3
一般市街地帯	20.5（最も弱かったもの）	32年経過してもまだ例をみない	32年経過してもまだ例をみない	14.6（平均）	29（最も弱かったもの）	32年経過してもまだ例をみない	2.4
大西洋海岸	13.1（平均）	23 最も弱かったもの	25年経過してもまだ例をみない	6.8（平均）	15.2（平均）	25年経過してもまだ例をみない	4.9
海岸市街地帯	一部のもののみ 19.8（最も弱かったもの）	21.3（最も弱かったもの）		一部の試料のみ 10.6		14.8	3.6

アメリカ材料試験協会（ASTM）鉄板試験部会（WIV）1952, 1954, 1958各年報告　試験期間：1926～1958年

表7.5.2 亜鉛の腐食速度（HudsonとStannersの論文から）

場所	大気の種類	腐食速度ミクロン/年 a試験年数1年	b試験年数5年*	b/a (%)
イギリス				
Llanwrtyd Wells	田園地帯	2.8	2.3	82
Calshot	海洋	3.3	3.3	100
Motherwell	工業地帯	4.1	4.5	110
Woolwich	工業地帯	3.6	4.1	114
Sheffield				
（大学）	工業地帯	4.8	5.1	106
（Attercliffe）	工業地帯	15.5	15.2	98
Dove Holesトンネル	鉄道のトンネル	81.2	73.2	91
北スウェーデン				
Abisko	極地に近い地帯	0.51	0.25	94
アフリカ				
Khartoum	砂漠地帯	0.51	0.25	49
Aro（ナイジェリア）	熱帯地方の多湿の内陸	1.51	0.51	34
Apapa（ナイジェリア）	海洋	1.02	0.76	75
Congella, Durban	海岸工業地帯	5.8	4.6	70
アジア				
Basra	田園地帯	1.02	0.25	24
Singapore	海洋	1.27	0.76	60

［注］*5年間の年別腐食速度の平均値

2) 塗装

　　塗装の設計にあたっては，防食能力（塗料の付着力，耐候性）だけでなく，美観（景観との調和）および経済性を兼ね備える必要がある．環境条件によって考慮すべき点は，一般に紫外線量の多い場所では塗膜の変退色が顕著に生じ，また，大気中の酸化物質が懸念される工業地帯では塗膜層間の剥離や黒変化が発生する．海岸地帯は，紫外線・塩分などの塗膜劣化因子の厳しい環境であるため塗膜を厚くするほか，適切な塗料を選定する必要がある．ケーブルが屋外にある時は，腐食生成物が蓄積されやすく，また濡れ時間も長いため，十分な膜厚が必要となる．アルカリ性のコンクリートに接触する部分では，塗膜が鹸化され剥離しやすくなるので，耐アルカリ性の塗料が選定されなければならない．鋼材の塗装の基本となるのは，鋼材表面の素地調整であり，素地調整のいかんによっては，塗装寿命が大きく変動する．

　　したがって，ケーブル表面の亜鉛面との密着性が重視され，関門橋（1973年）のハンガーロープの塗装仕様[7.34]を決定する際にはそのプライマーとして種々の試験が行われた．その中で鉛酸カルシウム系プライマー，塩化ゴム系プライマーが優れ，特に前者が最適とされたため，現在も同仕様のものが使用されている．

　　ケーブルの防食塗料は，一般鋼材のそれと同様に，耐用年数を増加させるため，改善されてきている．ケーブル塗装の代表を，吊橋のハンガーロープに着目して，その変遷を見ると，表7.5.3に示すように，最上層の塗料は，フタル酸樹脂系，ポリウレタン樹脂系となっている．これは，ポリウレタン樹脂が特に耐候性に優れているためである．経済性を無視すれば，耐候性・耐熱性・耐衝撃性・耐摩耗性などに優れた塗料がある．

　　ケーブルの張力変動や形状変化が大きい場合，素線相互あるいはストランド相互の相対的なずれが生じ，谷間部分の塗膜に亀裂が生じるおそれがあるため，塗料を選定するにあたっては，注意が肝要である．

表7.5.3　ハンガーロープの塗装

橋　名	一次素地調査	第1層	第2層	第3層	第4層	塗膜厚
関門橋(1973年)	エポキシエステル樹脂 鉛酸カルシウム含有	フタル酸樹脂 460 g/m²	フタル酸樹脂 360 g/m²	フタル酸樹脂 165 g/m²		985 g/m²
因島大橋(1984年)	〃					
大鳴門大橋(1985年)	〃	厚膜型エポキシ 140μm	ポリウレタン樹脂 40μm			
南備讃瀬戸大橋(1988年)	〃	140μm 厚膜型エポキシ 60μm	厚膜型エポキシ樹脂 60μm	ポリウレタン樹脂 30μm	ポリウレタン樹脂 30μm	180μm 180μm
レインボーブリッジ（1993年）	〃	60μm 60μm	60μm 60μm	30μm 30μm	30μm 25μm	175μm

　塗替えについては，塗膜の劣化度を評価して塗装時期を設定しなければならないが，腐食因子，塗料の種類，塗膜厚などで一概に断定できない．一般的には，フタル酸樹脂系塗料，塩化ゴム系塗料では10〜12年，ポリウレタン樹脂系塗料では現在まで，全塗膜層の塗替え時期に達していないが20年以上は期待されている．

3) 被覆

　現在までに施工された被覆による防食法として，次のものが挙げられる．

①ワイヤラッピング：吊橋のメインケーブルなどの太径ケーブルに対する防食法で，ケーブル表面に防錆ペーストを塗布し，亜鉛めっき鋼線を巻き付けた後，防錆塗装を行う．

②プラスチックコーティング：ポリエチレン・ナイロンなどを押出し機でケーブルに直接被覆する．

③テープ被覆：ケーブル素線間を亜鉛クロム酸塩とポリウレタンの混合剤で充填し，ポリエステルで被覆し，ポリウレタンを塗布したテープを巻き付ける．

④チューブ被覆：ポリエチレンまたは，ウレタンゴムのチューブにケーブルを挿入し，空隙に防錆グリースまたは，セメントモルタルを充填する．

⑤プラスチックカバリング：ケーブルをポリエチレンフィラーで被覆し，さらに不飽和ポリエステル樹脂または，アクリル樹脂とガラス繊維の複合材で被覆する

　以上の方法は，耐久性・施工性・経済性から構造の重要度に応じて選定されてきた．現在，建築分野で用いられている方法は大部分がプラスチックコーティングであり，工場にて完成品まで加工が可能である．

そのなかでも，最もポピュラーな仕様は，高密度ポリエチレンである．ポリエチレンに2〜3%のカーボンを添加することで，耐候性に優れ，また，傷が生じた場合でも修復が容易になるが，カーボンを添加するため，表面は黒色となる．

一般的な被覆ケーブルを図7.5.3に示す．

図7.5.3 ポリエチレン被覆ケーブル

一方，着色する際，フッ素樹脂を用いて着色する方法と着色ポリエチレン被覆を用いる方法がある．ポリエチレンはフッ素に比べて安価であったが，耐候性の面でフッ素に劣っていた．しかし現在では，耐候性安定剤を用いることにより着色ポリエチレン被覆も耐候性の向上が図られている．

樹脂系の被覆は，それ自身が強度部材とならないため，ケーブルネットの交点，他部材との取合い部については，十分な検討が必要である．

(3) 防護

建築に用いられるケーブルは，クレーンなどに使用される動索と違い，ケーブル自身の損傷を考慮する必要はない．しかしながら，ケーブル上を常時スライドするような構造であれば，摩耗が生じるため，ケーブル素線の防護を考慮しなければならない．

ケーブルの特性を損なう危険性，例えば，ステイ索に車両の衝突の危険性がある場合は，ケーブル自身ではなく防護柵が必要となろう．また，直接人手により被覆材の損傷のおそれがある場合は，鋼製または樹脂製パイプなどで保護すべきである．

7.6 耐火被覆

> ケーブル材料および接合部材などが直接火災による悪影響にさらされるおそれがある場合は，これらの材料の高温時特性を十分考慮した耐火被覆を行う．

　ケーブル材料，および端末・中間金具材料の高温特性から，長期許容引張力に耐えうる耐火温度の標準を表7.6.1に示す．これら部材が直接火災による悪影響にさらされるおそれがある場合は，耐火被覆を施して耐火温度以下になるように設計する．

表7.6.1 耐火温度

材　　料	耐火温度(℃)	応　力　水　準
ケーブル材料	350	
ソケット止めのソケット表面	300	
圧縮止め・アイ圧縮止め鋼スリーブ表面	400	長期許容引張力以下
アイ圧縮止めのアルミスリーブ表面	250	
摩擦止め	350	

(1) ケーブル材料

　3章に示されるケーブル材料は，JIS G 3502（ピアノ線材）[7.35]およびG 3506（硬鋼線材）[7.36]を用いている．一般には，高炭素鋼になれば熱影響が顕著になるが，鋼線は伸線加工後に溶融亜鉛めっき，または低温焼鈍（ブルーイング）されることで，製品になるまでに熱履歴を受けている．

　このために，規定された線材，ケーブル構成の区別なしで，ほぼ同一の高温特性を有しているものと判断して良い．

　しかしながら，溶融亜鉛めっき温度（約450℃），低温焼鈍温度（約400℃）以下であっても，ケーブルが高温下の条件にあった場合は，常温状態に復元したとしても温度と時間の累積により，熱劣化が生じる．このため，火災などの高温下に存在したケーブルの再使用にあたっては，慎重の上にも十分な検討が加えられなければならない．

1) 高温時引張特性

　鋼線の引張強さは，線材の化学成分を同一とすればその伸線の加工度でほぼ決定される．加工度を大きくすれば引張強さを増加させることが可能であるが，他の特性への影響を考慮して適切な加工度が設定されている．

　亜鉛めっき鋼線およびスパイラルロープの高温時破断試験の結果を図7.6.1，7.6.2に示す．

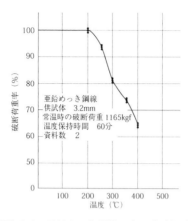
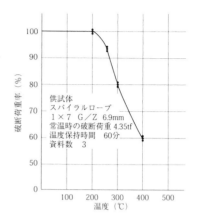

図7.6.1 亜鉛めっき鋼線の高温時破断試験　　図7.6.2 スパイラルロープの高温時破断試験

　素線とこれを用いたスパイラルロープであるから，当然その挙動は同様となる．常温から200℃までは破断力はわずかながら上昇し，以後は急激に低下する．引張強さについてのみ考えれば，350℃で70％にまで低下する．

　長期許容引張力1/3に対して短期許容引張力は1.5倍の割増しを考慮すると，3/1.5=2の安全率となる．残存強度70％は安全率2.1に対応する．したがって，ケーブルに対し350℃保持の耐火被覆の設計を考慮すれば，長期荷重に対する火災時の安全率は短期荷重時の安全率をほぼ満足することになる．

　長大橋の分野では，最近特に高強度化が進んでいる．これには高強度化によるケーブルの軽量化により超長大橋（吊橋・斜張橋）を実現したり，メインケーブルを細くすることで，取合い部のバンド・ソケット・サドルなどの金具が小さくなるなど大きなメリットがある．すでに明石海峡大橋では，2000N/mm^2(200kgf/mm^2)のめっき鋼線がキャットウォークに用いられている．このことを可能にした一つは，熱影響の少ない線材の開発が行われたことも大きな要因である．

　ピアノ線材（SWRS 82B）を伸線加工した直径7mmの亜鉛めっき鋼線，およびそれを平行に束ねボタンヘッド定着した平行線ケーブル（P.W.S）について，ケーブルに載荷状態で1時間加熱保持した供試体の高温時破断試験，冷却後破断試験[7.37]の結果を図7.6.3に示す．また，同供試体の冷却後の疲労試験結果を図7.6.4に示す．

　P.W.Sの加熱引張力は，スパイラルロープと比較すると引張力の低下開始温度は同じであるが，低下率はスパイラルロープに比べやや大きい．これはスパイラルロープに比べ炭素含有量が多いことによるものと思われる．載荷加熱後冷却されたP.W.Sの静的引張荷重は，350℃までは常温時とほぼ同程度であるが，疲労試験では熱影響を受け耐疲労強度の低下がみられる．

　熱の影響は，使用する鋼種，伸線加工度などにより差異があるものの，何らかの劣化につながるため，熱影響を受けたケーブルの再使用には，十分な検討が必要である．

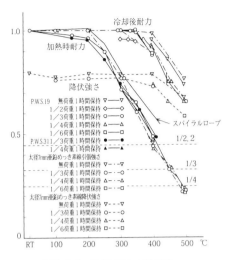

図7.6.3 破断荷重の低下率

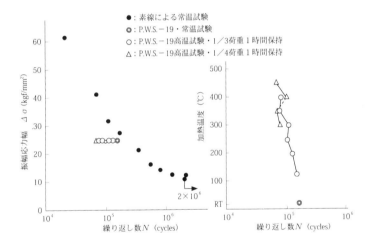

図7.6.4 疲労強度に及ぼす加熱温度の影響

2) 高温時の弾性係数

　プレストレッチング加工されたストランドロープの高温時弾性係数を測定した実験結果を図7.6.5に示す．高温になるに従い，弾性係数が低下する性状が示されている．

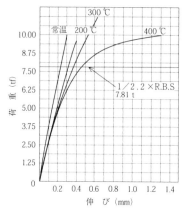

図7.6.5 高温時弾性係数

図 7.6.5 から，1)高温時の引張特性で述べたケーブル材料の耐火温度 350℃（高温によるケーブル材料の引張強度低下 70%安全率 2 相当）と常温時の伸びを比較する．高温時は 300℃で 0.3mm，400℃で 0.5mm と読み取れることから，350℃ではその中間値 0.4mm と考えられる．常温時は 0.2mm であるため，常温時と比較して高温時では弾性伸びが 2 倍となることがわかる．

3) 高温時クリープ

高温時クリープの実験では，安全率3.5，温度300℃までの範囲であれば，常温クリープ特性と比較して50%程度増加[7.38]することが確認されている．

図7.6.6にストランドロープおよびスパイラルロープの高温時（350℃，安全率3）のクリープ特性を示す．ストランドロープは，常温状態でもスパイラルロープに比較するとクリープひずみが大きいが，これはロープを構成する 1 本 1 本の素線の絶対長さが影響しているためである．仮に3時間耐火を1つの目安とすれば，クリープひずみはストランドロープ0.12%，スパイラルロープ0.10%であるから常温時特性に対して5～6倍となる．通常問題となる1時間前後の耐火時間に対しては，クリープひずみは，ストランドロープ0.05%，スパイラルロープ0.06%で，常温時特性に対して3倍程度である．高温時の温度による伸び，弾性係数の低下，クリープの増加が変形量の増大に結びつく構造もあるため，変形を吸収できない場合は，十分な検討が必要となろう．

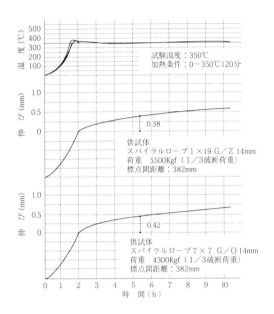

図7.6.6　スパイラルロープの高温時クリープ特性

(2) 端末，中間金具の材料

　端末，中間金具材料は，一般的な建築材料に用いられている鋼材と同様な耐火特性を有しているものとしてよい．一般鋼材の高温特性は，400℃の高温下でも，その引張強さは最大20%（調質等の熱処理を行わない鋼材）の低下である．これは，ケーブル材料に比較すると低炭素鋼であり，また，加工度も小さいためである．弾性係数においても同様であるが，高温クリープについては，400℃を超えるとクリープひずみは増大し，火災のような短期間でも無視できないとされている．その値は0.2%[7.39]である．

　しかし，これらの金具自身が長尺で使用されることはほとんどなく，現実では無視し得る．

1) ソケットの鋳込材料

　高温下の実験では300℃において，ソケットから鋳込材料およびケーブルのすべり（抜出し）は観測されなかった．高温下でのすべりが見られない現象としては，亜鉛の熱伝導率が小さいことが影響しているものと思われる．

2) アイ圧縮止めのアルミスリーブ

　アルミスリーブを用いた圧縮止めの高温時引張試験の結果を図7.6.7に示す．200℃では，わずかに引張強度は上昇するが，300℃では，ケーブルがスリーブから抜ける現象が見られた．250℃での強度低下率は10%であるが，ケーブルが抜ける現象を考慮し，250℃とした．

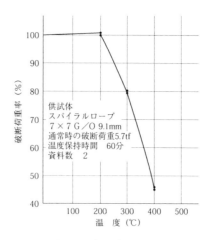

図7.6.7　高温時引張試験

3) 摩擦止め

　摩擦止めで用いられる金具は，一般鋼材と同様であるが，高力ボルトが用いられることが多いことから，高力ボルト摩擦接合でのすべりを生じない限界温度350℃[7.40]とした．

7.7 ケーブルおよび中間接合金具などの維持管理

> ケーブルおよび中間接合金具などは定期的に点検を行い，維持管理に努めることが重要である．

　ケーブル材料および端末・中間接合金具の材料は，構造上重要な強度部材として使用されるとともに，その材料特性を生かした使用方法から部材交換が簡易ではない場合が多く，定期的な点検を行い維持管理に努め，使用年数を向上させることが重要である．以下に，一般的な維持管理の項目を挙げる．

　　1）腐食　　　　・・・目視点検，非破壊検査（全磁束法，漏えい磁束法，渦流探傷法）
　　2）変形　　　　・・・目視点検
　　3）張力変動　　・・・非破壊検査（ひずみゲージ，振動法，3点ロール法）

　屋外で使用される亜鉛めっき防食のケーブル材料の場合，亜鉛めっきの付着量および使用環境にもよるが，およそ20～30年で錆の発生が確認される例が見られる．ただし，目視点検で確認できる腐食はケーブルの表面的なものであり，ワイヤを複数本より合わせたケーブル材料の断面内部までは確認できない．そこで，ケーブル材料の内部断面まで含めた腐食量を計測できる非破壊検査が採用されることが多くなった．図7.7.1に，参考例としてケーブル材料の腐食率と強度低下の例を示す[7.41]．

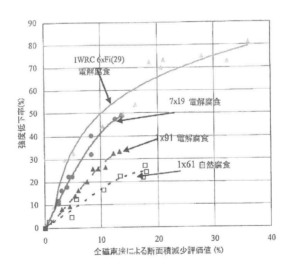

図7.7.1　構成別　断面減少と強度低下率の関係

　ケーブル材料は一般鋼材と違い，腐食率と強度低下が比例関係ではなく，加速度的に低下する材料であるため定期的な点検を行い，腐食が発生する前に補修するなどの対策が重要である．

参 考 文 献

7.1) 日本規格協会：JIS F 3432-1968，船用ワイヤソケットの解説，1968
7.2) 日本建築学会：鋼構造計算規準，p.6，1976
7.3) British Standards Institution: Eurocode 3, Design of Steel Structures Part1-1,pp.164-166,1992
7.4) 土木学会鋼構造委員会編：鋼構造シリーズ 16，ケーブルを使った合理化橋梁技術へのノウハウ，丸善，2007
7.5) 日本道路協会編：道路橋示方書 II 鋼橋編，2012
7.6) 小野徹郎，竹内徹，岩田衛，石田和人：テンション構造用鋼棒及び接合部の構造性能，日本建築学会構造系論文報告集，No.537, pp.91-98, 2000.11
7.7) 森田時雄，木下陵二，梅津康義，今井克彦：クレビス形ピン接合部の引張・圧縮耐力に関する研究，その 1，その 2，日本建築学会大会学術講演梗概集，pp.981-984, 1998.9
7.8) 平井敦：鋼橋III，pp.331，1967（原本 昭和 26 年度建設技術研究報告（建設省），田中実，pp.116-124）
7.9) 平井敦：鋼橋III，pp.315，1967（原本 Schleicher,F. : Die Verankerung von Drahtseiler, Bauing 1949, H.6, S.144, 1967）
7.10) E.Czitary：JSSC Vol.9, No.88，1973，p.38，日本鋼構造協会，1973
7.11) 伊藤學監訳：吊形式橋梁－計画と設計－，建設図書，pp.90-97，1990
7.12) 本州四国連絡橋公団：吊橋のケーブルに関する検討，pp.1-3，1978
7.13) 山岸俊之ほか：ケーブル端部の二次曲げ応力の評価に関する基礎的研究，可とう度を導入した定式化と評価,日本建築学会大会学術講演梗概集,pp.1027-1028,2016.8
7.14) 川口衞：西ベルリンのコングレスホール崩壊事故，日経アーキテクチュア，pp.40-48，1981.8.17
7.15) 本州四国連絡橋ケーブルバンド設計要領（案），本州四国連絡橋公団，1978
7.16) 建築構造ケーブル設計施工指針，日本鋼構造協会，1983
7.17) 平井敦：鋼橋III，土木学会，1967
7.18) 建築ケーブル金具研究グループ資料，No.204：中間止めスリーブの繰り返し引張疲労試験，1983
7.19) 日本道路協会：道路橋示方書・同解説，p.92，1990
7.20) 金俊三：吊橋に於ける索条の曲げに就て，土木学会誌，第 27 巻，第 1 号，1941.1
7.21) 別府康行ほか：シンボルブリッジ上部工の設計，橋梁と基礎，89-4，1989.4
7.22) 斎藤公男，岡田章：ケーブル金物の設計法に関する基礎的研究，日本建築学会構造系論文集，第 518 号，pp.41-48，1999.4
7.23) 有路亮平ほか：建築構造ケーブルの設計用許容側圧の適正化に関する基礎的研究，日本建築学会大会学術講演梗概集，pp.751-754,2014.9
7.24) 安並卓嗣ほか：テンセグリック・タワーの張力消失時における動的挙動に関する基礎的研究，構造工学論文集，vol.58B，pp.469-474，2012.3
7.25) 国土交通省国土技術政策総合研究所ほか監修：膜構造の建築物・膜材料等の技術基準および同解説，2003.8
7.26) 石井久史ほか：新しい建築空間―ハイブリッド構造の新展開―（JSSC テクニカルリポート No82），日本鋼構造協会，2009.3
7.27) 石井久史：ガラスファサードの形態と構成方法について（GBRC vol.36 No.1），日本建築総合試験所，2011.1
7.28) 新しい建築空間―ハイブリッド構造の新展開―，JSSC テクニカルリポート，No.82，2003.8
7.29) Working Detail: Olympic Velodrome roof, by Hopkins Architects，The Architects' Journal，2014.2
7.30) 陸上鉄骨構造物防食研究会：防食技術 22，pp.106，1973
7.31) 日本鉛亜鉛需要研究会：大気中の亜鉛の耐蝕性，1967.9
7.32) 日本金属学会・日本鉄鋼協会：鉄鋼材料便覧，pp.239，1967
7.33) G.Schikorr：Atmospheric Corrosion Resistance of Zinc，Zinc Development Association，American Zinc Iustiture，1966
7.34) 日本道路公団：関門橋工事報告書，p.581，1977
7.35) 日本規格協会：JIS G 3502（ピアノ線材），1993
7.36) 日本規格協会：JIS G 3506（硬鋼線材），1993

7.37) 国井聡ほか：平行線ケーブル部材におけるボタンヘッド定着部の耐火性，構造工学論文集，Vol.398，日本建築学会，1993.3
7.38) 日本鋼構造協会：建築構造ケーブル設計施工指針，p.30，1983
7.39) 鋼材倶楽部：建築鉄骨構造耐火設計施工指針，p.103，1977
7.40) 日本建築学会：鋼構造接合部の力学性状に関する研究の現状，p.23，1993
7.41) 守谷敏之：構造用ワイヤロープの経年腐食劣化の非破壊評価に関する研究，京都大学博士論文，2004

8章 支持構造

> 支持構造は，ケーブル反力を円滑かつ確実に処理できる構造とし，適切な強度と剛性を確保するものとする．また，ケーブル構造と支持構造が相互に及ぼす影響に対しても十分留意する．

　ケーブル構造の支持構造には，定着部を介して支持構造に到達したケーブル張力から伝達される反力（以下，ケーブル反力という）を最終的には地盤まで確実に伝達させる機能が求められる．支持構造は，その境界構造の構成とケーブル反力の伝達形式により外周境界支持形式と内部境界併用支持形式に大別することができる（図 8.1.1）[8.1]〜[8.5]．

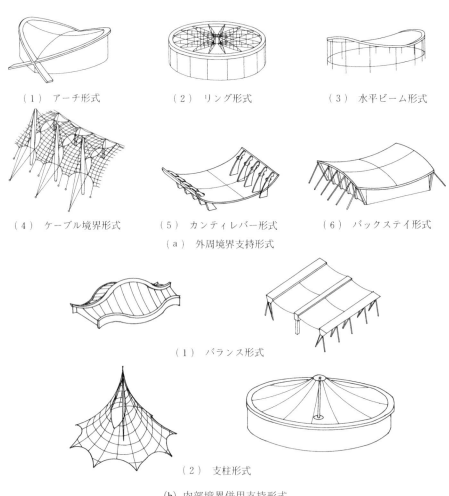

(1) アーチ形式　　　(2) リング形式　　　(3) 水平ビーム形式

(4) ケーブル境界形式　(5) カンティレバー形式　(6) バックステイ形式

(a) 外周境界支持形式

(1) バランス形式

(2) 支柱形式

(b) 内部境界併用支持形式

図 8.1.1 支持構造の例

外周境界支持形式は，ケーブル反力を互いに相殺させて処理し，他の部位にはケーブル反力の影響を与えないように意図した形式（アーチ形式，リング形式，水平ビーム形式）や，ケーブル反力を他の構造要素で処理する形式（ケーブル境界形式，カンティレバー形式，バックステイ形式）などがある．

外周境界以外でもケーブル構造を支持する内部境界併用支持形式では，内部支持点でケーブル反力が互いに相殺されることを意図した形式（バランス形式・支柱形式）がある．しかし，支持形式によっては，付加荷重の分布によってケーブル反力にかなりの変動が生じることを念頭におく必要がある．

ケーブル構造における支持構造の設計では，外周境界支持形式と内部境界併用支持形式の組合せを試みることも多い．いずれにしても，ケーブル構造としての特性を十分に反映させるためには，ケーブル部分のみでなく支持構造を含む構造システム全体でのバランスのとれた構造計画が重要となる．また，ケーブル構造と支持構造が変形・応力の面で相互に及ぼし合う影響を無視しえない場合もある．その特性を十分に把握し，支持構造のシステムと異種構造の接続部であることに十分配慮したディテールを検討する必要がある．

(1) 外周境界支持形式

1) アーチ形式

アーチ形式は，傾斜した1対の平面アーチにケーブルを定着し，ケーブル反力をアーチの軸力に変えて伝達し，アーチの脚部で水平成分と鉛直成分を処理する形式である．2個のアーチの相互関係によって，種々の形態が得られる（図8.1.2）．本形式の場合，ケーブル反力とアーチ平面との関係でアーチは面外方向の力も受けることが多いことに留意したい（図8.1.3）[8.4),8.5)]．

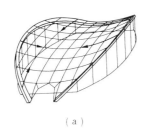
(a)

(b)

(c)

図8.1.2 アーチ形式の例

図8.1.3 アーチ形式の力の流れ

2) リング形式

リング形式は,円形プランを持つ放射状ケーブル吊屋根やケーブル補強空気膜構造において,外周に沿ってリングを設け,ケーブルの水平反力をこのリングの圧縮力に変えて釣り合わせようとする方法である.リング形式は,ケーブル反力に対して,リング内部で完全な釣合い系を目指す点で,アーチ形式よりも徹底した自己釣合い方式である(図 8.1.4).

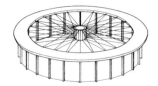
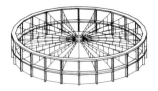

図 8.1.4 リング形式の例

大規模なケーブル補強空気膜構造では,ケーブル反力により発生するコンプレッションリングの圧縮力や曲げモーメントも大きいので,リングの形状をケーブルレイアウトとの相関により決定し,曲げモーメントができる限り小さくなるように(Funicular の概念),構造計画上配慮した例もある(図 8.1.5).

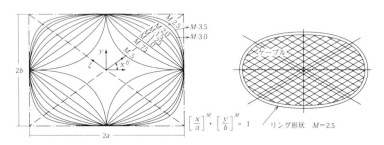

図 8.1.5 コンプレッションリングと形状(超楕円)

ケーブル反力そのものが,外的条件によってかなりの変動性を持つことを考慮に入れて,支持構造の安全性(大きな圧縮力が作用するリングでの全体座屈[8.6],スチフナの剛性不足[8.7]など)を十分検討しておく必要がある.

ケーブル構造と支持構造が相互に及ぼしあう変形や応力が無視しえない場合には,水平ローラーを設けて下部構造への力学的影響を切り離し,必要に応じて大きな移動量に適応できる構造とすることがある.

例えば,張弦梁構造では,ケーブルへの導入張力により確実に梁の応力・変形が制御できるように,張力導入時には支承部分を移動可能なディテールにすることが多い.さらに,付加荷重に対してもケーブルを有効に活用したり,上部構造と下部構造の温度応力の影響などを軽減させる目的で,水平ローラーを設けることがある(図 8.1.6).この場合には,水平力の各成分に対する上部構造と下

部構造の抵抗方式や相互の影響に対する検討が必要であり，さらに両者が意図したように挙動するための支承部分のメカニズムとディテールが重要となる[8.8]．

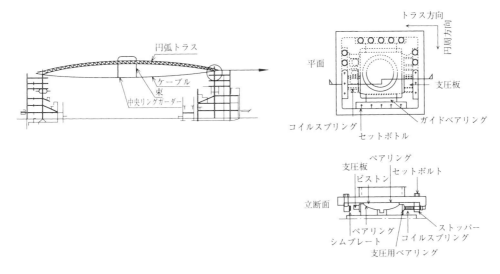

図 8.1.6　水平ローラーの事例

さらに，ケーブル構造を免震装置で支持することにより（例えば屋根免震），ケーブル張力の適切な制御や温度応力の低減だけでなく，建物全体の耐震性能を向上させることができる．さらに，支持構造が負担する地震力が大幅に低減される効果を活用して，支持構造をスリム化した事例がある（図 8.1.7）[8.9]．

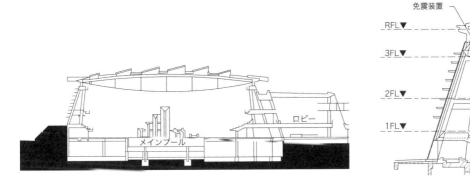

図 8.1.7　屋根免震の事例

3) 水平ビーム形式

水平ビーム形式は，ケーブル反力を水平ビームの曲げモーメントで処理する方式である(図8.1.8).水平ビームによって伝達された力は，例えば妻壁に吸収される場合(図8.1.8(a))，そで壁のキャンティレバー効果で支持される場合(同図(b))，2個の水平ビームの端部を結ぶ縁梁の軸力・曲げで処理される場合(同図(c))，などがある．水平ビームのせいは，屋根面内で十分に確保されることが多いため，よく用いられる形式である[8.4),8.5),8.9)]．

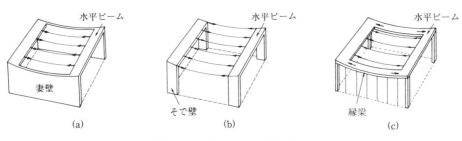

図8.1.8 水平ビーム形式の力の流れ

4) ケーブル境界形式

ケーブル境界形式は，内部ケーブルからの反力を境界ケーブルの張力で処理し，これを地盤まで伝達するものである（図8.1.9）[8.10)]．ケーブル境界形式では，境界ケーブルの面外変形に対してはケーブル張力による剛性のみで抵抗するために，一般に変形が大きくなる．また，境界ケーブルと内部ケーブルとが相互のケーブル張力変動へ与える影響も大きい．したがって，両者のケーブルに張力消失を原因とする不安定現象が生じないためにケーブルの初期張力の設定には特に留意する必要がある．また，境界ケーブルと内部ケーブルとの取付け角度によっては，定着部での滑動力が大きくなる場合もある．壁やサッシなどの仕上げ部位への影響もあり，必要なクリアランスを取るなどの措置が必要である．

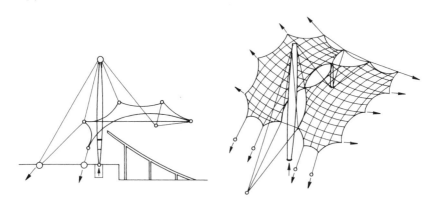

図8.1.9 ケーブル境界形式の事例

5) カンティレバー形式

　カンティレバー形式は，カンティレバー状に突き出した柱の頂部にケーブル端を委ね，柱の曲げ抵抗によってケーブル反力を処理する形式である．カンティレバー形式においては，柱の下部の曲げモーメントなどの大きさを考慮した柱の形態や剛性決定が重要となる（図8.1.10）[8.10]．

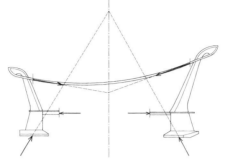

図8.1.10　カンティレバー形式の事例

6) バックステイ形式

　バックステイ形式は，ケーブルを境界構造の外側に延長してケーブルの張力を地盤付近まで導き，各種アンカレイジとの組合せにより，ケーブル反力を処理する形式である（図8.1.11）[8.4),8.5)]．

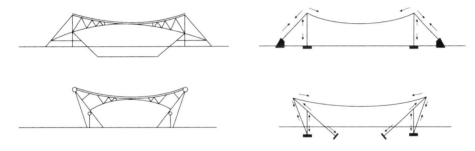

図8.1.11　バックステイ形式の力の流れ

　アンカレイジは，構造形式や規模に応じて，重力式・ストラット・地盤アンカー方式などを的確に選定し，ケーブル反力を円滑かつ確実に地盤に伝達させる必要がある（図8.1.12）．

　大規模なケーブル構造では，アンカレイジの形式として重力式が採用される事例が多い．重力式は，アンカレイジの自重によりケーブル反力の鉛直成分に抵抗し，支持地盤との摩擦力によりケーブル反力の水平成分による滑動力を防ぐ方法である．コンクリートブロックの大きさの決定には，ケーブル反力，地盤のせん断耐力，コンクリートと地盤の摩擦係数および地盤上に載荷する荷重の大きさ，杭の重さなどが影響する．

　また，ケーブル反力による浮上り力をアンカレイジとその上の土の重量で処理し，ストラットにより水平成分を伝達させている事例がある（図8.1.13）[8.11)]．この場合，建築機能の積極的な活用により（例えば，図8.1.13ではプール両脇の観測トンネルをストラットとして利用している），ストラットの役割を含めて全体としてバランスの取れた構造計画となっている．

地盤アンカーは，定着地盤にケーブル反力を直接伝達するもので，地盤条件・周辺環境条件などを考慮して計画する必要がある[8.4),8.5),8.12),8.13)]．

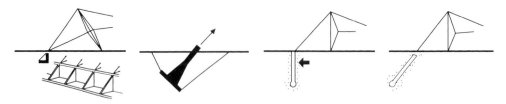

図 8.1.12　アンカレイジの例

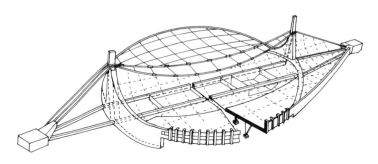

図 8.1.13　アンカレイジとストラットを使用した事例

(2) 内部境界併用支持形式
1) バランス形式

　バランス形式は，建物中央にキール状の梁を用いた内部境界併用支持形式である．キールの左右のケーブル反力（例えば水平成分）が互いに相殺されることを意図した方法であるが，荷重の分布によってはケーブル反力はかなり変動し，キール部分での不釣合い力の処理が課題となる（図 8.1.14）．キールからケーブル構造を吊ることによって，頂点での不釣合い力の影響を最小にしようとする試みもある（図 8.1.15）．

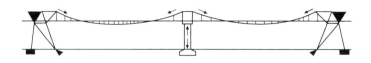

図 8.1.14　バランス形式の力の流れ

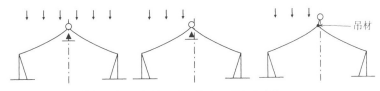

図 8.1.15 バランス形式による頂点の変位

2) 支柱形式

支柱形式では,ケーブルに対して支柱による中間支持を与える.この形式では,柱頭での力の釣合いと移動,柱脚の支持条件(剛,ピン),支柱のレイアウトなどに対する十分な配慮が重要であり,また,支柱の座屈の検討も課題となる(図 8.1.16).

この形式の場合は,小規模な場合には単独の支柱で設計される場合が多いが,他の形式との組合せ形式の事例が多い.例えば,支柱とバックステイ方式による斜張形式の吊屋根の事例では[8.14],ケーブルの長さ調整・張力導入は各ケーブルの下端で行うシステムを採用し,柱脚はスパン方向にヒンジとしている.これは,ケーブル張力調整などの施工時の柱頭の不釣合い力の影響を柱脚や下部構造に与えないことを意図している(図 8.1.16).また,場合によってはケーブル張力導入システムを柱脚・柱頭に設けることもある(図 8.1.17)[8.15].

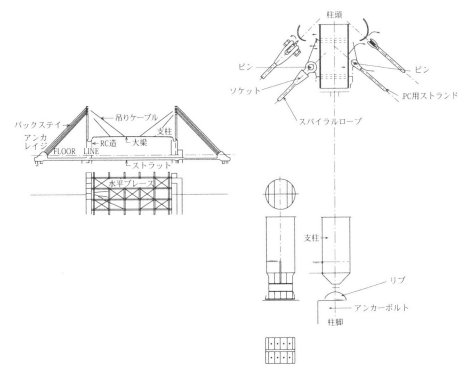

図 8.1.16 斜張形式の吊屋根の事例

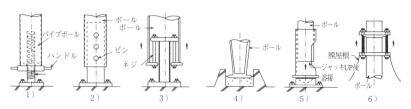

図 8.1.17　柱脚・柱頭での張力導入システム

参 考 文 献

8.1)　日本鋼構造協会編：吊構造, pp.141-151, コロナ社, 1975
8.2)　斎藤公男：吊り構造の形と力, カラム No.18, pp.49-59, 新日本製鐵（株）, 1966
8.3)　川口衞：サスペンション構造における諸問題, カラム No.18, pp.61-69, 新日本製鐵（株）, 1966
8.4)　M. Majowiecki : Tensostructture : progetto e verifica, Collaborazione di : F.Fenaroli-M. Gazzo
8.5)　Oskar Butter, Erhard Hampe : Bauwerk Tragwerk Tragstruktur Band 2, VEB Verlag fur Bauwesen, Berlin, 1984
8.6)　Column Research Committee of Japan : Handbook of Structural Stability, Corona Publishing Company, 1971
8.7)　Gian Carlo Giuliani : On the Collapse of the Milano Sports Palace Roof, Proc. Int. Coll. Space Structures for Sports Buildings, Beijing, p.558-565, 1987
8.8)　高浜良弘ほか:球面型支承のすべり試験結果報告,日本建築学会大会学術講演梗概集, pp.1379-1380, 1990.9
8.9)　Katsunori Kaneda, Masao Saitoh : Endeavors to Control the Vibration of Long Span Structures,IASS Symp. 2001, Nagoya , TP116
8.10)　坪井善昭ほか:空間と構造フォルム, 建築知識別冊第 2 集, p.119, p.159, 1980
8.11)　坪井善勝:わが国における大スパンシェル構造, カラム No.18, pp.92-96, 新日本製鐵（株）, 1966
8.12)　日本建築学会:建築地盤アンカー設計施工指針・同解説, 1991
8.13)　土質工学会:グランドアンカー設計・施工基準（JSF 規格:Dl-88）
8.14)　川口衞ほか:斜張形式の吊屋根の構造設計―西日本総合展示場の構造について, カラム No.68, pp.73-78, 新日本製鐵（株）, 1978
8.15)　石井一夫:日本の膜構造 作品選集, エス・ピー・エス出版, p.339, 1993

付　　録

付1　構造用ケーブル材料規格

付表1.1　構造用ストランドロープ 7×7　（JIS G 3549）

ロープ径 d (mm)	最外層の公称素線径 δ (mm)	標準断面積 A (mm²)	破断荷重 F (kN) ST 1470	破断荷重 F (kN) ST 1570	破断荷重 F (kN) ST 1670	単位質量 W (kg/m)
9	0.99	39.4	52.2	55.7	58.6	0.327
10	1.10	48.7	64.4	68.8	72.4	0.403
11.2	1.23	61.1	80.8	86.3	90.8	0.506
12.5	1.38	76.1	101	108	113	0.630
14	1.54	95.5	126	135	142	0.790
16	1.76	125	165	176	185	1.03
18	1.98	158	209	223	235	1.31
20	2.20	195	258	275	290	1.61
22.4	2.46	244	323	345	363	2.02
25	2.75	304	403	430	452	2.52
28	3.08	382	505	539	567	3.16
30	3.30	438	580	619	651	3.63
31.5	3.47	483	639	683	718	4.00
33.5	3.69	547	723	772	812	4.52
35.5	3.91	614	812	867	912	5.08

付表1.2　構造用ストランドロープ　7×19（JIS G 3549）

ロープ径 d (mm)	最外層の公称素線径 δ (mm)	標準断面積 A (mm²)	破断荷重 F (kN) ST 1470	破断荷重 F (kN) ST 1570	破断荷重 F (kN) ST 1670	単位質量 W (kg/m)
16	1.07	122	159	170	179	1.01
18	1.20	155	201	215	226	1.28
20	1.34	191	249	265	279	1.58
22.4	1.50	239	312	333	350	1.98
25	1.67	298	388	415	436	2.47
28	1.87	374	487	520	547	3.10
30	2.00	429	559	597	628	3.56
31.5	2.10	473	616	658	692	3.92
33.5	2.24	535	697	745	783	4.44
35.5	2.37	601	783	836	879	4.98
37.5	2.51	671	874	933	981	5.56
40	2.67	763	994	1060	1120	6.33
42.5	2.84	862	1120	1200	1260	7.14
45	3.01	966	1260	1340	1410	8.01
47.5	3.17	1080	1400	1500	1570	8.92
50	3.34	1190	1550	1660	1740	9.89
53	3.54	1340	1750	1860	1960	11.1
56	3.74	1500	1950	2080	2190	12.4

付表1.3　構造用ストランドロープ　7×37（JIS G 3549）

ロープ径 d (mm)	最外層の公称素線径 δ (mm)	標準断面積 A (mm²)	破断荷重 F (kN) ST 1470	破断荷重 F (kN) ST 1570	破断荷重 F (kN) ST 1670	単位質量 W (kg/m)
40	1.90	758	973	1040	1090	6.30
42.5	2.01	856	1100	1170	1230	7.11
45	2.13	960	1230	1320	1380	7.98
47.5	2.25	1070	1370	1470	1540	8.89
50	2.37	1190	1520	1620	1710	9.85
53	2.51	1330	1710	1830	1920	11.1
56	2.65	1490	1910	2040	2140	12.4
60	2.84	1710	2190	2340	2460	14.2
63	2.99	1880	2410	2580	2710	15.6
65	3.08	2000	2570	2740	2890	16.6
67	3.18	2130	2730	2920	3070	17.7
69	3.27	2260	2900	3090	3250	18.8
71	3.37	2390	3070	3280	3440	19.9

付表1.4　構造用ストランドロープ　CFRC　6×19 グループ（JIS G 3549）

CFRC 6×W(19)　　CFRC 6×WS(26)

ロープ径 d (mm)	最外層の公称素線径 δ (mm) W(19) 太	W(19) 細	W(26)	標準断面積 A (mm²)	破断荷重 F (kN) ST 1470	ST 1570	ST 1670	単位質量 W (kg/m)
40	3.00	2.18	3.00	822	1030	1100	1150	7.19
42.5	3.19	2.32	3.19	928	1160	1240	1300	8.12
45	3.38	2.45	3.38	1040	1300	1390	1460	9.10
47.5	3.56	2.59	3.56	1160	1450	1550	1630	10.1
50	3.75	2.73	3.75	1290	1610	1710	1800	11.2
53	3.98	2.89	3.98	1440	1800	1930	2030	12.6
56	4.20	3.05	4.20	1610	2010	2150	2260	14.1
60	4.50	3.27	4.50	1850	2310	2470	2600	16.2

付表1.5　構造用ストランドロープ　CFRC　6×37 グループ（JIS G 3549）

CFRC 6×WS(31)　CFRC 6×WS(36)　CFRC 6×WS(41)

ロープ径 d (mm)	最外層の公称素線径 δ (mm) WS(31)	WS(36)	WS(41)	標準断面積 A (mm²)	破断荷重 F (kN) ST 1470	ST 1570	ST 1670	単位質量 W (kg/m)
40	2.60	2.32	2.06	853	1050	1120	1180	7.36
42.5	2.76	2.47	2.19	963	1190	1270	1330	8.31
45	2.93	2.61	2.32	1080	1330	1420	1500	9.31
47.5	3.09	2.76	2.45	1200	1480	1590	1670	10.4
50	3.25	2.90	2.58	1330	1650	1760	1850	11.5
53	3.45	3.07	2.73	1500	1850	1970	2080	12.9
56	3.64	3.25	2.88	1670	2060	2200	2320	14.4
60	3.90	3.48	3.09	1920	2370	2530	2660	16.6
63	4.10	3.65	3.24	2120	2610	2790	2930	18.3
65	4.23	3.77	3.35	2250	2780	2970	3120	19.4
67	4.36	3.89	3.45	2390	2950	3160	3320	20.6
69	4.49	4.00	3.55	2540	3130	3350	3520	21.9
71	4.62	4.12	3.66	2690	3320	3540	3720	23.2
73	4.75	4.23	3.76	2840	3510	3750	3940	24.5
75	4.88	4.35	3.86	3000	3700	3950	4160	25.9
77.5	5.04	4.50	3.99	3200	3950	4220	4440	27.6
80	5.20	4.64	4.12	3410	4210	4500	4730	29.4

付表1.6　構造用スパイラルロープ　1×19　(JIS G 3549)

ロープ径 d (mm)	最外層の公称素線径 δ (mm)	標準断面積 A (mm²)	破断荷重 F (kN) ST 1470	破断荷重 F (kN) ST 1570	破断荷重 F (kN) ST 1670	単位質量 W (kg/m)
14	2.80	117	161	172	180	0.960
16	3.20	153	210	224	236	1.25
18	3.60	193	265	284	298	1.59
20	4.00	239	328	350	368	1.96
22.4	4.48	300	411	439	462	2.46
25.0	5.00	373	512	547	576	3.06

付表1.7　構造用スパイラルロープ　1×37　(JIS G 3549)

ロープ径 d (mm)	最外層の公称素線径 δ (mm)	標準断面積 A (mm²)	破断荷重 F (kN) ST 1470	破断荷重 F (kN) ST 1570	破断荷重 F (kN) ST 1670	単位質量 W (kg/m)
20	2.86	240	324	346	364	1.96
22.4	3.20	301	407	434	456	2.46
25	3.58	375	507	540	568	3.07
28	4.00	470	636	678	713	3.85
30	4.29	540	730	778	819	4.42
31.5	4.50	595	805	858	902	4.87
33.5	4.79	673	910	970	1020	5.51
35.5	5.08	756	1020	1090	1150	6.19

付表1.8　構造用スパイラルロープ　1×61　(JIS G 3549)

ロープ径 d (mm)	最外層の公称素線径 δ (mm)	標準断面積 A (mm²)	破断荷重 F (kN) ST 1470	破断荷重 F (kN) ST 1570	破断荷重 F (kN) ST 1670	単位質量 W (kg/m)
28	3.14	474	633	674	709	3.89
30	3.36	545	726	773	814	4.46
31.5	3.53	600	801	853	897	4.92
33.5	3.75	679	906	964	1010	5.56
35.5	3.98	762	1020	1080	1140	6.25
37.5	4.20	851	1130	1210	1270	6.97
40	4.48	968	1290	1370	1450	7.93
42.5	4.76	1090	1460	1550	1630	8.95
45	5.04	1230	1630	1740	1830	10.0

付1 構造用ケーブル材料規格 —199—

付表1.9 構造用スパイラルロープ 1×91 (JIS G 3549)

ロープ径 d (mm)	最外層の公称素線径 δ (mm)	標準断面積 A (mm²)	破断荷重 F (kN) ST 1470	破断荷重 F (kN) ST 1570	破断荷重 F (kN) ST 1670	単位質量 W (kg/m)
40	3.67	962	1270	1350	1420	7.92
42.5	3.90	1090	1430	1530	1600	8.94
45	4.13	1220	1600	1710	1800	10.0
47.5	4.36	1360	1790	1910	2000	11.2
50	4.59	1500	1980	2110	2220	12.4
53	4.86	1690	2230	2370	2490	13.9
56	5.14	1880	2490	2650	2790	15.5

付表1.10 構造用スパイラルロープ 1×127 (JIS G 3549)

ロープ径 d (mm)	最外層の公称素線径 δ (mm)	標準断面積 A (mm²)	破断荷重 F (kN) ST 1470	破断荷重 F (kN) ST 1570	破断荷重 F (kN) ST 1670	単位質量 W (kg/m)
45	3.52	1240	1610	1720	1810	10.2
47.5	3.71	1380	1800	1910	2010	11.3
50	3.91	1530	1990	2120	2230	12.6
53	4.14	1710	2240	2380	2510	14.1
56	4.38	1910	2500	2660	2800	15.7
60	4.69	2200	2870	3050	3210	18.1
63	4.93	2420	3160	3370	3540	19.9

付表1.11 構造用スパイラルロープ 1×169 (JIS G 3549)

ロープ径 d (mm)	最外層の公称素線径 δ (mm)	標準断面積 A (mm²)	破断荷重 F (kN) ST 1470	破断荷重 F (kN) ST 1570	破断荷重 F (kN) ST 1670	単位質量 W (kg/m)
60	4.08	2210	2850	3030	3190	18.1
63	4.28	2440	3140	3340	3510	20.0
65	4.42	2590	3340	3560	3740	21.3
67	4.56	2760	3550	3780	3970	22.6
69	4.69	2920	3760	4010	4210	24.0
71	4.83	3100	3990	4240	4460	25.4
73	4.96	3270	4210	4480	4720	26.8
75	5.10	3450	4450	4730	4980	28.3
77.5	5.27	3690	4750	5050	5310	30.2
80	5.44	3930	5060	5390	5660	32.2

付表 1.12　構造用スパイラルロープ　1×217（JIS G 3549）

ロープ径 d (mm)	最外層の公称素線径 δ (mm)	標準断面積 A (mm²)	破断荷重 F (kN) ST 1470	破断荷重 F (kN) ST 1570	破断荷重 F (kN) ST 1670	単位質量 W (kg/m)
75	4.50	3450	4390	4670	4910	28.3
77.5	4.65	3690	4680	4990	5240	30.2
80	4.80	3930	4990	5310	5580	32.2
82.5	4.95	4180	5310	5650	5940	34.2
85	5.10	4440	5630	6000	6300	36.4
87.5	5.25	4700	5970	6350	6680	38.5
90	5.40	4970	6320	6720	7070	40.8
92.5	5.55	5250	6670	7100	7470	43.1
95	5.70	5540	7040	7490	7880	45.4
97.5	5.85	5840	7410	7890	8300	47.8
100	6.00	6140	7800	8300	8730	50.3

付表 1.13　構造用ロックドコイルロープ　C形（JIS G 3549）

ロープ径 d (mm)	標準断面積 A (mm²)	破断荷重 F (kN)	単位質量 W (kg/m)
34	804	1020	6.71
36	898	1140	7.50
38	999	1270	8.34
40	1110	1320	9.26
42	1220	1460	10.2
44	1340	1610	11.2
46	1460	1760	12.2
48	1580	1910	13.2
50	1710	2070	14.3
52	1840	2240	15.4
54	1980	2400	16.5

付表1.14　構造用ロックドコイルロープ　D形（JIS G 3549）

ロープ径 d (mm)	標準断面積 A (mm^2)	破断荷重 F (kN)	単位質量 W (kg/m)
56	2200	2550	18.3
58	2350	2740	19.6
60	2510	2930	20.9
62	2670	3120	22.3
64	2840	3330	23.7
66	3000	3520	25.0
68	3190	3760	26.6
70	3380	3980	28.2
72	3570	4220	29.8
74	3760	4440	31.4
76	3690	4700	33.1

付表1.15　構造用ロックドコイルロープ　E形（JIS G 3549）

ロープ径 d (mm)	標準断面積 A (mm^2)	破断荷重 F (kN)	単位質量 W (kg/m)
78	4250	4940	35.4
80	4460	5200	37.2
82	4680	5460	39.0
84	4980	5730	40.9
86	5130	6010	42.8
88	5360	6290	44.7
90	5610	6590	46.8
92	5850	6870	48.3
94	6100	7180	50.9
96	6360	7490	53.1
98	6610	7800	55.2
100	6870	8110	57.3

付表 1.16　構造用ロックドコイルロープ　F形（JIS G 3549）

ロープ径 d (mm)	標準断面積 A (mm^2)	破断荷重 F (kN)	単位質量 W (kg/m)
92	5960	6790	49.7
94	6210	7080	51.8
96	6470	7380	54.0
98	6740	7700	56.2
100	7000	8010	58.4

付表 1.17　構造用ステンレス鋼ワイヤロープ（JIS G 3550）

共心形ストランドロープ：7×7

ロープ径 d (mm)	最外層の 素線径 δ (mm)	破断荷重F (kN) （下限値） A種	破断荷重F (kN) （下限値） B種	標準断面積 A (mm^2)	単位質量 W (kg/m)
6.3	0.69	23.1	26.8	19.3	0.160
8	0.88	37.2	43.2	31.2	0.258
9	0.99	47.1	54.7	39.4	0.326
10	1.10	55.1	63.9	48.7	0.403
11.2	1.23	69.1	80.2	61.1	0.505
12.5	1.38	86.1	100	76.1	0.630
14	1.54	104	118	95.5	0.790
16	1.76	136	154	125	1.03
18	1.98	172	195	158	1.31
20	2.20	201	226	195	1.53

付表 1.18　構造用ステンレス鋼ワイヤロープ（JIS G 3550）

共心形ストランドロープ：7×19

ロープ径 d (mm)	最外層の素線径 δ (mm)	破断荷重F (kN)（下限値) A種	破断荷重F (kN)（下限値) B種	標準断面積 A (mm^2)	単位質量 W (kg/m)
8	0.53	35.7	41.7	30.5	0.260
9	0.60	45.1	52.7	38.6	0.329
10	0.67	53.3	61.8	47.7	0.406
11.2	0.75	66.8	77.5	59.8	0.594
12.5	0.84	83.2	96.5	74.5	0.634
14	0.94	104	121	93.5	0.796
16	1.07	129	150	122	1.04
18	1.20	164	189	155	1.32
20	1.34	202	234	191	1.63

付表 1.19　構造用ステンレス鋼ワイヤロープ（JIS G 3550）

共心形ストランドロープ：7×37

ロープ径 d (mm)	最外層の素線径 δ (mm)	破断荷重F (kN)（下限値) A種	破断荷重F (kN)（下限値) B種	標準断面積 A (mm^2)	単位質量 W (kg/m)
6.3	0.30	20.5	25.1	18.8	0.160
8	0.38	33.0	40.4	30.3	0.258
9	0.43	41.8	48.7	38.4	0.327
10	0.47	51.6	60.1	47.4	0.403
11.2	0.53	64.7	75.4	59.5	0.506
12.5	0.59	80.6	93.9	74.1	0.631
14	0.66	96.7	112	92.9	0.791
16	0.76	126	146	121	1.03
18	0.85	160	185	154	1.31
20	0.95	197	228	190	1.62
22.4	1.06	235	271	238	2.03
25	1.19	292	337	296	2.52
28	1.33	366	423	372	3.17
30	1.42	406	458	427	3.63
31.5	1.49	448	504	470	4.00
33.5	1.59	506	571	532	4.53
35.5	1.68	569	641	597	5.08
37.5	1.78	635	715	667	5.68
40	1.90	722	813	758	6.45
42.5	2.01	768	863	856	7.29
45	2.13	862	967	960	8.17
47.5	2.25	960	1080	1070	9.11
50	2.37	1060	1190	1190	10.1

付表 1.20　構造用ステンレス鋼ワイヤロープ（JIS G 3550）

スパイラルロープ：1×19

ロープ径 d (mm)	最外層の素線径 δ (mm)	破断荷重F (kN)（下限値） A種	破断荷重F (kN)（下限値） B種	標準断面積 A (mm^2)	単位質量 W (kg/m)
14	2.80	128	148	117	0.959
16	3.20	167	193	153	1.25
18	3.60	212	244	193	1.58
20	4.00	261	301	239	1.96

付表 1.21　構造用ステンレス鋼ワイヤロープ（JIS G 3550）

スパイラルロープ：1×37

ロープ径 d (mm)	最外層の素線径 δ (mm)	破断荷重F (kN)（下限値） A種	破断荷重F (kN)（下限値） B種	標準断面積 A (mm^2)	単位質量 W (kg/m)
20	2.86	257	296	240	1.99
22.4	3.20	322	371	301	2.49
25	3.58	401	462	375	3.10
28	4.00	503	580	470	3.89
30	4.29	517	620	540	4.47
31.5	4.50	570	683	595	4.92
33.5	4.79	644	773	673	5.57
35.5	5.08	724	868	756	6.25

付表 1.22 被覆平行線ケーブル用ストランド (JSS Ⅱ 11-1994)

素線構成本数	構成記号[1]	ストランドの外径 (mm)	公称断面積 A (mm²)	破断荷重 F (kN)	単位質量 W (kg/m)
19	NGS- 19	35.0	731	1140	5.72
31	NGS- 31	44.0	1190	1870	9.33
37	NGS- 37	49.0	1420	2230	11.1
55	NGS- 55	57.5	2120	3320	16.6
61	NGS- 61	63.0	2350	3680	18.4
73	NGS- 73	68.0	2810	4400	22.0
85	NGS- 85	71.2	3270	5130	25.6
91	NGS- 91	77.0	3500	5490	27.4
109	NGS- 109	81.1	4190	6580	32.8
121	NGS- 121	84.9	4660	7300	36.4
127	NGS- 127	91.0	4890	7660	38.2
139	NGS- 139	92.2	5350	8390	41.8
151	NGS- 151	94.4	5810	9110	45.5
163	NGS- 163	98.8	6270	9840	49.1
187	NGS- 187	105.0	7200	11200	56.3
199	NGS- 199	108.0	7660	12000	59.9
211	NGS- 211	112.7	8120	12700	63.5
223	NGS- 223	116.3	8580	13400	67.1
241	NGS- 241	119.0	9270	14500	72.5
253	NGS- 253	121.6	9740	15200	76.2
265	NGS- 265	126.6	10200	16000	79.8
283	NGS- 283	129.0	10900	17000	85.2
295	NGS- 295	131.4	11400	17800	88.8
301	NGS- 301	133.0	11600	18100	90.6
313	NGS- 313	135.3	12000	18800	94.2
337	NGS- 337	140.6	13000	20300	101
349	NGS- 349	142.0	13400	21000	105
361	NGS- 361	144.9	13900	21700	109
367	NGS- 367	147.0	14100	22100	110
379	NGS- 379	149.1	14600	22800	114
397	NGS- 397	153.2	15300	23900	119
421	NGS- 421	155.2	16200	25400	127
451	NGS- 451	162.9	17400	27200	136
499	NGS- 499	168.5	19200	30100	150

[注] 1) NGS は, Non Grout type parallel wire Strand の略号である.

付表1.23 平行線ストランド正六角形（JSS Ⅱ 06-1994）

素数本数	構成記号	断面の形状	素線径 mm	断面の寸法 mm a	断面の寸法 mm b	公称断面積 mm²	破断荷重(破断力)kN ST 1570	破断荷重(破断力)kN ST 1770	単位質量 kg/m
19	PWS-19	22.3～24.6 / 25～27.5	5	22.3	25.0	373	586	659	2.93
			5.5	24.6	27.5	451	709	799	3.53
37	PWS-37	31.0～34.1 / 35～38.5	5	31.0	35.0	727	1140	1280	5.70
			5.5	34.1	38.5	879	1380	1560	6.88
61	PWS-61	39.6～43.6 / 45～49.5	5	39.6	45.0	1200	1880	2110	9.39
			5.5	43.6	49.5	1450	2280	2570	11.3
91	PWS-91	48.3～53.1 / 55～60.5	5	48.3	55.0	1790	2810	3150	14.0
			5.5	53.1	60.5	2160	3390	3830	16.9
127	PWS-127	57.0～62.7 / 65～71.5	5	57.0	65.0	2490	3920	4400	19.6
			5.5	62.7	71.5	3020	4740	5340	23.6

［注］上記の表は素線径が5.00mmと5.50mmの場合について示したものである．

素線径が他の寸法の場合，以下の計算で求められる（有効数字3桁）．

公称断面積＝素線の断面積×素線本数

破断力＝素線の断面積×素線本数×素線の引張強さの最小値

付表1.24　平行線ストランド変形六角形（JSS Ⅱ 06-1994）

素数本数	構成記号	断面の形状	素線径 mm	断面の寸法 mm a	断面の寸法 mm b	公称断面積 mm²	破断荷重(破断力)kN ST 1570	破断荷重(破断力)kN ST 1770	単位質量 kg/m
24	PWS-24	22.3〜24.6 / 30〜33	5	22.3	30.0	471	740	834	3.70
			5.5	24.6	33.0	570	895	1010	4.46
30	PWS-30	31.0〜34.1 / 30〜33	5	31.0	30.0	589	925	1040	4.62
			5.5	34.1	33.0	713	1120	1260	5.58
44	PWS-44	31.0〜34.1 / 40〜44	5	31.0	40.0	864	1360	1530	6.78
			5.5	34.1	44.0	1050	1640	1850	8.18
52	PWS-52	39.6〜43.6 / 40〜44	5	39.6	40.0	1020	1600	1810	8.01
			5.5	43.6	44.0	1240	1940	2190	9.67
70	PWS-70	39.6〜43.6 / 50〜55	5	39.6	50.0	1370	2160	2430	10.8
			5.5	43.6	55.0	1660	2610	2940	13.0
80	PWS-80	48.3〜53.1 / 50〜55	5.5	48.3	50.0	1570	2460	2780	12.3
			5.5	53.1	55.0	1900	2980	3360	14.9
102	PWS-102	48.3〜53.1 / 60〜66	5.5	48.3	60.0	2000	3150	3550	15.7
			5.5	53.1	66.0	2400	3800	4290	19.0
114	PWS-114	57.0〜62.7 / 60〜66	5.5	57.0	60.0	2240	3520	3960	17.6
			5.5	62.7	66.0	2710	4250	4790	21.2

［注］上記の表は素線径が5.00mmと5.50mmの場合について示したものである．

素線径が他の寸法の場合，以下の計算で求められる（有効数字3桁）．

公称断面積＝素線の断面積×素線本数

破断力＝素線の断面積×素線本数×素線の引張強さの最小値

付2　PC鋼より線の種類と機械的性質

付表2.1　PC鋼より線の種類と機械的性質（JIS G 3536）

呼び名 (mm)			公称断面積 (mm^2)	単位質量 (kg/m)	破断荷重 (kN)	0.2%永久伸びに対する荷重 (kN)
2.9×2本より			13.21	0.104	25.5	22.6
2.9×3本より			19.82	0.156	38.2	33.8
7本より	A種	9.3	51.61	0.405	88.8	75.5
		10.8	69.68	0.546	120	102
		12.4	92.90	0.729	160	136
		15.2	138.7	1.101	240	204
	B種	9.5	54.84	0.432	102	86.8
		11.1	74.19	0.580	138	118
		12.7	98.71	0.774	183	156
		15.2	138.7	1.101	261	222
19本より		17.8	208.4	1.652	387	330
		19.3	243.7	1.931	451	387
		21.8	312.9	2.482	573	495
		28.6	532.4	4.229	949	807

［注］　1)　JISでは破断荷重を「最大試験力」と称しているが，ここでは指針の用語に合わせて表記した．

(a)2本より線　　(b)3本より線　　(c)7本より線　　(d)19本より線

付図2.1　PC鋼より線の種類

付3 ジャッキ諸元

付表3.1 センターホール型ジャッキの諸元(例)

ストローク (mm)	最大荷重 (kN)	寸法 (mm) A	B	C	D	E	F	G	受圧面積 (cm²)	最大圧力 (MPa)	必要油量 (l)	質量 (kg)
50	100	150	88	40	5	19	120	180	20.2	49.43	0.1	7
	150	180	92	56	15	35	128	184	22.6	66.37	0.1	8
	350	190	120	73	15	35	210	220	51.2	68.30	0.3	16
	500	203	140	83	18	38	240	235	74.8	66.88	0.4	21
	700	205	168	98	20	50	273	268	104.7	66.89	0.5	30
	1,000	255	195	100	20	54	295	290	144.5	69.20	0.7	48
	1,200	235	215	110	20	62	315	310	176.7	67.91	0.9	54
100	3,000	320	340	215	25	113	462	432	436.9	68.67	4.4	175
200	100	315	88	50	10	19	120	180	20.2	49.43	0.4	11
	200	370	110	58	15	23.5	150	200	35.2	56.78	0.7	23
	350	360	120	73	15	35	220	215	51.2	68.30	1.0	26
	500	370	140	83	18	38	240	235	74.8	66.88	1.5	35
	700	385	168	98	20	50	268	273	104.7	66.89	2.1	55
	1,000	405	195	100	20	54	295	290	144.5	69.20	2.9	69
	1,200	445	215	96	10	62	315	310	176.7	67.91	3.5	97
	2,000	480	295	150	35	88	395	395	320.6	62.38	6.4	195
	3,000	550	410	190	45	113	536	530	654.2	45.85	13.1	450
	4,000	515	430	290	10	136	540	507	615.8	64.96	12.3	520
	8,000	550	620	420	20	230	775	745	1,164	68.73	23.3	1,050
300	5,000	650	510	330	20	200	650	635	725.7	68.90	21.8	950
	6,000	650	560	380	20	220	690	685	860.0	69.77	25.8	1,060
440	2,000	830	330	220	65	115	400φ	420	309.6	64.59	13.6	475
500	500	735	210	148	25	80	210φ	310	131.9	37.89	6.6	150
510	800	850	206	130	45	50.8	250□	362	163.6	48.9	8.4	190
1000	100	1340	140	77	30	28	220φ	275	87.2	11.46	8.7	110
	200	1340	140	77	30	32	220φ	275	87.2	22.92	8.7	114
	300	1375	160	95	35	35	210□	310	89.3	33.58	8.9	150

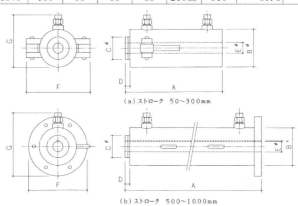

(a) ストローク 50～300mm

(b) ストローク 500～1000mm

付図3.1 センターホール型ジャッキの例

付表3.2 ジャッキ付属品(ラムチェアー)の諸元(例)

最大荷重(kN)	A	B	C	D	E	F	G	質量(kg)
100	280	88	50	40	2-7	77	45	4
150	270	110	80	40	2-9	70	56	6
200	284	110	78	44	2-11	64	65	6
350	300	120	90	50	2-11	80	65	7
350	400	120	90	50	2-11	80	65	10
500	300	138	100	60	2-11	100	70	10
500	450	140	100	60	2-11	100	72	17
700	320	164	125	60	2-14	125	85	16
700	450	169	129	80	2-14	125	92	22
1,000	300	190	130	85	2-14	130	92	23.5
1,000	450	190	130	85	2-14	130	92	34.5
1,200	300	220	180	125	2-14	160	130	19
1,200	545	242	182	110	2-14	160	131	54
2,000	510	299	229	120	4-14	190	165	73
3,000	450	400	200	200	4-20	270	130	170
4,000	505	430	335	140	4-26	275	230	190

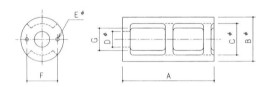

付図3.2 ジャッキ付属品(ラムチェアー)の例

付表3.3 ジャッキ付属品(テンションバー)の諸元(例)

最大荷重(kN)	A	B	C	D	E	F	G	H	質量(kg)
100	720	18	330	45	25	32	6	45	2
200	750	22.2	340	50	30	41	8	46	3
350	500	32	500	-	35	58	10	75	4
350	780	32	370	60	35	58	10	75	6
500	520	36	520	-	50	64	10	70	6
500	820	36	390	70	50	64	10	70	8
700	540	48	540	-	48	76	15	90	10
700	840	48	400	70	48	76	15	90	14
1,000	570	52	570	-	65	94	20	140	10
1,000	860	52	450	100	65	94	20	140	15.0
1,200	560	58	560	-	65	110	20	140	18.0
1,200	850	58	440	100	65	110	20	140	23
1,200	1,100	58	600	100	65	110	20	140	28
2,000	1,000	85	580	112	85	138	15	140	51

付図3.3 ジャッキ付属品(テンションバー)の例

付4　ピン接合部に関する設計式の比較

　ピン接合部を含む端末金物においては，必ずピンを介して支圧による応力伝達が行われることから，ディテールを設計するにあたり，クレビスやガセットプレート側の引張・支圧・せん断のほか，ピンのせん断・曲げも考慮し，それらの最小値に対して設計する必要がある．回転機構を有する接合部は，機械部品等にはごく一般的に見られるものであり，建築物においても非構造材ではドアのヒンジやサッシのクレセント部のほか，吊り庇の端部など，比較的荷重の小さい箇所には多く見受けられる構造形式である．端末金物と同様，構造部材として用いられるクレビスやガセットプレートの設計において慣例的に次の式を使ってしまうと，ピン孔による応力集中を無視できないために，作用する荷重の大きさによっては危険側の設計となる場合がある．

引張（慣例式）：$P_a = A_s \cdot \sigma_y$ ……………………………………………………………（付 4.1）
せん断（慣例式）：$P_a = \dfrac{A_q \cdot \sigma_y}{\sqrt{3}}$ ……………………………………………………（付 4.2）
支圧（慣例式）：$P_a = 2 \cdot r \cdot t \cdot \sigma_y \cdot \dfrac{1.5}{1.1}$ ……………………………………………（付 4.3）
ピンせん断：$P_{pa} = \dfrac{2 \cdot A_p \cdot \sigma_{py}}{\sqrt{3}}$ …………………………………………………（付 4.4）

　　σ_y：クレビス・ガセットプレートの許容引張応力度
　　σ_{py}：ピンの許容引張応力度
　　A_s：慣例式における引張有効断面積
　　A_q：慣例式におけるせん断有効断面積（2面せん断）
　　A_p：ピンの断面積
　　t：プレート部の板厚
　　r：ピン孔の半径

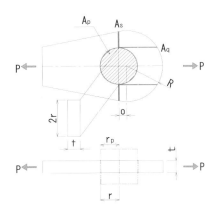

付図 4.1　慣例式におけるクレビス・ガセットプレートの有効断面

ピン接合部に関する研究は，不静定次数の小さい構造に関して多くの実績を持つ橋梁分野だけでなく，建築分野でも，構造部材として取り扱われたピン接合部に関して報告されている．それらによると，付図 4.1 の A_s からずれた位置で破壊することが報告されている．ただし，研究の対象としているピン接合部が，長期荷重が支配的な橋梁構造物におけるケーブル端部か，短期荷重が支配的な建築構造物のブレース構造端部なのかによっても，提案されている設計式の前提条件が異なっているため，適切な場面で引用しないと，先述の慣例式と同様に危険側に評価してしまう可能性もある．以上のことから，そうした誤解を招かないよう，接合部を弾性状態に保つ設計を行う場合と，終局状態を想定した設計を行う場合に整理して，既往の文献における提案式を紹介する．

1. 接合部を弾性状態に保つ設計[付4-1]

ここでは，設計荷重に対し接合部を許容応力度以下に留める場合を想定した提案式を紹介する．

文献[付4-1,2]では，表現および係数は若干異なるが，基本的な考えは同じであり，道路橋示方書[付4-3]においても，$D/D_p \leqq 1.02$ の範囲において，支圧に関する検定式にヘルツの式を採用している．

a) クレビス・ガセットプレートの設計

引張・せん断： $P_a = min\left(\dfrac{A_s \cdot \sigma_y}{\alpha}, A_t \cdot \sigma_y\right)$ ……………………………………………………（付 4.5）

支圧（Hertz）： $P_a = \dfrac{\left(\dfrac{\sigma_y}{0.591}\right)^2 \cdot D \cdot D_p \cdot t_c}{(D-D_p) \cdot E}$ ……………………………………………………（付 4.6）

ただし，

D_p：ピン直径

D：ピン孔径

A_t：ピン先端部分の有効断面積

A_s：慣例式における引張有効断面積

t_c：支圧を受けるプレート部の板厚

E：プレートおよびピンの弾性係数（同一と仮定した場合）

α：Eurocode[付4-2]の場合 1.33，文献[付4-1]の場合 1.35

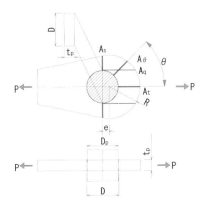

付図 4.2　各提案式におけるクレビス・ガセットプレートの有効断面

b) ピンの設計

ピンの曲げ：$P_{pa} = \dfrac{4 \cdot Z \cdot \sigma_{py}}{L}$ ……………………………………………………………… (付 4.7)

　　　σ_{py}：ピン材の許容応力度（N/mm^2）

　　　Z：ピンの断面係数(mm^3)

　　　L：ピンの支点間距離(mm)

ピンのせん断（2面せん断）：　$P_{pa} = \dfrac{2 \cdot A_p \cdot \sigma_{py}}{\sqrt{3}}$ ……………………………………… (付 4.8)

2. 終局耐力設計に相当する提案式[付4-4], [付4-5]

ここでは，引張材が降伏するなど，終局設計荷重時にピン接合部まわりについても塑性化を許容することを想定した提案式を紹介する．

a) クレビス・ガセットプレートの設計

文献[付4-4]では，想定される破断面が，慣例式の引張有効断面からある角度をもってずれることに着目し，R/r＝2.0～3.5 かつ e/r＝-0.8～+0.8 の範囲において，簡略な形での式を提案している．

引張・せん断：$P_a = \dfrac{A_{45} \cdot \sigma_y}{\sqrt{2}}$ ……………………………………………………………… (付 4.9)

ただし，$A_{45} = 2 \cdot t \cdot \left(\sqrt{R^2 - \frac{e^2}{2}} - r + \frac{e}{\sqrt{2}}\right)$ ………………………………………… (付 4.10)

e：R 中心から r 中心までの偏心量

文献[付4-5]では，ピンおよびピン孔まわりの形状をパラメータとした実験式を提案しているが，指数にも小数点以下の数字まで反映された形をとっている．実験式にはよくあることだが，研究当事者以外の者が，提案式による結果が正しいものであることを直感的に判断することは難しいため，取扱いには注意されたい．

引張・せん断：$P_a = 0.94 \cdot 4 \cdot r \cdot t \cdot \sigma_y \cdot \dfrac{\left[\left(\frac{R}{r}\right)^2 - 1\right]}{\sqrt{\left[6 + 12\left(\frac{R}{r}\right)^{2.1}\right]}}$ ……………………………… (付 4.11)

支圧：$P_a = 2.9 \cdot \left[ln \frac{R}{r}\right]^{0.41} \cdot 2 \cdot r \cdot t \cdot \sigma_y \cdot \sqrt{3}$ ……………………………………… (付 4.12)

R：ピン孔まわりのプレート半径
r：ピンの半径
t：プレート部板厚
σ_y：プレート部の許容引張応力度

b) ピンの設計

文献[付4-4]では，ガセットプレート部に等分布荷重をかけ，クレビスの板厚中央を支点とした曲げの式で検証することを推奨している．

ピンせん断：$P_{pa} = \dfrac{2 \cdot A_p \cdot \sigma_{py}}{\sqrt{3}}$ ……………………………………………………………… (付 4.13)

ピン曲げ（EURO）：$P_{pa} = \dfrac{8 \cdot Z_p \cdot \sigma_{py}}{(t + 4c + 2a)}$ ………………………………………… (付 4.14)

ただし，Z_p：ピンの塑性断面係数
t：ガセットプレート厚
c：クレビス板部とガセットプレートとの間隙
a：クレビス板部の片側厚

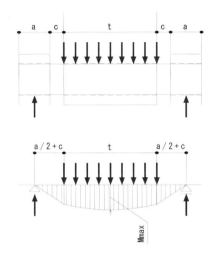

付図 4.3 ピンの曲げ

参 考 文 献

付 4-1) 土木学会鋼構造委員会編:鋼構造シリーズ 16, ケーブルを使った合理化橋梁技術へのノウハウ, 丸善, 2007
付 4-2) British Standards Institution: Eurocode 3, Design of Steel Structures Part1-1, pp.164-166, 1992
付 4-3) 日本道路協会編:道路橋示方書 II 鋼橋編
付 4-4) 小野徹郎, 竹内徹, 岩田衛, 石田和人:テンション構造用鋼棒及び接合部の構造性能, 日本建築学会構造系論文報告集, No.537, pp.91-98, 2000.11
付 4-5) 森田時雄, 木下陵二, 梅津康義, 今井克彦:クレビス形ピン接合部の引張・圧縮耐力に関する研究, その 1, その 2, 日本建築学会大会学術講演梗概集, 構造 I, pp.981-984, 1998.9

付5 ケーブル構造設計例

付5.1 東京ドーム
-1988年 東京都文京区-
(設計当時の単位系を用いている.)

1. 構造概要
1.1 建物概要

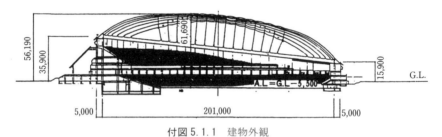

付図5.1.1 建物外観

1.2 断面

構造物の上部構造は，低ライズケーブル補強空気膜構造の屋根部分と，コンプレッションリング・境界構造から構成される．

1.3 屋根形状
①平面形状は，一辺の長さが約180mの正方形に内接し，対角の長さが201mの超楕円形である．
②屋根全体が約1/10の勾配を持ち，リングの傾斜面に対するライズは25m（ライズスパン比：0.124）である．

③ケーブルは屋根面の対角方向にそれぞれ14本，合計28本とした．ケーブル間隔は8.5m．

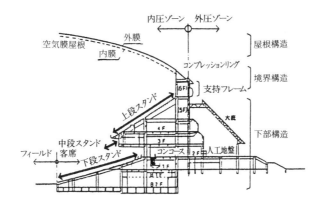

付図5.1.2 主要断面図

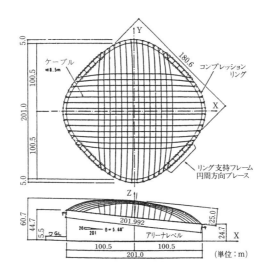

付図5.1.3 屋根の形状

1.4 構造材料

①ケーブル：直径80mmの構造用スパイラルロープ（1×169：破断荷重5429kN(554t)）

②膜　　材：厚さ0.8 mmの四ふっ化エチレン樹脂コーティングガラス繊維布

③コンプレッションリング：ＳＲＣ構造

2. 構造計画

2.1 構造設計の手順

(デザイン形状)→(構造のモデル化)→(ケーブル間隔の設定)→(固定荷重の算定)→(設計用荷重の算定)→(外界気象条件と建物使用状態の組合せによる，内圧値の設定と内圧の組合せ)→(荷

重の設定）→（構造解析）→（ケーブルの断面算定，変形量のチェック）→（ディテールの設定）→（支持構造の設定）

2.2 ケーブル間隔の設定
①膜の応力変形解析結果（膜の自重＋風荷重＋強風時内圧）および下部構造の柱スパン等を考慮して，ケーブル間隔を8.5mとした．
②ケーブル張力を均等化にすることを目的として，ケーブル端部では平面的に曲線状になるように配置した．

2.4 許容変形量の設定
①積雪時の許容変形量（火災避難時を除く）：屋根面に凹部が生じる変形量がライズの約0.2倍であることから，安全を考慮し，許容変形量をライズの0.1倍（2.5m）と設定した．
②強風時の許容変形量（火災避難時を除く）：観客に与える心理的影響を考慮し，許容変形量として両振幅を採用し，許容値を2m（スパンの約1/100）と設定した．
③火災避難時の許容変形量：本建物では，火災時に発生する煙をアリーナ上部に蓄積することにより，観客の避難安全性を確保する方式（蓄煙方式）を採用している．このため，火災避難時の許容変形量として，避難時間内に屋根面が蓄煙容積を消失しない観点から，9mと設定した．

2.5 デフレート状態に対する考え方
①外界気象条件，使用状態の想定される組合せ下において，インフレート状態を維持することを原則としているが，万一デフレート状態となっても，各部で4m以上の有効高さが確保されると共に，屋根面からの吊り物がフィールドや観客と接触することがないように配慮している．
②設計時には，デフレート状態と積雪荷重の組合せに関しても安全性の検討を行った．

3. 荷重の設定

3.1 固定荷重および吊物荷重
屋根水平投影面積あたりの平均固定荷重は，122N/m^2（12.5kg/m^2）である．このほかに，屋根面より吊られる設備の荷重16.7N/m^2（1.7 kg/m^2）（総重量約50t）を考慮している．

3.2 風荷重
①軒高（GL＋37 m）における平均風速の100年再現期待値（31.8m/s）を設計用平均風速とした．

②屋根面に作用する風圧力の変動の影響を，風洞実験結果を参考として，確率統計手法により評価し，設計風速に対する速度圧を求めた．ケーブル設計用として1156N/m²(118kg/m²)，膜パネル設計用として2146N/m²(219kg/m²)をそれぞれ算定した．ただし，建築基準法施行令に定める速度圧の70%を下回らないことを原則として，ケーブル設計用の速度圧は2058N/m²(210kg/m²)を採用した．

③設計用風圧係数は，建設地付近の風の性状を模擬した風洞実験に基づき，8風向について定めた．

3.3 雪荷重

①東京の地上積雪深の100年再現期待値（35cm）と風洞実験による屋根形状の効果を考慮して積雪荷重を算定し（インフレート時：265N/m²(27kg/m²)，デフレート時：412N/m²(42kg/m²)），建築基準法施行令の値と比較し，後者の値（588N/m²(60 kg/m²)）を採用した．

②積雪分布として，一様分布荷重および偏分布荷重を設定した．

3.4 荷重の組合せ

内圧値を設定した条件に従って，固定荷重，風荷重，積雪荷重と内圧との組合せを設定し，さらに屋根面状態（インフレート，デフレート）も合わせて，荷重を組み合わせた．

付表5.1.1 荷重の組合せと解析荷重ケース一覧表

状　態		荷重の組合せ	
インフレート	$G+AP$ 内圧時	常時内圧時（30mmAq）	
		最大内圧時（90mmAq）	
	$G+AP_W+W$ 風荷重時	最大内圧（90mmAq）+風荷重（$W=C \cdot 2058$N/m²(210kg/m²)）	
		C：風洞実験結果による（風向は8ケース）	
	$G+AP_S+S$ 積雪荷重時	最大内圧（90mmAq）+一様分布雪荷重（588N/m²(60kg/m²)）	
		最大内圧（90mmAq）+偏分布雪荷重（1）	
		最大内圧（90mmAq）+偏分布雪荷重（2）	
デフレート	G	固定荷重のみ	
		固定荷重+吊物荷重	
	$G+S$	固定荷重+吊物荷重+一様分布雪荷重（588N/m²(60kg/m²)）	
		固定荷重+吊物荷重+偏分布雪荷重（1）	
		固定荷重+吊物荷重+偏分布雪荷重（2）	

G：固定荷重，W：風荷重，S：積雪荷重，AP：内圧，AP_W：強風時内圧，AP_S：積雪時内圧，mmAq：圧力を表す単位で水柱の高さの意味（1mmAq=1kgf/m²）

4. 構造解析
4.1 形状解析および応力変形解析[付5.1]
①解析モデル

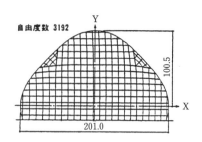

付図5.1.4 膜パネルの線材置換モデル

②解析手法－Total Lagrange 変位定式を用いた有限要素大変形解析を用いて，付表5.1.1に示した各荷重ケースについて応力変形解析を行った．

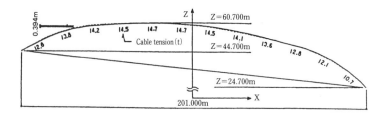

付図5.1.5 初期形状と常時内圧時形状の比較（X方向中央ケーブル）

4.2 固有値解析[付5.2]
①解析モデル

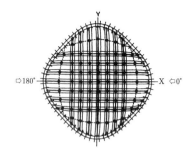

付5.1.6 固有値解析モデル

②解析手法－Subspace Iteration method

　2本のケーブルを剛性の等価な1本のケーブル材として自由度を縮小したモデルについて固有値解析を行った．固有値は内圧および作用風圧力に依存するため，ここでは，常時内圧時の他に各設定内圧時に最大平均風速による風圧力が作用した場合の固有周期を算定した．

付表 5.1.2 多面素質点系解析モデル

設定内容 (mmAq)	平均風圧 (m/s)	最大平均風圧による風圧力 (mmAq)	固有周期 (sec) 1st	2nd	3rd
30	0.0	30.0	4.15	3.64	3.56
30	11.5	32.9	3.72	3.32	3.24
40	18.5	47.5	2.65	2.49	2.38
60	32.0	82.5	1.80	1.74	1.65
90	43.0	130.6	1.37	1.34	1.27

4.3 強風時の動的応答解析[付5.2]

①屋根面の固有値解析に用いたモデルに対応させて多面素質点系とし，準静的理論を拡張した手法により周波数領域で応答解析を行った．

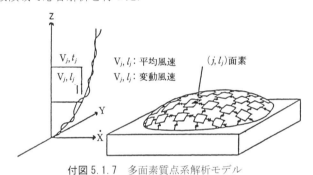

付図 5.1.7 多面素質点系解析モデル

②許容変形量から風速に応じた内圧の設定[付5.3]

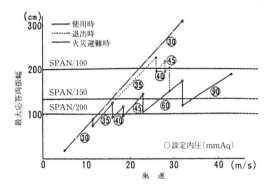

付図 5.1.8 各風速・内圧段階における最大応答両振幅

5. 構造設計[付5.5],[付5.6]

5.1 ケーブルの断面算定

ケーブルの安全性の確認：風荷重時のケーブル最大張力は，短期許容引張力 2440kN(249t)（破断荷重 5429kN(554t)の 1/2.22）に対し，2283kN(233t)である．他の荷重ケースではいずれも長期許容引張力 1803kN(184t)（破断荷重の 1/3）以下の値となっており，ケーブルは十分安全である．また，設計に際して，採用した構造用スパイラルロープ 1×169,80φの破断実験を行ったが，実験結果のロープ切断荷重は 6007kN(613t)と，規格値 5429kN(554t)を 10％程度上回るものとなった．

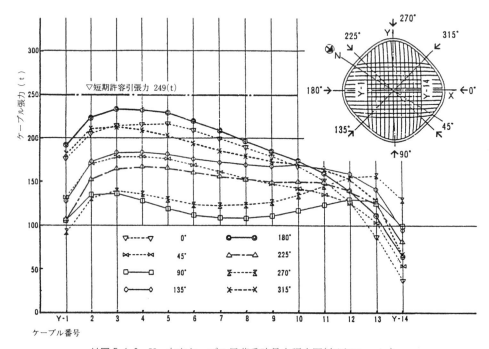

付図5.1.9 Y-方向ケーブル風荷重時最大張力図(内圧 90 mm Aq)

Y方向ケーブル(Y-1〜Y-14)について，各ケーブル内の最大張力を風向別に示す．

5.2 長期荷重時の形状と応力

ケーブルおよび膜面に緩み（張力消失に伴うたわみ）やしわの発生はない．張力はほぼ均等に分布している．

5.3 積雪時の変形

①融雪システムが正常に稼働しない場合でも，内圧を上昇させることにより，許容変形量（閉館時，開催時：ライズの1/10）を満足することが可能である．

②積雪時の内圧の設定[付5.3]　（付図5.1.10）＊単位は原文のままとする

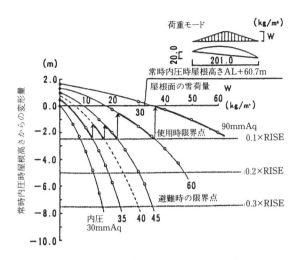

付図 5.1.10 積雪時の屋根面変形と内圧管理フロー

付図 5.1.11 積雪荷重時の変形　最大内圧（90mmAq）＋一様分布の雪荷重（588N/m²(60kg/m²)）

5.4 強風時の振動性状

①固有値解析結果：固有周期は常時内圧時4.2秒，設計風速時1.8秒であった．

②応答解析結果（付図5.1.8参照）

5.5 施工時の安全性の検討

デフレート状態からインフレート状態に至る過程における，ケーブルの蛇行状態を把握するために，模型実験と解析を行い，安全性を確認した[付5.3], [付5.4], [付5.7]．

6. ディテールの設計[付5.0]

6.1 ケーブル端末部

①ケーブルは，ソケットとピンを介して，ケーブルの軸線方向の延長上に配置したバックステイにより下部構造に定着する方式とした．ソケット，ピン，バックステイなどは，ケーブルの破断荷重を上回る耐力を持つように設計した．

②デフレート状態からインフレート状態に至る状態において，ケーブルが円滑に運動できるように配慮した．また，同状態において膜材が破損しないように，エキセントリック・エリミネータ・カバー（付図5.1.3）を取り付けている．

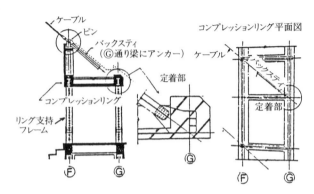

付図5.1.12　ケーブルアンカー方式概念図

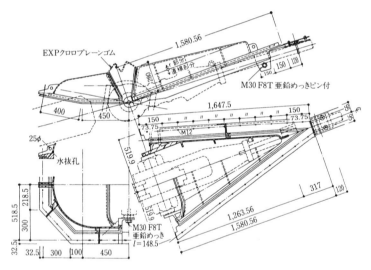

付図5.1.13　エリミネーター詳細

6.2　ケーブル交差部

①滑動力は，ほぼケーブル張力と比例関係があり，また屋根周辺部に近づくに従って大きくなる傾向を示した．

②ケーブル交差部は，滑動力に対してボルトの締付け力による摩擦力で抵抗する方式とし，実大試験により安全性の確認を行った．

6.3 膜材の取付け

①膜材の応力を円滑にケーブルに伝達できるように計画した．

②取付金具は，デフレート状態からインフレート状態に至る状態においても，ケーブルの変形に支障なく追随でき，かつケーブルに損傷を与えないように設計した．

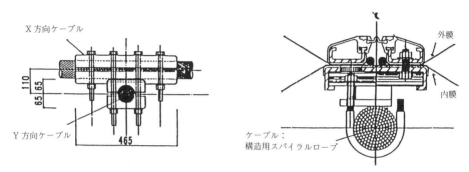

付図 5.1.14 ケーブル交差部と膜材の取付け

7. 支持構造[付5.8]

7.1 支持構造の構成

SRC造のコンプレッションリングと，S造の支持フレームにより構成されている．

7.2 コンプレッションリング

①コンプレッションリングには，強風時のケーブル張力に対して，大きな曲げモーメントが生じていない．

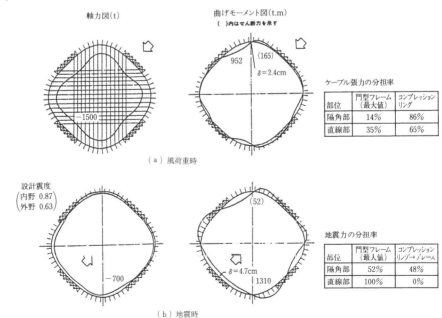

付図 5.1.15 コンプレッションリングの応力と変形

②十分な剛性を保持している．

7.3 支持フレーム，軸面ブレース
①地震荷重に対しては，リングを支持する半径方向の門型の支持フレームと，円周方向の軸面ブレースにより，応力を下部構造に伝達させる計画とした．
②支持フレームは，その位置により，剛性・強度の異なる2種類を設定した．
③軸面ブレースはコンプレッションリングの直線部にのみ配置した．

付5.2 大阪プール

－1996年　大阪市港区－

(設計当時の単位系を用いている.)

1. 構造概要
1.1 構造概要

　本建物は地下2階，地上2階，建物高さ25.8m，スパン100mの真円平面である.

　構造は上部より，①：二重ケーブルネット膜構造，②：PC造，SRC造，RC造からなる下部構造，③：場所打ちコンクリート杭による基礎構造，の3ゾーンからなる.

付図5.2.1　建物外観

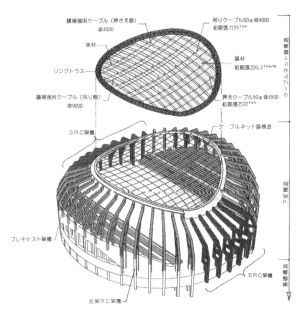

付図5.2.2　構造概要

1.2 二重ケーブルネット膜構造

二重ケーブルネット膜構造は，膜材および上部ケーブルで構成される膜部分と，主体構造となる下部ケーブルネット部分の2層構造となっており，その間を軸力だけを伝達するポストで連結している．初期張力状態において各層は，独立した構造体として機能するが，風荷重や雪荷重などの外力を受けた場合には，ポストを介して一体として外力に抵抗する（付図5.2.3）．

形状は複曲率の鞍型形状とし，膜部直径＝65m，ケーブルネット部直径＝59.6m，高低差＝7.75m，スパンサグ比＝0.057，スパンライズ比＝0.071 である．

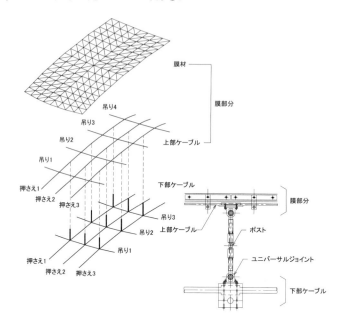

付図5.2.3 二重ケーブルネット膜構造の概要

1.3 構造材料（二重ケーブルネット膜構造部）

上部ケーブル（膜補強ケーブル）：構造用スパイラルロープ 1×37 24φ，26φ，28φ
下部ケーブルネット（主体構造）：構造用スパイラルロープ 1×127 50φ
ポスト：P-60.5φ×2.8t STK400

2. 構造計画
2.1 ケーブル配置

上部膜補強ケーブル，下部ケーブルネットともに，吊りケーブルは@9.0m，押えケーブルは@4.5m に設けている（付図5.2.4）．

2.2 初期張力の設定

下部ケーブルネットの初期張力は，吊りケーブル55.0tf，押えケーブル22.0tfとし，上部膜材は200kg/mとする．下部ケーブルネットおよび膜材は初期張力導入時においてそれぞれ安定曲面となるため，ポストの初期応力は0である．

2.3 安全率の設定

すべてのケーブルの安全率は，長期に対して3，短期に対して2.2に設定した．

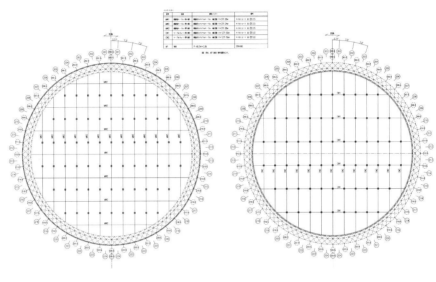

上部膜補強ケーブル伏図　　　　　　下部ケーブルネット伏図

付図5.2.4　ケーブル配置

3. 荷重の設定

3.1 長期荷重

各部材の自重，積載荷重，ケーブルネットに導入する初期張力を考慮した．

3.2 積雪荷重

最大積雪量18cmを採用する．全体載荷に加えて，偏載荷重に対しても検討した．

3.3 温度荷重

基準温度を20℃とし，±20℃の変動を考慮した．

3.4 風荷重

設計用速度圧としては,「建築物荷重指針・同解説(日本建築学会)」と建設省告示を比較して安全側を採用した.風力係数は風洞実験結果より,0°,90°,160°,180°,270°の5方向について定めた.

3.5 地震荷重

ケーブルネット膜構造部については,軽量であるため検討は省略した.リングトラスを含めた下部構造については,立体フレームの地震応答解析を行い,地震荷重を決定した.

4. 構造解析
4.1 形状解析および応力変形解析

解析に際して,膜およびケーブル材の外周端部を固定境界とした「剛境界モデル」と外周部のリングトラスを単独でモデル化した「トラスモデル」を用いて解析を行う.トラスモデルには,剛境界モデルの端部支点反力を逆向きに作用させる.

リングトラスは,実際には,膜およびケーブル材の発生応力により変形し,膜およびケーブル材に対して完全には剛境界とならない.この影響を検討するために,膜,ケーブル,トラス部材を一体化した「連成モデル」を用いた解析も行う.ただし,連成モデルでの解析結果の使用は,短期荷重時におけるケーブルネットの張力状態の確認にとどめる.

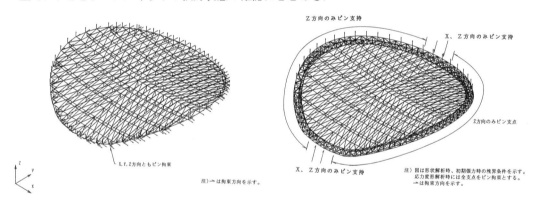

付図5.2.5 剛境界モデルの境界条件　　付図5.2.6 トラスモデル・連成モデルの境界条件

4.2 応答解析

応答解析では,ケーブルネット膜構造部を除く,リングトラスを含めた下部構造について立体フレームの精算モデルを縮合したモデルを用いた.採用地震波の入力レベルはすべて20cm/secに基準化し,入力方向はおのおのX方向,Y方向,45°方向の3方向とした.

各入力地震波全ケースにおける最大応答加速度（X, Y, Z 方向応答加速度の自乗和の平方根）は，3311.78cm/sec^2 であった．卓越波と判断される波形入力時の応答加速度を用いて，静的解析用の地震荷重を算定した．

5. 構 造 設 計
5.1 ケーブルの断面算定
上部膜補強ケーブル，下部ケーブルネットともに，吊りケーブルは短期積雪荷重に対して，押えケーブルは短期風荷重に対して，断面が決定された．各ケーブルの断面決定時の許容張力に対する検定比は，膜補強ケーブルが 0.98（吊り 1），0.85（吊り 2），0.95（押え），ケーブルネットが 0.68（吊り），0.76（押え）となっている．

5.2 変形の検討
スパン長に対する鉛直方向最大変位量の比は，おおむね 1/15 であり，変形性状に関しては安全であると判断した．（注：1/15 は，当時の特定膜構造建築物技術基準による．）

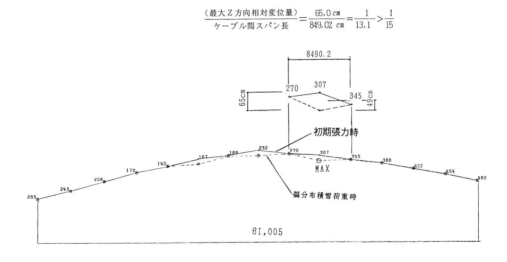

付図5.2.7　積雪荷重（偏分布）時　膜・ケーブル変形図（剛境界モデル）

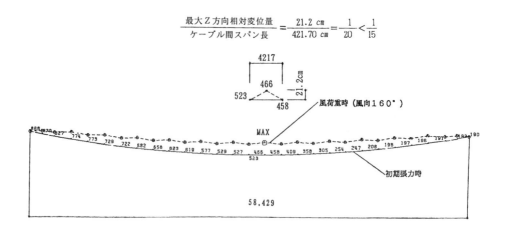

付図5.2.8　風荷重時　膜・ケーブル変形図（連成モデル）

6. ディテール設計
6.1　ケーブル端末

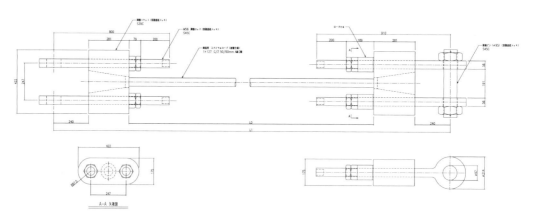

付図5.2.9　下部ケーブルネット　ケーブル端末

6.2 ケーブル交差部

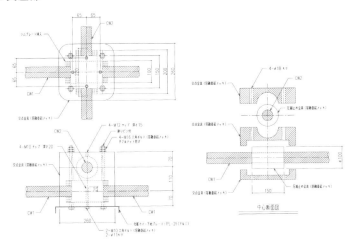

付図5.2.10 下部ケーブルネット交差部

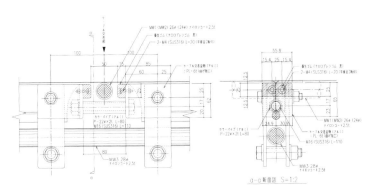

付図5.2.11 上部膜補強ケーブル交差部

6.3 ポスト接合部（上下ケーブル間）

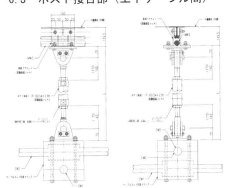

付図5.2.12 ポスト接合部

6.4 膜分割部

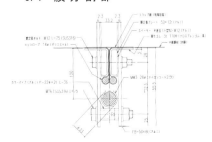

付図5.2.13 膜分割部

7. 支持構造

　二重ケーブルネット膜構造部外周部にシステムトラスで構成されたコンプレッションリングを配し自己完結型の屋根とした．下部構造は，リングトラスを支える方杖付きの片持梁と，それを支持するラーメン，耐震壁から構成され，放射方向各フレームを@7.5°で円環状に配置した．

8. 施工方法

　設計上，二重ケーブルネット膜構造のケーブル緊張による水平力を躯体にかけられないこと，また，膜展張後の風に対する対策，高所作業の低減などから，あらかじめ二重ケーブルネット膜構造部をプール観覧席レベルで組み立てた後に躯体まで引き上げて取り付ける，リフトアップ工法を採用した．

　① 二重ケーブルネット膜構造部　施工手順

1.	・リングトラス組立 （ベント上）
2.	・下部ケーブルネット架設，緊張
3.	・上部膜補強ケーブル架設，緊張 ・ポスト取付
4.	・外膜展張，引込，膜分割部溶着 ・内膜取付

　② リフトアップ

　リフトアップは荷重と変形，経済性を考え，12点吊りとした．各点の先端に吊り梁を取り付け，φ50mmのワイヤーを吊り下げる．このワイヤーをリングトラスを受ける反力梁の下に取り付けた100tワイヤークランプジャッキに通し，そのジャッキがワイヤーを挟みながら昇る方式とした．各吊り点の反力が0〜45tと異なるため，コンピュータ制御で揚程差を30mm以内に保ちながら，1ストローク450mmでリフトアップした．

　仮設物を含め約280t，3300㎡の二重ケーブルネット膜構造部を，約12m，3時間かけてリフトアップした．

付5.3 グリーンドーム前橋

-1990年 群馬県前橋市-

(設計当時の単位系を用いている.)

1. 構造概要
1.1 屋根形状
①平面形は,長辺167m,短辺122mの長円形平面である.長円形張弦梁架構は,並列型と放射型の張弦梁から構成される.

②断面形は,鉄骨トラスのライズが7mの低ライズドーム(ライズ/スパン比0.057)である.

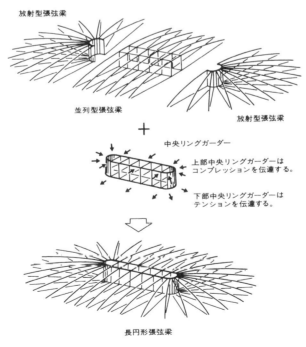

付図5.3.1 長円形屋根架構の概念図[付5.17]

1.2 構造材料

①ケーブルは，1台の張弦梁に対して，ペアケーブルとして2本使用する．
　並列部　直径84mmの構造用スパイラルロープ（1×217　A級2種：破断荷重6390kN(652t)）
　放射部　直径72mmの構造用スパイラルロープ（1×169　A級2種：破断荷重4596kN(469t)）
②張弦梁：H形鋼（400シリーズ）を用いたせい2.5mの円弧状平行弦トラス梁
③束材：鋼管（267φ）

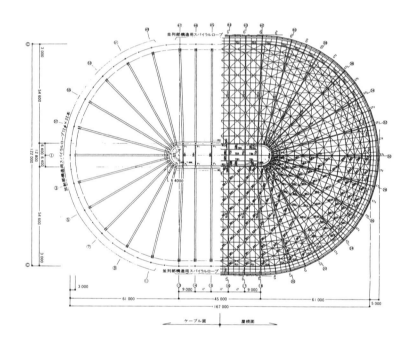

付図 5.3.2　屋根架構図[付5.17)]

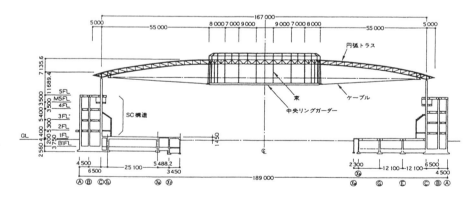

付図 5.3.3　長辺方向断面図[付5.17)]

2. 構造計画

2.1 構造設計の手順

(張弦梁の形状の設定)→(設計用荷重の設定)→(最適張力の設定)→(支承部の設定)→(構造解析)→(断面算定)→(ディテールの設計)→(支持構造の設計)→(施工時の検討)

2.2 張弦梁の形状の設定

大梁の形態,ライズ,サグおよび端部の偏心をパラメータとして,形状を設定した.

2.3 最適張力の設定

長円形張弦梁の最適張力は,支配的荷重である長期荷重時において並列部と放射部の梁の応力が最小になり,しかも最小変位を得るようなケーブルの張力とした.検討結果より,ケーブル1本あたり並列部は3773/2kN(385/2t),放射部は2401kN/2kN(245/2t)とした.

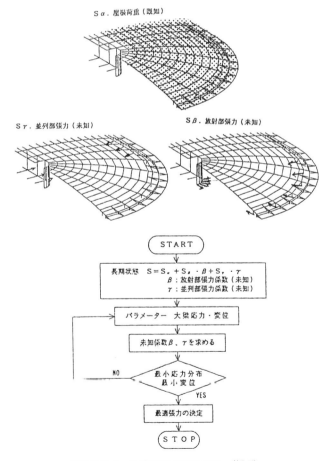

付図 5.3.4 最適張力の設計フロー[付5.16]

2.4 支承部の設定

支承部は，張力導入時においては，ケーブルへの張力導入により確実に大梁の応力・変位制御ができるように水平ローラーとした．一方，施工後においては，ストッパーを設け，下部構造に対する温度応力の緩和とともに，地震力の下部構造への伝達が可能な支障とした．

3. 設計用荷重の設定

3.1 設計用荷重の設定

①固定荷重：屋根全面に等分布荷重として2401N/m^2(245kg/m^2)，他に中央リングガーダーなどの集中荷重を考慮した．

②雪荷重：627N/m^2(60 kg/m^2)を全面に，また半分のみの偏分布荷重を短期として考慮した．

③地震荷重：屋根面のせん断力係数をC=0.5，地震時上下動を上下方向加力として0.2Gを採用した．

④風荷重：建築基準法による水平方向の風荷重以外に，全面吹上げ（低減・速度圧1813N/m^2(185 kg/m^2)，風力係数-0.5,庇部-2.0）も併せて考慮した．

⑤温度荷重：温度差±20℃を長期として設定した．

3.2 設計用荷重の組合せ

荷重の組合せと支承部の状態を付表5.3.1に示す．

付表 5.3.1 設計用荷重の組合せと支承部の状態[付5.14]

	荷重種類	支承材の状態	
(1)	G＋PS	ローラー	ローラー
(2)	SF		
(3)	SR		
(4)	SU		ローラー
(5)	WX		
(6)	WY	ピン	
(7)	WF		
(8)	KX		ピン
(9)	KY		
(10)	O		ローラー

G ：固定荷重時

PS：PS導入力時

SF：全面積雪時

SR：（右側）偏分布積雪

SU：（上側）偏分布積雪

WX：X方向風圧力時

WY：Y方向風圧力時

WF：風圧力時（全面吹上げ）

KX：X方向（水平）地震力時

KY：Y方向（水平）地震力時

O ：温度応力時

UK, DK：地震時上下動が積雪時SFの値を係数倍して求める．

4. 構造解析

4.1 応力・変形解析

①解析モデル：各ケーブルは，1本の線材にモデル化した．張弦梁（平行弦トラス梁）は，梁モデルに置換した．境界条件は，ローラーとピンモデルとした．

②解析手法：線形立体解析

4.2 全体座屈解析

①解析手法：形状初期不整を与えたモデルに対して，幾何学的非線形解析を行い，荷重－変位関係より全体座屈荷重を推定した．

5. 構造設計

5.1 ケーブルの断面算定

①ケーブル張力は，（固定荷重+張力導入+温度変化）時に最大となり，並列部は1980kN(202t)，放射部は1283kN(131t)である．

②長期許容引張力（破断荷重の1/3）は，並列部は2126kN(217t)，放射部は1528kN(156t)であり，ケーブルは安全である．

6. ディテール設計

①ケーブル定着部は，ソケット調整ボルトおよびナットを介して，中央リングと張弦梁端部に定着する方式とした．ケーブルの破断荷重を上回る耐力を持つように，それぞれ設計した（付図5.3.5）．

—240— 付 録

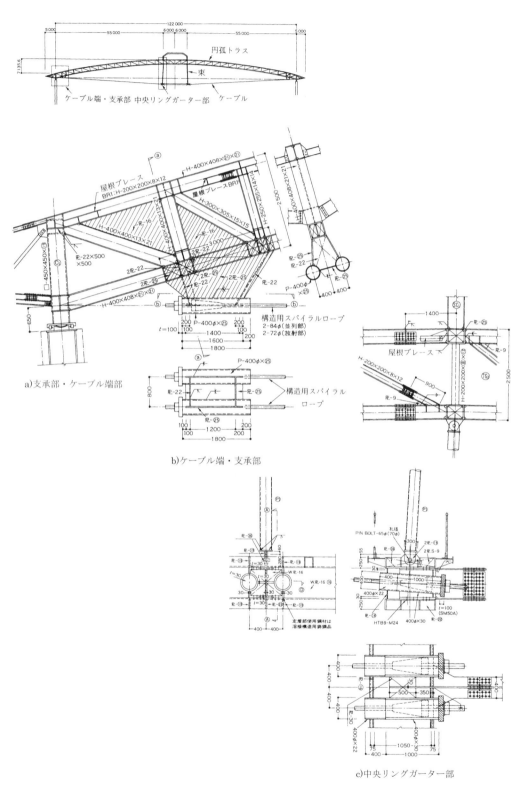

付図 5.3.5 張弦梁構造鉄骨詳細部[付5.17]

7. 支持構造

支持構造は,鉄骨鉄筋コンクリート造6層から構成される.

8. 施工時の検討,完成建物の測定
8.1 施工プロセス

張力導入を伴う張弦梁構造の施工に関しては,

①張力導入の時期,

②張力導入の荷重レベル,

③張力導入のためのジャッキの容量・台数,

④二次部材の拘束による影響,

⑤仮設構台の剛性

などのような検討項目がある.これらを施工時解析シミュレーションを行うことにより検討し屋根施工手順を決定した(付図5.3.6).

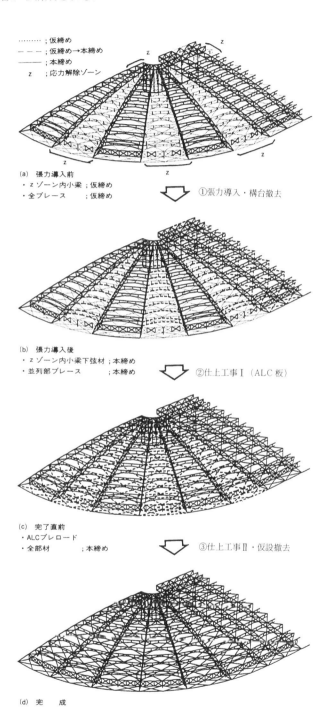

付図5.3.6 屋根施工手順[付5.17]

8.2 張力導入フロー

張力導入時には，導入張力や変位などを測定しながら，ケーブルに張力を導入した（付図5.3.7, 5.3.8）．

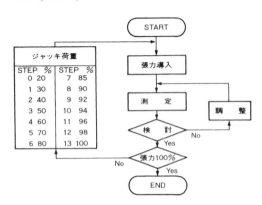

付図5.3.7 張力導入および測定フロー[付5.17]

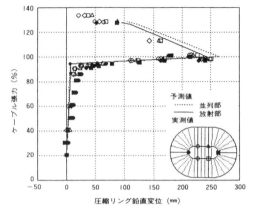

付図5.3.8 ケーブル張力—圧縮リング鉛直変位関係[付5.17]

8.3 完成建物の振動測定

完成建物に対して振動測定を行い，固有値解析結果と比較した（付表5.3.2）．

付表5.3.2 振動モードの比較[付5.17]

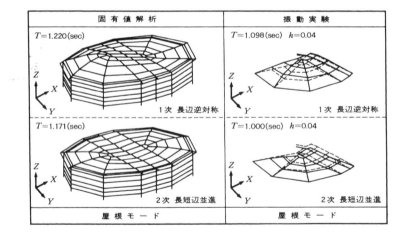

付5.4　天城ドーム（天城湯ヶ島町立総合体育館）

-1991年　静岡県天城湯ヶ島町-

（設計当時の単位系を用いている．）

1. 構造概要

1.1 構造概要

①屋根構造のうち，ケーブルと膜で構成された部分は，スパン42m，ライズ6m，ライズスパン比1/7の偏平なドーム形状をしている．

②本建物に適用された構造は，ドームを車輪型ケーブルガーダーとリング状のテンショントラスの2つの系の組合せと捉えることができる．

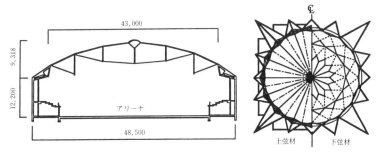

付図5.4.1　断面図および伏図

1.2 部材構成

①屋根部分は，上弦材，下弦材，テンションリング，束材，上弦材間に張られた膜材，膜面の谷部に配置された押えケーブルから構成される．

②テンション材には，張力導入用のターンバックルや端部ネジなどの機構が設けられていないことが特徴である．

1.3 構造材料

　上弦材と押えケーブルは構造用スパイラルロープ（A級2種），下弦材とテンションリングはＰＣ鋼棒（B種鋼棒,1号,SBPR95/110），束材は鉄骨（SS41）を使用している．

付表5.4.1　ケーブル材（構造用スパイラルロープ，A級2種）　　（単位：kN(t)）

材料名	使用部位	破断荷重 F_b	許容ケーブル張力 長期 $_LF_T$	許容ケーブル張力 短期 $_SF_T$
1×61-36 ϕ	上弦ケーブル 押えケーブル	1117(114)	372(38.0)	372(38.0)
1×37-22 ϕ	上弦ケーブル	398(40.6)	132(13.5)	132(13.5)

付表5.4.2　PC鋼棒（B種鋼棒，1号：SBPR95/110）　　（単位：kN(t)）

材料名	使用部位	破断荷重 F_b	許容ケーブル張力 長期 $_LF_T$	許容ケーブル張力 短期 $_SF_T$
23 ϕ	下弦引張材	448.0(45.71)	149.0(15.2)	149.0(15.2)
26 ϕ	下弦引張材	624.4(63.71)	207.8(21.2)	207.8(21.2)
32 ϕ	下弦引張材 リング材	945.7(96.5)	315.6(32.2)	315.6(32.2)

2. 構造計画
2.1 初期張力の設定

①本構造の特性として，ケーブルに導入される初期張力のレベルにより，架構全体の応力・変形挙動や系の安定性が大きく左右されることがあげられる．

②設計にあたっては，予備解析を通じて張力導入量の影響を調査し，適切な導入量を検討した．

③また，構造挙動が荷重の大きさや製作・施工誤差等に対して敏感に変化すること，および荷重設定（積雪分布，風洞実験によらない風力係数値，温度変化など）に不明確な部分が多いことなどから，初期張力の大きさは高めに設定することにした．

④以上の観点から初期張力の大きさは，上弦材は196kN(20t)，押えケーブルは29.4kN(3t)に設定した．

2.2 安全率の設定

膜材との合成構造であること，また施工が特殊であることなどを考慮して，ケーブルの安全率に余裕を持たせるように配慮した．このことから，スパイラルロープとPC鋼棒の安全率は，長期，短期ともに3.0とした．

2.3 風荷重時の動的挙動に対する考え方

風荷重時には，全ての主要部材の応力が初期状態からの変動が少なく，かつ過大な変形も見られないことから，初期張力により全体剛性が十分確保されていると考え，風荷重時の動的挙動に対する検討は行わなかった．

3. 荷重の設定

3.1 固定荷重

107.8N/m²(11.0kg/m²) (膜材・上下弦の引張材・束材・定着金具を含む)

3.2 初期張力

① 膜材：縦糸，横糸方向ともに29.4N/cm (3kg/cm)
② 上弦ケーブルU_1：T_0 = 196kN(20.0t)
③ 押えケーブルV：T_0 = 29.4kN(3.0t)

3.3 風荷重

建築基準法施行令により設計用速度圧（高さは屋根面頂点部高さH=20.7mを採用）を算定し（q = 2508N/m²(256kg/m²)），風力係数は屋根面が偏平なため（ライズ・スパン比=1/7）全面吹上げでC=－1.0と設定した．

3.4 積雪荷重

① 積雪深さd=30cm，単位重量γ=20N/cm/m²(2.0kg/cm/m²)，W_S=α d γ=1.1×30×20 = 660N/m²(66kg/m²)，ただしαは，固定荷重が積雪荷重に比べて小さいため，設定した割増係数である．
② 積雪モードとして，全面等分布状態および偏分布状態（半面分布と1/4分布）を設定した．

3.5 地震荷重

地震力については，膜屋根部分の重量が軽微であるため，解析による検討は省略した．

4. 構造解析

4.1 形状解析および応力変形解析

①構造解析は，幾何学的非線形性を考慮した有限要素法を用いて，初期張力導入による釣合形状を求めるための形状解析，付加荷重に対する応力変形解析を行った．

②解析モデルには，全体構造の1/16モデル（Model-1）と1/2モデル（Model-2）の2種類を用いた．前者は膜材とケーブル材などを組み合わせたモデルで部材断面の検定を行うために使用し，後者はケーブルと束材などの線材のみで構成されるモデルで架構の全体挙動の把握のために設けたものである．両モデルにおいて，上弦材は束間を4要素に分割し，膜からケーブルに伝達される応力を，中間荷重で表現できるようにしている．

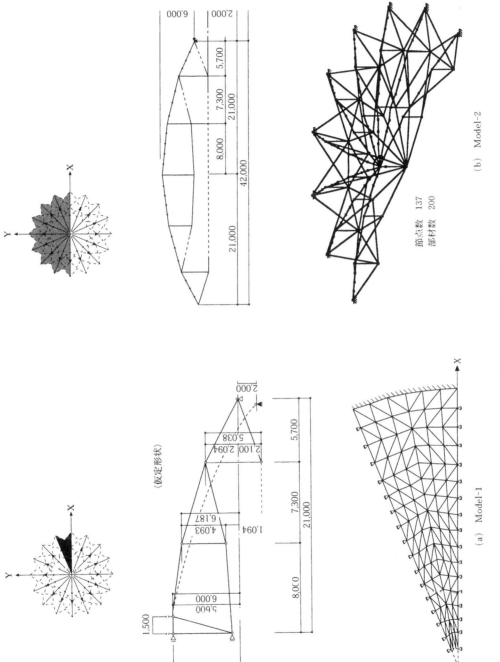

付図 5.4.2 解析モデル

付表 5.4.3 構造諸元

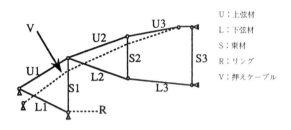

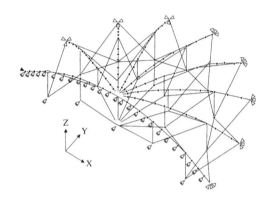

U 1	$1\times61-36\phi\,(12{,}600)$
U 2	$1\times37-22\phi\,(4{,}600)$
U 3	$1\times37-22\phi\,(4{,}600)$
L 1	$2\times26\phi\,(22{,}300)$
L 2	$23\phi\,(8{,}700)$
L 3	$26\phi\,(5{,}600)$
S 1	$200\times10\ \ (84{,}000)$
S 2	$50\times10\ \ (21{,}000)$
S 3	$450\times10\ \ (18{,}900)$
R	$3\times32\phi\,(50{,}700)$
V	$1\times61-36\phi\,(12{,}600)$
膜材	A 種 (SF-II)
	E_{wt} 174.4 t/m ν_w 0.66
	E_{ft} 99.6 〃 ν_f 0.38
	G_t 9.9 〃
設計荷重	W_{DI} 35 kg/m²
	W_{SL} 66 〃
	W_{WL} $q=120\sqrt[4]{H}=256$〃 $(C=-1.0)$
	σ_0 300 kg/m

凡例:
U：上弦材
L：下弦材
S：束材
R：リング
V：押えケーブル

5. 構造設計

5.1 ケーブルの断面算定

Model-1による解析結果に基づき断面算定を行ったが、テンション部材は、すべて短期荷重により断面が決定された。上弦材のU_1とU_2、および下弦材のL_3は全面等分布雪荷重時に、また、その他の部材は風荷重時に断面が決定された。最大応力は、上弦材が227.4kN(23.2t)（許容応力度F_fの0.61：U_1）、下弦材が315.6kN(32.2t)（F_fの0.76：L_1）、テンションリングが714.4kN(72.9t)（F_fの0.75）、押えケーブルが309.7kN(31.6t)（F_fの0.83）であった。

5.2 変形の検討

Model-2による解析結果では、最大変形量は、上弦材については半面等分布荷重時に41.5cm（束間のスパン7.3mの約1/18）、風荷重時に43.6cm（同約1/17）、束頂部については半面等分布荷重時に26.0cm（屋根スパン42mの約1/160）、風荷重時に27.9cm（同約1/150）であり、いずれも仕上材や膜取付金具に損傷を及ぼす大きさではなく、また、積雪の局部集中も生じないと判断した。

5.3 施工時のPS導入方法の検討[付図5.4.3]

上弦材の最外周部分（U_1材）を引き込むことにより，他の部材にも所定の張力が導入されることを解析により確認し，実際の施工に反映させた．

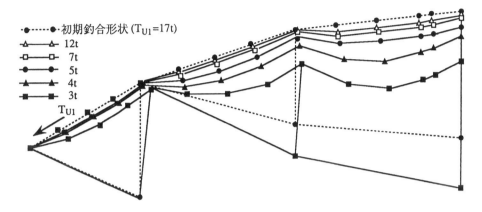

付図5.4.3 U_1からの張力導入による形状変化

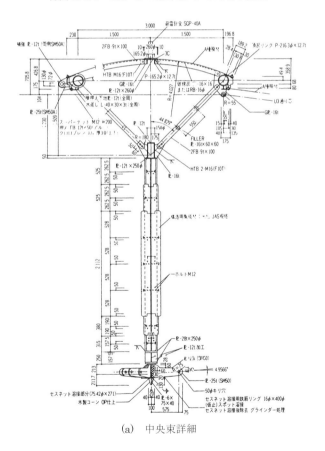

(a) 中央束詳細

付図5.4.4 ディテール図

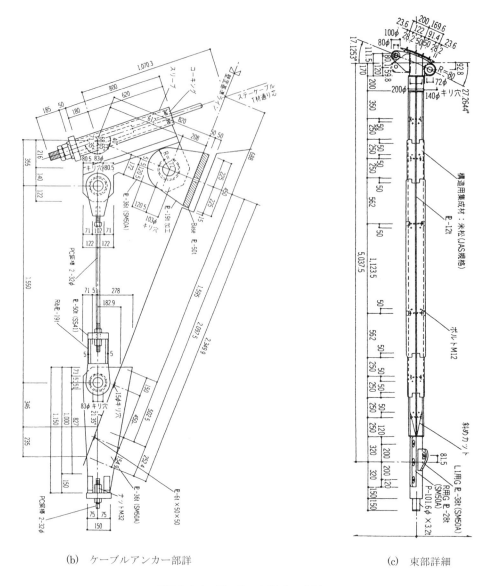

(b) ケーブルアンカー部詳　　　　　(c) 束部詳細

付図5.4.4　ディテール図（つづき）

6. ディテール設計

　本構造は，束の上下に高い張力の導入されたテンション材が数本取り付く．このため，この部分は，束に生じる圧縮力とテンション材の引張力が，できるだけ偏心しないようなディテールを設計する必要があった．特に16本のテンション材が集中する中央束材の下部では，セスネット溶接を用いることで，コストの低減を図るとともに，コンパクトなディテールが実現した．このほか，最外周の上・下弦材やステイケーブルが集まる折板壁頂部の金物，およびステイケーブルのアンカー部などのディテールにも，応力の偏心を避けるために細かな配慮を行った．

7. 支持構造

　下部構造は，16個の板からなるＲＣの折板構造であり，その頂点をつなぐことにより圧縮リングが形成されている．上弦材に生じた引張力は，端部に接続されたバックステイを介して，下部構造に伝達される．設計においては，屋根架構の解析結果で得られたケーブル反力と膜材の反力を外力として作用させ，断面算定を行った．

8. 施工方法

①一般にケーブルドームの最大の特徴は，高いレベルのプレストレスにより屋根面の安定化を図る点にあるが，施工計画の策定時にはこの点に留意して施工安全性を確保する必要がある．

②本建物では，最外周の上弦材（U_1）16本をジャッキで引き込むことにより，確実かつ容易に全部材への所定の設計プレストレスが導入された．ストリングの長さ調整作業と不安定状態の膜を取り付ける作業を周辺の高い壁に囲まれた状態で地上にて行えるように，リフトアップ工法を採用したことも，特徴である．

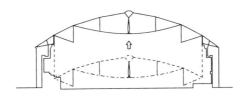

付図 5.4.5　リフトアップ工法

付5.5 唐戸市場

-2001年 山口県下関市-

(設計当時の単位系を用いている.)

1. 構造概要

1.1 建物概要

本建物は，PCa-PCの張弦梁構造と斜張式吊屋根を複合化したもので，スパン44.8m，桁行方向48m，最大天井高さ10mの無柱空間を構成している.

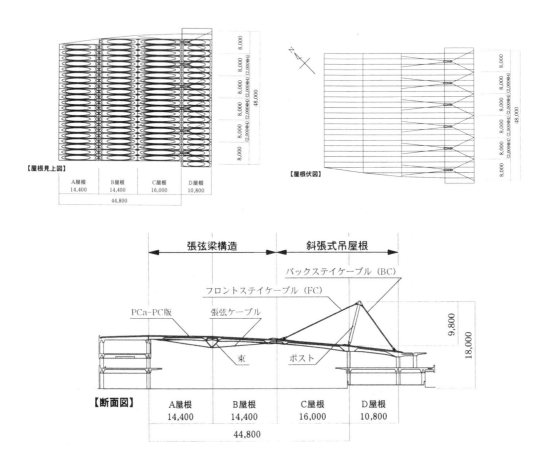

付図5.5.1 建築概要図

1.2 構造概要[付5.22]

本建物は，屋根面で曲率を持ち，約90枚のPCaパネルが一体化された屋根板を，張弦ケーブル，フロントステイケーブル（以下，FCという），バックステイケーブル（以下，BCという）の

3種のアウトケーブルが支持し，完成時の屋根板の応力と形状を制御している．なお，斜張ケーブルの取り付くポスト下部はピン支持である．

1.3 構造材料[付5.25]

- 柱：800×800mm，緊張材はPC鋼棒
- 桁行梁：PC鋼棒，800×800mm，両端部は無垢，中央部はΠ字型，緊張材はPCストランドケーブル（7本より線）
- 張間梁：ポストテンション工法，両端部800×800mm，中央部800×600mmでΠ字型，緊張材はPCストランドケーブル（7本より線）
- ジョイスト版：版幅1775mm・リブ成400mm，トッピングコンクリート厚100mm，緊張材はPCストランドケーブル（7本より線）

ケーブル（張弦ケーブル，FC，BC）はPCストランドを使用し，各ケーブルの諸元を以下のとおりである．

- 張弦ケーブル（19-φ15.2：PS量約1372kN(140tf)）
- FC（31-φ15.2：PS量約2646kN(270tf)）
- BC（31-φ15.2：PS量約2744kN(280tf)）

2. 施工計画[付5.22], [付5.26]

本架構のようにストリングにより構造合理性を獲得した構造では，施工途中における構造安全性を確保するために，特にプレストレス(PS)導入の検討が重要である．本構造システムの施工計画は，以下のように整理できる．

①張弦梁は自碇性を利用し，地組とストリングのPS導入を行った後，リフトアップを行う．
②張弦ケーブルとBCは張力指定で，一方FCは材長指定でそれぞれ取り付ける．
③張力指定によるPS導入は，張弦ケーブルは張弦梁張力導入まで，ステイケーブルはBC張力導入までにそれぞれ実施し，その後の各ケーブルの張力発生は施工時に受動的に発生する．
④斜張屋根の張力導入方法は合理性と安全性を考慮し，BCの脚部のみで行い，BCとFCに同時に張力を導入する．

3. 荷重の設定[付5.25]

屋上広場(せり場屋根)
- 躯体重量：約5000N/m^2
- 仕上荷重：4500N/m^2
- 積載荷重：3600 N/m^2

4. 構造解析

4.1 逆工程解析[付5.22]

　本建物では，架構の完成状態はPS導入後の施工により達成されるため，当該施工ステップに至るまでの施工管理値の設定が重要である．さらにケーブル部材に外套管を被覆しているため，施工途中における曲率の発生を許容値以下に抑える必要がある．以上の諸点を踏まえ，以下の検討項目に対して管理値を設定するために，逆工程解析を行った．解析は一方向（スパン方向）の荷重伝達性能を考慮して1ユニットモデルで行った．ケーブル（BC，FC）の形状（曲率）を詳細に把握する必要がある範囲（Step5,6）に対しては，ケーブルの自重を考慮した幾何学的非線形解析により，他の施工ステップに対しては線形解析の重ね合わせにより，それぞれ行った．なお，検討にあたって，境界部分の摩擦やばねも考慮した．

①導入張力量の確保，FCの材長の設定，支保工高さの設定，仕上げ工事前の目標値，施工時張力の許容範囲，PC板の浮き上がりの許容範囲，施工時の構造安全性・安定性の確保，BC引込み長さの設定，引込み張力の把握，施工方法の妥当性．

②解析モデル(付図5.5.3)は，1方向（スパン方向）の荷重伝達性能を考慮して1ユニットを取り出して行った．

③施工計画上，仕上げ荷重載荷（STEP8）後に張弦梁端部を固定するため，端部境界はピン支持となる．このため積載荷重時に，アーチ効果によるスラストの発生が考えられる．このスラスト処理するための下部構造のばね効果について検討を行った結果，下部構造のばねによるスラスト処理に関する挙動が確認された．

④仕上げ荷重載荷時における張弦梁端部ローラーの摩擦の影響について検討を行った結果，理想モデルと変位やケーブル張力，梁軸力に差が見られないことから，端部の摩擦が全体挙動に及ぼす影響はないと判断した．

⑤施工時解析結果を付図5.5.4に示す．

付5 ケーブル構造設計例 —255—

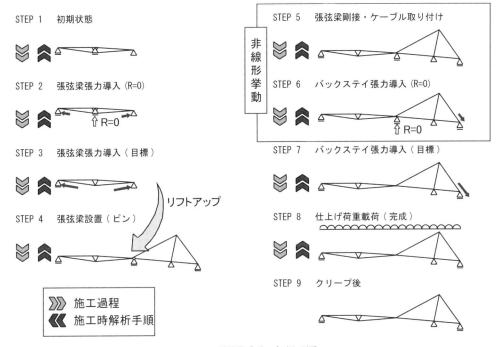

付図5.5.2 解析手順

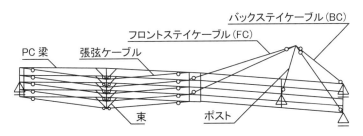

付図5.5.3 解析モデル概要

付表5.5.1 構造諸元一覧

部材	断面(mm)	$E(tf/cm^2)$	$A(cm^2)$	$I(cm^4)$	$w(kgf/m)$	材料強度
FC	31-ϕ15.2	1950	43.0		31.39	F_b=826(tf)
BC	31-ϕ15.2	1950	43.0		31.39	F_b=826(tf)
張弦ケーブル	31-ϕ15.2	1950	20.4		19.26	F_b=506(tf)
ポスト	ϕ609.6×31	2100	563.5	2.36×10^3	443.47	F=3300(kgf/cm²)
束	ϕ80	2100	50.0	1.99×10^2	39.35	
PC梁	395×2000	360	7.30×10^3	2.67×10^5	1.90×10^3	F=500(kgf/cm²)

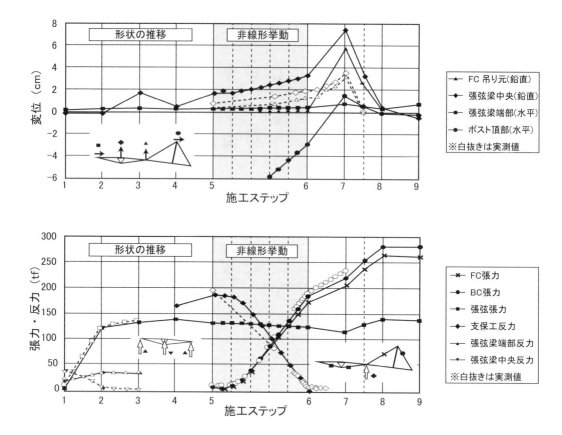

付図5.5.4 施工時解析結果

4.3 幾何学的非線形解析

①STEP5から6の範囲で低張力領域にあるFCとBCにケーブルの緩みによるサグが生じるため，ケーブルの自重を考慮し，NASTRANによる幾何学的非線形解析を行った．解析モデル（付図5.5.5）は，ケーブルのサグを評価するために1本のケーブルを8分割し，節点をピンとした．各節点に，負担長さ分のケーブル自重を載荷した．

②付図5.5.6のグラフの横軸はBC下端部のカップラーの完成時からの伸び量で，ケーブルの残り引込み量に相当する．

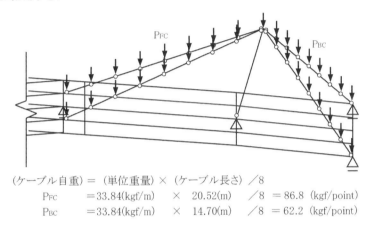

(ケーブル自重) ＝ (単位重量) × (ケーブル長さ) ／8
P_{FC} ＝33.84(kgf/m) × 20.52(m) ／8 ＝86.8 (kgf/point)
P_{BC} ＝33.84(kgf/m) × 14.70(m) ／8 ＝62.2 (kgf/point)

付図5.5.5 非線形解析モデル概要

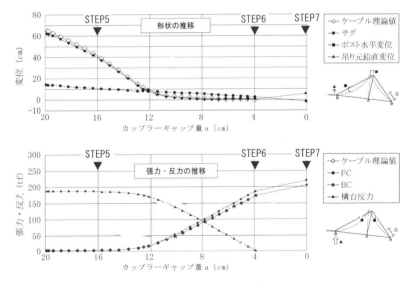

付図5.5.6 非線形解析結果

5. 構造設計
5.1 ディテール設計

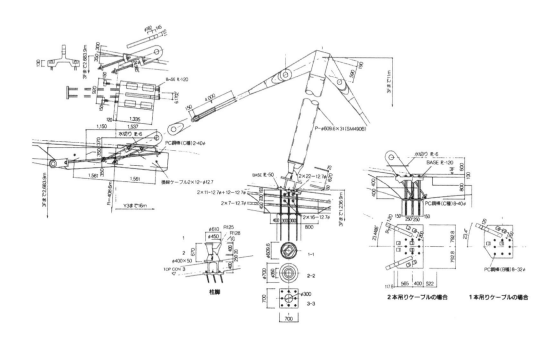

付図 5.5.7 ポストと吊りケーブル詳細

6. 施工方法[付5.27]

①張弦梁構造部分の施工

　屋根は地組で軸力導入後,支保工上にセット,PC鋼より線により一体化し,グラウド注入後に張弦梁の軸力導入を行った.

②斜張式張弦PC架構の施工

　支保工で完成形の状態で支持し,すべてのPCa部材がセットされた後,縦横にPC鋼より線を配線,緊張,グラウト注入,硬化の手順で屋根板を一体化させた.斜張式ケーブルの緊張方法は,各バックステイケーブルをセンタージャッキ2台で引き込みながらカプラーを締め付け,軸力を導入した.

付5.6 出雲ドーム（出雲健康公園プロジェクト）
-1992年 島根県出雲市-
(設計当時の単位系を用いている．)

1. 構造概要
　1.1 構造概要

付図 5.6.1　全体架構図

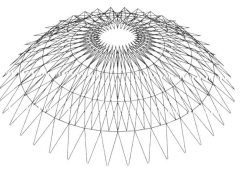

(a) 大断面集成材によるラジアルアーチ　　(b) リング・ケーブルとダイアゴナル・ロッド

付図 5.6.2　部材構成

本建物のドーム部分は，スパン約140m，ライズ43mの規模を持ち（ライズスパン比：約0.3），大断面集成材アーチ，テンションリング，鉄骨造の圧縮リング，束材，ＰＣ鋼棒の張弦材（ダイアゴナル・ロッド），ＲＣ造の柱および膜材の押えケーブルによる膜屋根で構成されたハイブリッド構造である．この構造システムは，放射アーチと波型の膜面を合理的に組み合わせること，高ライズ大スパンドームに必要な剛性と強度を確保することを要求機能として，考案された構造である．

付表5.6.1　部材諸元

部　材	使用材料	断　面（mm）
ラジアルアーチ	構造用集成材	273×914 ダブル
頂部圧縮リング	SM50A型鋼	ＢＨ-914×400×12×19
Ｖ字型束材	STK41鋼管	ϕ-140×4.5
リングケーブル	構造用ロープ	2-ϕ38（1×61：F_b=2470kN*（252tf*））
		2-ϕ70（1×169：F_b=8604kN*（878tf*））
	PC鋼棒	ϕ-32（F_y=343kN(35tf)）
張　弦　材	PC鋼棒	ϕ-36,46（F_y=431.8kN(44,73tf)）
周辺立体トラス	集成材+鉄板	142×142, PL-16
膜パネル	PTFE膜**	t=0.8
押えケーブル	構造用ロープ	ϕ-44（7×19：F_b=1283kN(131tf)）
下部構造	RC造	Fc210, SD30A, SD35

　　F_b：破断荷重，F_y：降伏荷重
　　＊：2本での値を示す．
　　＊＊：四ふっ化エチル樹脂コーティングガラス織維布

1.2　テンションリング

テンションリングはアーチ部材から束材を介して，ドームのうち側約4mの位置に3本（下から第2，3，4リング）配置されている．このリングは，アーチ部材が外側に広がる変形を制御する効果とともに，アーチ部材の横座屈を抑える役目も持っている．第2，3リングは構造用スパイラルロープ，第4リングはセミハイテンロッドを使用している．

1.3　ＰＣ鋼棒による張弦材

張弦材としてのダイアゴナルロッド（セミハイテンロッドを使用）は，アーチ部材に沿って放射状に張られ，アーチ部材と共に張弦トラスを形成し，非対称荷重に対してブレース的に機能する．

1.4　PTFE膜による膜屋根

膜パネルは集成材アーチ間に張られ，中央の押えケーブルにより張力が導入され，Ｖ字型の形状が得られている．

1.5 鉄骨造の圧縮リングおよび束材

ドームの頂点部から半径11mの範囲は，鉄鋼造による比較的剛なリング構造であり，アーチ材から伝達される圧縮力および曲げモーメントを吸収している．アーチの折れ曲がり部には，V字型の鋼製束材を配置し，この束材を介してテンションリングが取り付けられている．

2. 構 造 計 画
2.1 初期張力の設定

テンション材の自重によるたわみを除去することを目的として，テンションリングとダイアゴナルロッドの初期張力を設定した．テンションリングの初期張力の大きさは666kN(68tf)（第2リング），343kN(35tf)（第3リング）である．

2.2 安全率の設定

テンションリングと押えケーブルを構成する構造用スパイラルロープおよび張弦材（ダイアゴナル・ロッド）を構成するＰＣ鋼棒の安全率は，長期に対して3，短期に対して2.2に設定した．

3. 荷重の設定
3.1 常 時 荷 重

固定荷重（902N/m²(92kgf/m²)）および膜パネルと押えケーブルに導入する初期張力を考慮した．

3.2 風 荷 重

①屋根最高部に相当する地上49mの高さを基準高さとし，速度圧を次のように算出した．ここで0.8は建設省告示第1074号による数値である．

$$q = 120 \times \sqrt[4]{49} \times 0.8 = 254.0 kgf/m^2 (2489\ N/m^2)$$

②風力係数は，風洞模型実験の結果から決定した．

3.3 積 雪 荷 重

①建築基準法施行令第86条に基づき，島根県が規定で定める設計用積雪深90cm，単位重量20N/cm/m²(2kgf/cm/m²)を採用し，設計用積雪荷重を1800N/m²(180kgf/m²)と設定した．
②積雪分布は，全面等分布と偏分布の2ケースについて検討を行った．後者は，半面1800N/m²(180kgf/m²)，他の半面900N/m²(90kgf/m²)の荷重モードである．なお，勾配による低減を考慮している．

3.4 地震荷重

建築基準法施行令第88条に基づいて算定した．層剪断力分布係数は，固有値解析による一次固有モードの形を参考にして決定した．

4. 構造解析

4.1 解析手順

①設計の手順は，まず最初に設計荷重を膜パネルに作用させ，膜パネルの応力・変形および反力を，幾何学的非線形性と膜材のリンクリング（非抗圧縮性）を考慮した有限要素法解析を用いて算出した．

②次に，求まった反力をアーチ部材に作用させ，幾何学的非線形立体フレーム解析を実施した．

4.2 解析モデル

①解析モデルは，テンションリング部を等価な1本の梁材に置換し，他の部材は詳細にモデル化している．解析は，マトリックス変位法に基づく梁要素（木造アーチ，柱）とトラス要素（ケーブル，ロッド類）の幾何学的非線形性を考慮した荷重増分法による．各荷重ステップの解析には，Newton-Raphson法を用いた．梁要素の幾何剛性マトリックスは，断面剛の仮定により軸ひずみのみを考慮し，要素内に軸力が一定であると仮定して解を求めた．

②ケーブルとロッド要素については，圧縮力を負担できないという性質（非抗圧縮性）を考慮した．非抗圧縮性の処理は，部材の無応力長と各荷重ステップでの節点間距離との比較により判定を行い，圧縮側ならばその要素軸力を解放し，剛性を無視することによって行った．

③設計荷重を組み合わせた解析ケースのほか，接合部の存在による剛性低下の影響を見るため，アーチ曲げ剛性を8割と5割に低減させた解析も行った．

4.3 施工解析

施工完了時に各テンション材に所定の張力が得られるように，完成形状から施工の逆の手順で解析を行い，施工時に導入すべきＰＳ力を算定した．

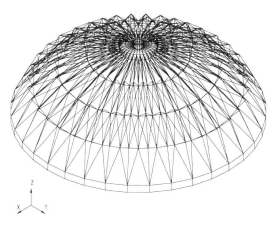

付図 5.6.3　解析モデル図

5. 構造設計

5.1　ケーブルとロッドの応力

リングケーブルは全面等分布荷重（S1）に対して有効に働くが，偏分布積雪荷重（S2），風荷重（W）に対して一部圧縮が生じていること，ロッドが非対称荷重作用時（S2，W）に面内ブレースとして有効に働くことが確認された．

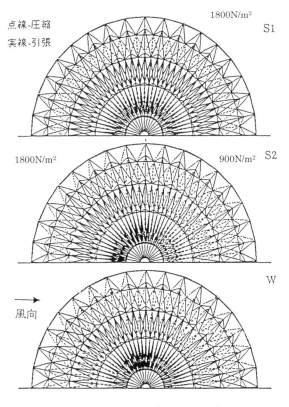

付図 5.6.4　ケーブル・ロッド応力図

5.2 全体座屈性状

① 縦軸は荷重ステップ（10ステップが常時荷重レベル），横軸はアーチ上節点の鉛直変位を表している．構造物が不安定状態になり，変位が大きく流れる荷重ステップを座屈荷重とすると，各ケースの座屈荷重は，全面等分布積雪荷重（S_1）に対して5.8倍（D+5.8S_1），偏在分布積雪荷重（S_2）に対して3.7倍（D+3.7S_2，），風荷重（W）に対して5.3倍（D+5.3W）であると考えられる．

② アーチの曲げ剛性を8割，5割に低減した時の座屈荷重はそれぞれ3.5倍，2.7倍となり，剛性低下率ほど座屈荷重が低下しないことが把握された．これは，アーチの剛性が低下しても応力がリングケーブルなどの部材に伝達されることによる．

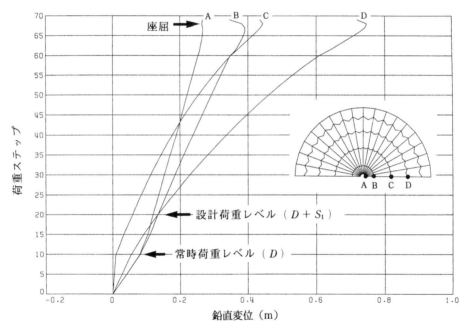

付図5.6.5 全面等分布積雪時も荷重変形曲線（等分布雪荷重：S_1）

5.3 ケーブルの断面算定

いずれのテンション部材も偏在分布積雪荷重（S_2）により断面が決定された．なお，許容引張力に対する発生引張力の比率は，0.25～0.5程度におさまっている．

6. ディテール設計

テンション材の形状の確保と所定張力の導入のため，束とテンションリングの接合部は図のようなディテールとした．これは，高いプレストレスが必要なテンションリングへの張力導入作業を確実かつ容易に行うことを目的としたものである．

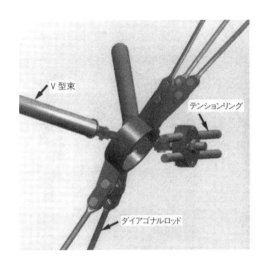

付図 5.6.6 テンションリングの取付ディテール

7. 支持構造

ドーム周辺部には,集成材と鉄骨の組合せによる立体トラスのテンションリングを配置し,屋根架構からの力を引張力で抵抗させ,ドームを自己完結系の架構としている.アーチ材は,36本の片持ちのRC独立柱により支持されている.

8. 施工方法

工期の短縮や施工安全性の向上を目的として「中央プッシュアップ工法」を採用した.本工法は,集成材アーチの地組,中央圧縮リングの所定高さまでのプッシュアップ,リングケーブルの取付け(第4,第2,第3),中央サポートの撤去の順序で行った.

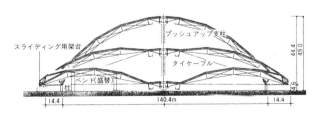

付図 5.6.7 中央プッシュアップ工法

付5.7 茨城県笠松運動公園体育館
-1974年 茨城県那珂町-
(設計当時の単位系を用いている．)

1. 構造概要
1.1 構造システム
①本体育館の構造系は，次の3つに大別することができる．
　(a) 吊りおよび押えの両ケーブル群と屋根中央を吊方向に走る吊鉄骨（逆アーチ）とから構成されるケーブルネット吊屋根構造．
　(b) ケーブル群を繋ぎ止め，下部構造へ屋根反力を伝達する境界縁梁構造．
　(c) 縁梁を支えている建物外周の二重壁およびその跳出し部を支える階段コアと隅部下端を結ぶ繋梁からなる下部支持構造．

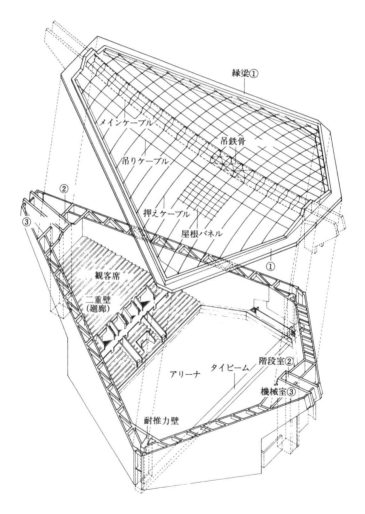

付図5.7.1 構造システム

1.2 屋根形状

①外周平面形は，約90mの正方形に内接する変形菱形をなす．

②吊屋根部分の規模は，吊りケーブル方向の最大スパン69.7m，押えケーブル方向の最大スパン88.5mであり，サグースパン比0.0763，ライズ-スパン比0.0867の偏平な曲面である．

③押えケーブルを二分する形で中央に配置された吊鉄骨は2×4mの箱状断面形を持った逆トラスアーチである．

④ケーブルは，中央吊鉄骨断面両端に2本のメインケーブル，さらに吊鉄骨を対称軸として吊ケーブル2×20本，押えケーブル2×37本から構成される．

1.3 構造材料

①ケーブル：厚さ約10〜14mmの合成樹脂をコーティングした多重よりPC鋼より線

　メインケーブル：公称径55.5mm（19×φ11.1：破断荷重 F_b=2,533kN(258.5tf)）

　吊りケーブル：公称径47.5mm（19×φ9.5：　　　　F_b=1,867kN(190.5tf)）

　押えケーブル：公称径33.3mm（7×φ11.1：　　　F_b=931kN(95tf)）

②境界縁梁：ポストテンション方式のプレストレスト・コンクリート構造

2. 構造計画

2.1 形状決定

施工および構造の合理性，さらに視覚的な要求から決定された直線境界構造間に形成されるケーブルネット目標曲面形状を，ガウス曲率負の線織面からなる幾何曲面（Z_G）に設定し，この目標形状と必要剛性を満足にするために最適な張力分布からなる初期釣合い形状（Z_0）を求めた．本設計におけるZ_GとZ_0の比較を付図5.7.2に示す．

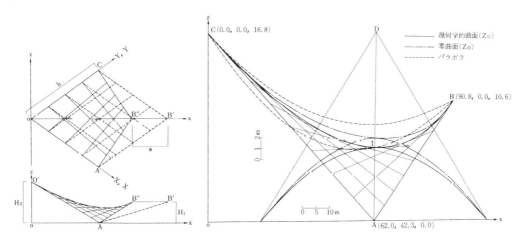

付図5.7.2 幾何曲面と初期釣合い曲面の比較

2.2 ケーブルネットのメッシュ構成

屋根パネル寸法,ケーブル目地の直線性等を考慮して,ケーブル交点の水平投象が約1.8mの直交格子を形成する方法とした.

2.3 初期張力の設定

直交する2本の放物線ケーブルによって曲面の全体性状が把握できるような単純系について,全面載荷時の張力消失条件より初期張力を定める略算式を用いた.この近似式より導かれた全面吹上げ風荷重時,積雪荷重時の代表的な吊り,押えケーブルの張力の変化を付図5.7.3に示す.図よりプレストレス導入時の吊り,押えケーブルの初期張力をそれぞれ $_oN_h$=245kN(25t), $_oN_b$=117.6kN(12t)に設定する.

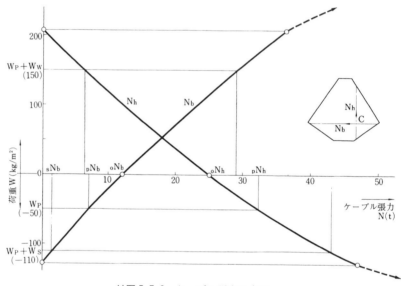

付図5.7.3 ケーブル張力の変化

3. 荷重の設定

3.1 固定荷重

設計荷重は,屋根パネル固定荷重:490N/m²(50kg/m²),吊鉄骨荷重:1176N/m²(120kg/m²)である.なお,初期形状解析時には,交点金物具およびケーブル自重を考慮してケーブルネットの標準節点で3038N(310kg)/節点を作用させた.

3.2 プレストレス

  ①メインケーブル (980kN(100t))
  ②吊りケーブル (245kN(25t))
  ③押えケーブル (117.6kN(12t))

3.3 風荷重

風力係数は，風洞実験結果[付5.33]に基づき，全面吹上げのC＝−0.8に設定し，風荷重として1960N/m²(200kg/m²)（0.8×240kg/m²）を採用した．

3.4 積雪荷重

①積雪荷重は最大積雪量30cmを用いて算定し，600N/m²(60 kg/m²)を採用した．
②積雪モードとしては全面等分布状態，偏分布状態（吊り方向半面対称，押え方向半面対称，1/4面非対称）を設定した．

4. 構造解析
4.1 構造解析の手順

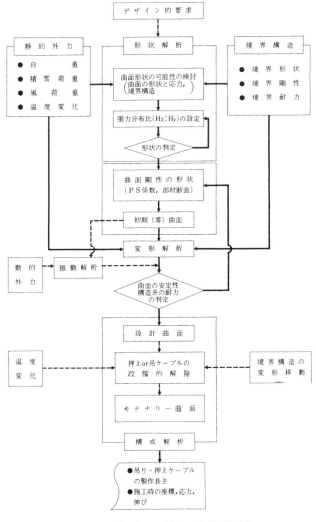

付図5.7.4 ケーブルネット構造の設計（解析）フロー

4.2 初期形状解析

① 吊りと押えの両ケーブル群の相対的な張力分布を与えることにより，境界構造内で釣合い可能な形態（基準的釣合い形状）を求めるために，初期形状解析を行う．

② 初期形状解析，載荷応答解析および架設解析に使用した解析理論は，ポテンシャルエネルギー最小の原理に基づく，混合法によるケーブルネット構造の幾何学的非線形解析であり，非線形連立方程式の数値解法には，Newton-Raphson法を採用した．

③ 解析モデルは，実際の1/3メッシュの密度のモデルとし，吊り方向，押え方向のケーブル間はそれぞれ5.625m，5.5mである．吊り，押えケーブルの断面積および張力は，おのおののケーブル3本分の値を使用するが，メインケーブルの断面積は中央吊鉄骨の剛性を評価して補正した値を用いた（付図5.7.5）．

④ すべての吊り，押えケーブルにプレストレスが導入された初期形状解析の結果を付図5.7.6に示す．

4.3 載荷応答解析

解析モデル：境界条件が異なる2つのモデルを設定した（付図5.7.5）．中央吊鉄骨剛性をケーブルに置換したModel-1は，全節点数：168，部材数：258，吊りケーブル数：14，押えケーブル数：12であり，Model-2はModel-1の19番吊りケーブル（メインケーブル）上の節点を，初期釣合い曲面時の座標に保って固定境界とした．

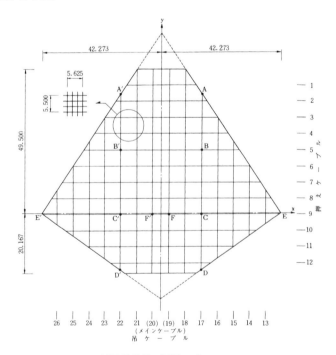

付図 5.7.5　解析モデル

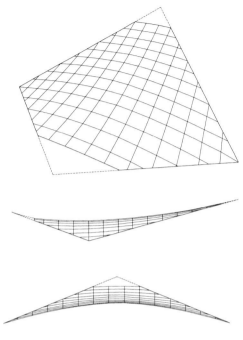

付図 5.7.6 初期釣合い曲面の形状

4.4 架設解析

　初期形状解析で得られた基準状態の張力分布は，実際には各施工段階ですべて異なった分布を示し，ケーブルネットが構成され終わったときの最終的な分布だけが既知となっているにすぎない．このため，プレストレスの導入順序に従って，施工時に必要なプレストレスの大きさや，ケーブルの伸び，高さなどの諸量を決める解析データが必要となる．ここでは，基準状態にあるケーブルネットにおいて，その押えケーブルを段階的に定められた解除力に基づき弛緩してゆき，最終的におのおの独立した吊りケーブルのみのカテナリー曲面を求める架設解析を行った．本吊屋根においては，境界構造との対応，ケーブル材料の特性などを考慮して押えケーブルによるプレストレス導入を2回に分けて行った．このため，解析においては，押えケーブルは所定の張力（初期張力の1/3とした）を残しながら第1回目の解除を行い（第1回目の張力導入ステップに相当する），次に残存力を順次0に解除した（第2回目の張力導入ステップに相当する）．この最終的な解除ステップの結果より，吊りケーブルの懸垂形状とその定着張力が得られる．付図5.7.7には押えケーブル緊張段階における吊りケーブル（17番）の形状変化を，付図5.7.8に押えケーブル緊張による屋根曲面形成時の状況を示す．第1回，第2回張力導入時には押えケーブルがすべて架け渡されていないこともありケーブル形状の変化は著しく，1本の押えケーブルの張力導入が曲面全体に与える影響は大きい．第2回張力導入時には，吊り，押え両ケーブル群による曲面が一応の安定した形として形成されて

おり，第1回張力導入時ほど大きな形状の変化は起こらない．押えケーブルの張力補正を行うような形で初期曲面形成への経過をとることがわかる．

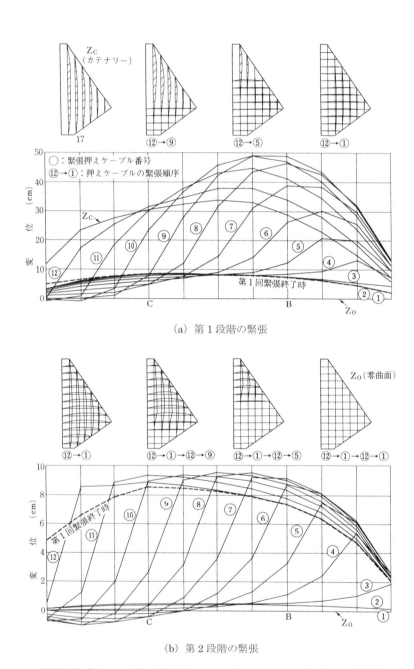

(a) 第1段階の緊張

(b) 第2段階の緊張

付5.7.7 押えケーブル緊張段階における吊りケーブル（17番）の形状変化

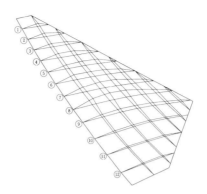

付図5.7.8 押えケーブル緊張による構成曲面と Z_0 の比較—2段階目の9番ケーブルの緊張後

4.5 振動解析

①解析モデル：解析モデルは，実際のケーブル6本を1本としたグリッドを利用しており，全面（Model-1′），片面(Model-2′)について自由振動解析を行った（付図5.7.9）．

②解析手法：固有周期および固有振動モードを求めるためには，パワー法を用いた．

③一次から四次まで低次の固有周期の値は，0.69sec〜0.55secと近接している．

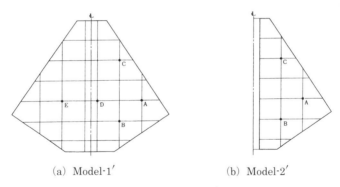

(a) Model-1′　　　(b) Model-2′

付図5.7.9 振動解析モデル

5. 構造設計

5.1 ケーブルの断面積

①解析結果：ケーブル最大張力は，長期（屋根面施工完成時,すなわち設計曲面時：$W_p = 490N/m^2(50kg/m^2)$）において，中央部分での吊りケーブルが323kN(33 t)，押えケーブルが68.6kN(7 t)となった．短期は全面積雪時の吊りケーブルが427.3kN(43.6 t)，風荷重時の押えケーブルは287.1kN(29.3 t)，また積雪時のメインケーブルは1234.8kN(126 t)となった．

②長期許容引張力（吊りケーブル：1867kN(190.5 t)，押えケーブル：931kN(95 t)）に対する安全率は6および14．短期応力に対する安全率は全面積雪時の吊りケーブルは4，全面吹き上げ風荷重時の押えケーブルは6，また積雪時のメインケーブルでは2である．

5.2 積雪時の変形

①全面積雪荷重時には，メインケーブルの剛性が高いため，メインケーブル上の節点変位は非常に小さく，部分的な押えケーブル張力は負となっている．

②偏荷重が作用した時には，メインケーブルで仕切られた反対側への影響は小さいが，全面的に鞍型ケーブルネットと同様な剛体変形の傾向が見られる．

5.3 屋根面の振動特性

①解析値，実験値および実験結果から，固有周期は約0.5～0.6秒程度と推定される．このときの，いわゆる危険風速V_{cr}[付5.34]を求めてみると，

$V_{cr} = (L/2)/(T/2) = 100$ m/sec （ただし，Tは固有周期，Lは屋根面スパン）となる．

②屋根完成時の減衰常数は，実験値に比べてかなり大きな数値を示しており，現場測定より1～2％と推定される．

6. ディテール設計
6.1 ケーブル端末部
6.2 ケーブル交差部
6.3 吊鉄骨と押えケーブルの接続部

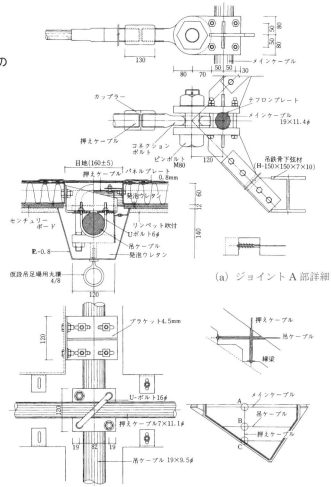

(a) ジョイント A 部詳細

(b) ジョイント B 部詳細　　(c) ジョイント C 部詳細

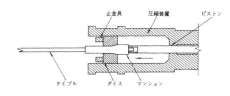

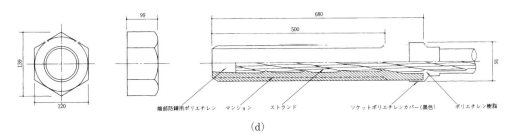

(d)

付図 5.7.10 ディテールの設計

7. 支持構造

①ケーブルネットの水平成分（設計曲面時で吊り，押え方向反力は，おのおの約174.4kN/m, 32.3kN/m(17.8 t/m, 3.3 t/m)に対して，主として曲げとせん断によって抵抗する最大長さ約60mを持つ傾斜した縁梁は，幅4m, 厚さ60～90cmのPC梁として設計された（F_c= 39.2N/mm^2(400 kg/cm^2))．

②楔止め形式のＶＳＬ工法に使用される鋼材は，7×12.4φのスタビライズドストランド（P_{pu}≧1715N/mm^2(17500kg/cm^2) である．

③縁梁へのプレストレス導入時には導入部分の静定化を図るため，おのおの4本の片持梁と単純梁からなる，8本の静定梁としてそれぞれ独立した部材に分割した．

④縁梁に導入されるプレストレスは，1本の梁について最大18522kN(1890 t)となる．

⑤屋根面の施工完了後，縁梁と下部構造とは一体化され，地震時の水平力に抵抗する．

付5.8 上海万博会世博軸
－2010年　上海万博会浦東区－

1. 構造概要
1.1 構造概要
　世博軸屋根は，膜構造屋根と六個の"サンバレー"と呼ばれる鉄骨＋ガラス構造から構成される．六個の"サンバレー"には合計18個の膜構造屋根の支持点が設けられている．膜構造屋根は，支持構造と膜面からなる連続サスペンション形式である．支持システムは31本のアウターマスト，19本のインナーマスト，水平ケーブルおよびバックステイケーブルから構成され，インナーマストの総重量は約2600tに達する．膜面の規模は，全長約840m，巾最大97m，総面積約68000m²となっている．膜材は，四フッ化エチレン樹脂（PTFE）コーティングガラス繊維織物の1mmクラスを使用しており，一枚の膜パネルの最大展張面積は約1780m²である．ケーブルは，全部で817本，全長21046m，最長で1本110mに達し，直径の最大はφ155である．

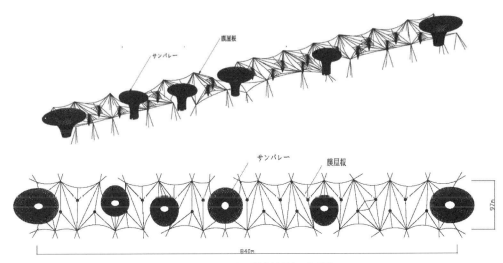

付図5.8.1　世博軸屋根平面図

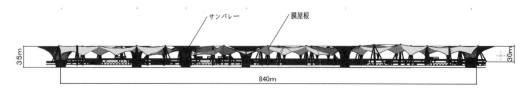

付図5.8.2　世博軸屋根立面図

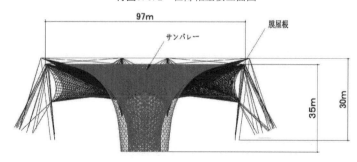

付図5.8.3　世博軸屋根側面図

1.2　構造材料

ケーブルは，被覆平行線ストランドで，その引張強さは，1770N/mm²以上，弾性係数は，2.0×10^5MPa以上，被覆はダブルHDPE（高密度ポリエチレン）を採用している．表5.8.1に膜構造屋根の部位別のケーブル径を示す．

付表5.8.1　膜構造屋根の部位別ケーブルの直径

部　位		直　径
バックステイケーブル	高いマスト用	φ155.2
	低いマスト用	φ119.0
リッジケーブル	長	φ110.0
	短	φ76.9
エッジケーブル	長	φ70.6
	短	φ50.8
バレーケーブル	長	φ65.0
	短	φ50.8
吊りケーブル		φ31.4
水平ケーブル		φ50.8

2. 構造計画

膜屋根部の構造は，膜面システムと支持システムから構成される．

① 膜面システム

膜面は世博軸建築イメージの主要なコンポーネントの一つで，南北に843m，最大投影幅は102.6m，総展開面積は約64000m²となっている．付図5.8.4に膜面ユニットの構成形式（逆ホルン型）を示す．膜面境界およびその内部には，それぞれエッジケーブル，バレーケーブル，リッジケーブルが配置され，この内のリッジケーブルを介して，隣接する膜面ユニット間の応力のやり取りが行われる．膜面ユニットの中央部のインナーマストには下部リングを設け，逆ホルン型の膜面を形成させている．本構造物は，この逆ホルン型の膜面ユニットが19個連続することによって，全体の膜面およびその構造が成立している．

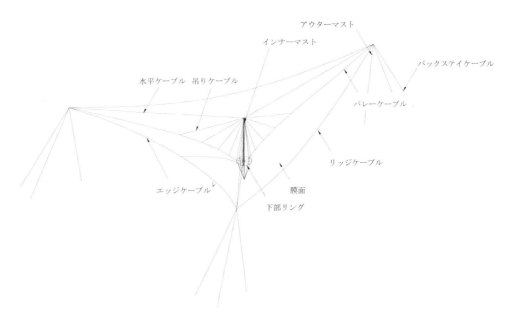

付図5.8.4 逆ホルン型膜面ユニットの構成

② 支持システム

支持システムは，膜面システムを支持するためのシステムであり，以下に示す4種類の支持形式に分けられる．

(a) アウターマスト

アウターマストは計31本，各マストに2本のバックステイケーブル（計62本）を設ける．アウターマストは，通路軸に対して両側に配列され，その頂部を全て外側に傾かせている．アウターマスト間の距離は，通路軸方向で33〜77m，通路幅方向で88mである．

(b) 下部リング

下部リングは計 19 個あり，バレーケーブルが取り付けられているのと同時に，インナーマストの上下端部両方に上下方向に作用するケーブルも取り付けられている．

(c) サンバレー支持部

6 つのサンバレーには，それぞれ 3 か所，全体で計 18 か所の膜支持部が存在する．

(d) 吊りケーブルおよび水平ケーブル

ケーブルと膜面の変形を抑えるため，1 本のバレーケーブルに対してインナーマスト頂部から 4 本の吊りケーブルを設けている．さらに，インナーマストから 1 ユニットを構成する 3 本のアウターマストの各頂部に対して水平ケーブルを設けることで，本システムを安定させている．

3. 荷重の設定

3.1 固定荷重

膜：0.016 kN/m^2

ケーブル：84 kN/m^3

3.2 初期張力

膜材初期張力： 5 kN/m

リッジケーブル初期張力： 300 kN （最大）

エッジケーブル初期張力： 400 kN （最大）

リッジケーブル初期張力： 800 kN （最大）

水平ケーブル初期張力： 800 kN （最大）

バックステイケーブル初期張力： 5000 kN （最大）

3.3 風荷重

中国の荷重基準と風洞試験に基づく．上海地区の基本風圧は，0.55 kN/m^2 である．

3.4 積雪荷重

0.3 kN/m^2

逆ホルン型の下部リングの周囲に関しては，円錐の体積分 $V=35$m^3 の積雪を考慮し，さらには，積雪の密度として，氷の値を用いて計算を行っている．

4. 構造設計

耐荷重能力限界状態と使用限界状態の2種類の限界状態を設定し，構造計算を行っている．耐荷重能力限界状態に対して，膜，ケーブル，インナーマストの強度計算が行われた．ホルン型の下部リング周辺の膜応力が大きいため，補強膜を用いて，膜を二重にすることで対応している．また，使用極限状態における，膜面，ケーブル，インナーマストの変位を計算し，その大きさに関して評価した．

連続倒壊の可能性に関する検証も行われ，局部で2本のバックステイケーブルが破損した場合，1本マストが倒壊した場合，1枚または2枚の膜が破損した場合のそれぞれについて，風荷重での構造解析が行われ，連続倒壊しないことを確認している．

5. 支持構造のディテール設計

インナーマストの立面図を付図5.8.5に示す．インナーマストの頂部は，アウターマストの頂部と繋がる水平ケーブルやバレーケーブルを吊り上げている吊ケーブルと取り合い，下部には膜支持部として下部リングが設けられている．下部リングは，施工当初は上下方向可動とし，最終的に，インナーマストと溶接により固定されている．膜面の雨水は，下部リング下に張られた集水膜に集められた後，インナーマスト内部に設けられた縦樋によって処理される．アウターマストとバックステイケーブルの姿図を付図5.8.6に示す．付図5.8.8に示すバックステイケーブルの支承には，400mm調整できるダブルアンカープレートを用いた．

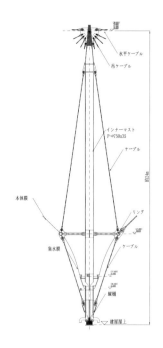
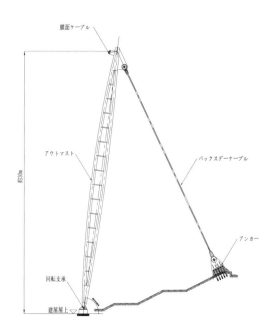

付図5.8.5 インナーマストの立面図　　付図5.8.6 アウターマストとバックステイケーブルの姿図

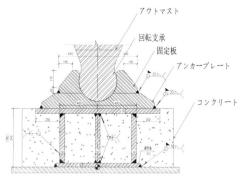
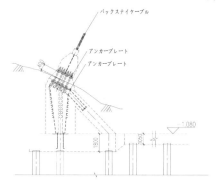

付図5.8.7 アウターマスト支承部　　付図5.8.8 バックステイケーブルの支承部

6. 施工時の検討，施工方法

この大型連続ケーブル膜構造の施工において，以下の点が課題であった．

① 施工段階における構造の応力評価が複雑である．
② インナーマストにケーブルを取り付ける際に高い安定性が求められる．
③ 1パネルの面積が大きい膜面の折畳み・展張・定着を計画的に行う必要がある．
④ 工期中，気候などの不確定要素が多く存在する．
⑤ 吊構造システムにおいて張力を導入する工程が困難である．

本吊構造施工の全体的な手順として，支持システムに関して，張力導入を事前に行い，その後，膜面に対して張力導入を行う．中間過程においては，形を作り上げながら，バランスをとり，両システムの応力をコントロールすることが重要となる．

　ケーブルの取付け手順として，まず，バックステイケーブルと水平ケーブルをインナーマストおよびアウターマストに取り付け，それらの部材を全体として繋げることで，支持システムを安定させる．それから，膜面システムに関与する，リッジ，バレー，エッジケーブルをそれぞれ取り付ける．手順詳細を以下に示す．また，支持システムは，4号サンバレーと呼ばれる部位を境にそれぞれ独立した南北両部分に分けられているので，施工時には，仮設ケーブルを設置して南北相互の安定性を保つようにした．

第一段階：支持システム工事
- step1 ：内部・外部アンカーケーブルおよび仮設バックステイケーブルにより，全てのインナーマスト，アウターマストを取り付け，一時固定する．
- step2 ：全ての水平ケーブルとバックステイケーブルをインナーマストおよびアウターマストに繋げる．
- step3 ：バックステイアンカーおよび下部リングが所定位置となるように調整すると同時に，インナーマスト頂点を所定位置に対して，5cm以内の誤差で納まるように調整する．
- step4 ：11か所に仮設ケーブルを取り付ける．
- step5 ：インナーマストの足場を作業用プラットフォームとし，インナーマスト1本につき3本取り付けられている水平ケーブルに対して，設計張力の70％，100％の2段階に分けて張力導入を行い，安定後，仮保護装置を取り除く．

第二段階：膜面システム工事
- Step6 ：膜面システムを構成するケーブルを取り付けるための施工用プラットフォームおよび一時通路を設置する．
- Step7 ：膜パネルを所定の位置に置き，保護しながら展張し，吊り上げる．
- Step8 ：膜面への張力導入のために，ケーブル引き締め金具やボルト調節金具などを利用して短辺から長辺へと順を追って，徐々に調整しながら，最終位置まで引き込んだ後，恒久的なU型金物に取り替える．各施工段階での，各支点の位置および挙動，さらには各ケーブルと膜面の応力が限度内にあるよう，常に測定，監視を行う．

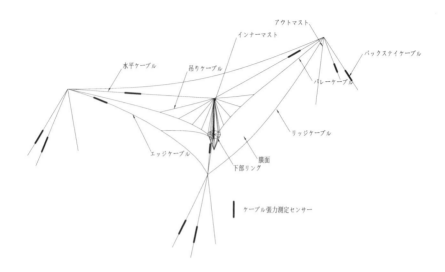

付図5.8.9　ケーブル応力の測定位置

　施工手順に従って，40ステップによる第一段階のケーブル張力の施工時解析を行った．付図5.8.10に，最大張力のケーブル（水平およびバックステイ）の施工ステップごとの張力変化を示す．付図5.8.10から，ケーブル張力の低い水平ケーブルを徐々に引き込むことにより，自動的かつ効率的にバックステイケーブルの張力導入が可能であることがわかる．

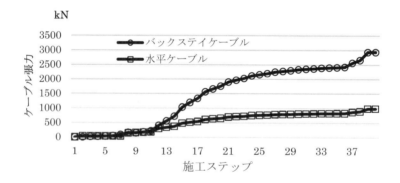

付図5.8.10　最大張力を生じるケーブルの施工ステップごとの張力変化

参考文献
付5.1) Magara, H., Okamura, K. and Kawaguchi,M.:A Study on Analysis of Membrane Structures.IASS Symposium Rio de Janeiro, pp.1〜12, 1983
付5.2) Mataki, Y. Iwasa, Y., Fukao, Y. and Okada, A. : Experimental Research on the Structural Characteristicsof Low-Profile,Cable-Reinforced, Air-Supported Structures-Wind Pressure Distribution and Statical Behavior Under Wind Load, IASS Symposium Moscow, 1985

付5.3) Okada, A. And Fukao, Y.: An Approach to Internal Pressure Control of Low-profile Cable-Reinforced Air-Supported Structures, IASS Symposium Osaka, 1986
付5.4) Mataki, Y. Iwasa, Y., Fukao, Y. and Okada,A. : Experimental Test and Simulation Analyses of the Dynamic Behavior of Low-Profile, Cable-Reinforced, Air-Supported Structures, IASS Symposium, Osaka, 1986
付5.5) Tanno, Y.,Yano,T.,Iwasa,Y.,Kihara,H.and Matsunaga, K. : Structural Design of Tokyo Dome "Big Egg",a LarGe Scale Low-Profile Cable-Reinforced Air Supported Structure, Proceedings of IASS-MSU Symposium, Istanbul, pp.631-640, 1988
付5.6) 阿部宏正,木原碩美,浅井浩一,矢野忠弘：後楽園エアードームの構造設計, structure No.17, pp.22-35, 1986.1
付5.7) 東京ドーム—インフレート,日経アーキテクチュア,1987年9月7日号,pp.80-89, 1987
付5.8) 竹中工務店設計部：竹中工務店のディテール（実例詳細,標準詳細図集）, pp.90-92 彰国社,, 1988.12
付5.9) 近藤一雄：八幡屋公園プール—二重ケーブルネット膜構造屋根—, ビルディングレター, '94.12, pp.21—30, 1994.12
付5.10) 近藤一雄：[フォルム構造システム]テント,システム 大阪プール, 建築技術, pp.96—97, 1996.9
付5.11) 竹林禎之,近藤一雄：リフトアップ工法による二重ケーブルネット膜屋根の施工, 日本建築学会大会学術講演梗概集, pp.549-550, 1996.9
付5.12) 中川弘ほか：(仮称) 八幡屋プール建設工事の実施について, 大阪市建設局業務論文報告集 3[Pt 5], pp.1163-1174, 1996
付5.13) 石井一夫：世界の膜構造デザイン, 新建築社, 1999
付5.14) 坂井吉彦ほか：長円形張弦梁屋根架構を用いた前橋公園イベントホールの構造設計概要, 鉄鋼技術, pp.33-38, 1990.1
付5.15) 山田利行ほか：グリーンドーム前橋の防災計画および構造計画について,ビルディングレター, pp.9-21, 1990.2
付5.16) 富永博夫ほか：グリーンドーム前橋の大屋根構造の研究報告 1〜6,日本建築学会大会学術講演梗概集, pp.1149-1160, 1990.10
付5.17) 加藤博巳ほか：張弦梁構造によるグリーンドーム前橋の大屋根施工, 建築技術, pp.193-207, 1991.1
付5.18) 斎藤公男ほか：ハイブリッド,テンション,ドーム（HTD）の開発と応用, 日本建築学会大会学術講演梗概集, pp.1391-1394, 1993.9
付5.19) 橋本文隆：リフトアップ工法によるテンションドーム, 建築の技術, 施工, , pp.39-56, 1991.8
付5.20) 橋本文隆：天城ドーム—天城湯ヶ島町立総合体育館—, 新建築,, pp.252-259, 1991.8
付5.21) 日本建築学会：柱のない空間-スポーツ,イベント,展示ホール, 彰国社, 1994
付5.22) 知久大輔, 斎藤公男, 岡田章, 宮里直也：PCa-PC部材を用いた斜張式張弦梁構造の施工時挙動-ケーブルのゆるみ形状を考慮した逆工程解析の応用-, 日本建築学会大会学術講演梗概集, pp.951-952, 2001.9
付5.23) 斎藤公男ほか：テンション構造の魅力, 鉄鋼技術, p.33, 2005.7
付5.24) 斎藤公男,岡田章,宮里直也,知久大輔：PCa-PC部材を用いた斜張式張弦梁構造の基本的構造特性に関する研究-施工計画および逆工程解析について-, 日本建築学会関東支部研究報告集, pp.285-288, 2001
付5.25) 斎藤公男, 長谷川一美, 他：唐戸市場の構造計画1,開放空間を無柱で構築, 建築技術, pp.38-43, 2001.12
付5.26) 斎藤公男, 岡田章：唐戸市場の構造計画 2,斜張式張弦梁構造の施工時解析, 建築技術, pp.44-47, 2001.12
付5.27) 渡辺秀仁ほか：唐戸市場の施工計画・高密度な精度と繊細な建方, 建築技術, pp.48-49,2001.12
付5.28) 斎藤公男・空間構造物語, 彰国社, 2003
付5.29) 播繁, 斎藤公男ほか：集成材とケーブルによるハイブリッド・ドーム構造の開発（その1）〜（その7）, 日本建築学会大会学術講演梗概集, pp.1281-294, 1991.9
付5.30) 播繁・斎藤公男ほか：集成材とケーブルによるハイブリッド・ドーム構造の開発（その8）〜（その9）, 日本建築学会大会学術講演梗概集, pp.1789-1792, 1992.8
付5.31) 佐野幸夫,播繁,斎藤公男ほか：出雲健康公園整備プロジェクト「出雲ドーム」, ビルディングレター, '90.12, pp.15-20, 1990.12

付5.32) 出雲ドーム，新建築, pp.207-215, 1992.3
付5.33) Franz VaESSEN ："Windchannel tests to investigate the wind-pressures on a hyparshell roof"「HANGING ROOFS」by N. Esquilian, Y. Saillard, 1963
付5.34) 川口衞：国立屋内総合競技場,建築文化,pp90-105, 1965.1
付5.35) 斎藤公男：茨城県笠松運動公園体育館のケーブルネット吊屋根の解析,設計,季刊カラム,No.57, pp.75-97, 新日本製鐵（株），1975.7
付5.36) 日本鋼構造協会：吊構造,コロナ社, 1975
付5.37) J. Cai, H. Song：Introduction of some membrane structures in Shanghai EXPO, IASS Shanghai, 2010
付5.38) J. Knippers, T. Helbig, F. Scheible：The design of Expo Axis roof - An east-west experience - , IASS Shanghai, 2010
付5.39) H. Song, S. Shi, Y. Lu,C. Hao,L. Chen,Q. Zhang：The design, fabrication and installation of cable-membrane structure of Expo Boulevard, IASS Shanghai, 2010

付6　建築構造用ケーブルの可とう度

　ケーブルの屈曲部の設計においては，曲げ応力および側圧の付加による強度や疲労強度の低下が問題となる．これらケーブルの屈曲に対し，ケーブルの曲げ剛性（柔軟性）を相対的にかつ定量的に示す指標として，可とう度Fがある．可とう度Fは，式（付6.1）のようにケーブルと同一径の丸鋼棒の曲げ剛性EIとケーブルの曲げ剛性（$E_f I_r$）との比で定義されている．

$$可とう度 = \frac{E \cdot I}{E_f \cdot I_r} \tag{付6.1}$$

　　E　　　　：丸鋼棒の縦弾性係数(N/mm^2)

　　I　　　　：丸鋼棒の断面二次モーメント (mm^4)

　　$E_f \cdot I_r$　　：ケーブルの曲げ剛性(Nmm^2)

　構造用ストランドロープおよび構造用スパイラルロープを対象とした実験の概要を付図6.1に記す．実験は試験体ケーブルを水平面に設置した鉄骨治具中に置き，自重を無視した状態で行った．載荷は，ロードセルに取り付けた全ねじを引込むことにより，試験体の中央一点に行った．支点間距離Lに対するたわみ量yの比（y/L）が1/40となるまで試験体に載荷を行い，その後，荷重が0になるまで除荷するサイクルを1サイクルとした．このサイクルを1試験体につき3回繰り返した．

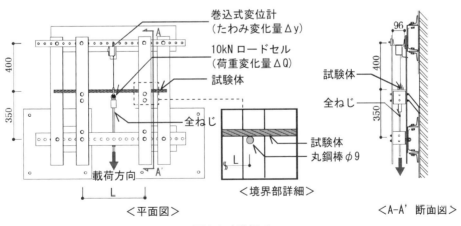

付図6.1　実験概要

　実験結果の一覧を付表6.1に，平均可とう度と素線数の関係を付図6.2に示す．ケーブル径にかかわらず，同一の素線構成内ではおおむね一定の値となっている．ストランドロープとスパイラルロープは，それぞれケーブルを構成する素線数により，可とう度が評価可能であると推察される．

付表6.1 可とう度実験結果一覧

ロープ構成		素線数	ロープ径 (mm)	スパン (mm)	最大	最小	平均可とう度	素線構成別 平均可とう度
ストランド ロープ	7×7	49	16	350	142	98	117	124
			16	350	138	59	99	
			20	450	170	130	147	
			30	550	141	126	134	
	7×19	133	18	350	469	188	322	313
			22.4	450	335	183	275	
			28	550	371	197	290	
			42.5	850	420	322	364	
スパイラル ロープ	1×19	19	16	350	38	26	31	29
			20	450	32	19	24	
			25	450	40	23	31	
	1×37	37	28	550	72	52	63	58
			33.5	650	64	37	54	
	1×61	61	40	750	109	23	78	82
			45	850	135	26	86	

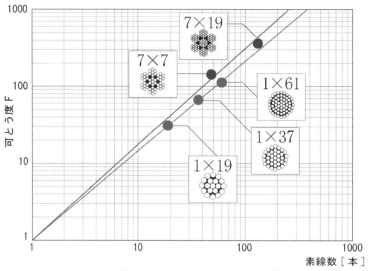

付図6.2 平均可とう度と素線数の関係

ケーブル構造設計指針・同解説

| 1994年 6月15日 | 第1版第1刷 |
| 2019年12月20日 | 第2版第1刷 |

編　集　著作人　一般社団法人　日本建築学会
印　刷　所　三美印刷株式会社
発　行　所　一般社団法人　日本建築学会
　　　　　　108-8414　東京都港区芝 5―26―20
　　　　　　電　話・(03) 3 4 5 6―2 0 5 1
　　　　　　ＦＡＸ・(03) 3 4 5 6―2 0 5 8
　　　　　　http://www.aij.or.jp/
発　売　所　丸善出版株式会社
　　　　　　101-0051　東京都千代田区神田神保町2-17
　　　　　　　　　　　神田神保町ビル
　　　　　　電　話・(03) 3 5 1 2―3 2 5 6

© 日本建築学会 2019

ISBN978-4-8189-0653-2 C3052